主　编

杨柏勇　北京高院审判委员会专职委员、知识产权庭庭长

编委会成员

林广海　李　剑　杨柏勇　陈锦川　宋　健
刘军华　陈惠珍　黄从珍　王晓明　徐　翠
于军波　王亦非　谢甄珂　江　波

（2019年卷）

中国知识产权审判年度典型案例评析

ZHONGGUO ZHISHICHANQUAN SHENPAN
NIANDU DIANXING'ANLI PINGXI

杨柏勇 ◎ 主编

北京知识产权司法保护研究会 ◎ 编著

中国法制出版社
CHINA LEGAL PUBLISHING HOUSE

目　录

Contents

一、专利案件

二、商标案件

三、著作权案件

四、不正当竞争案件

五、其他类型案件

一、专利案件

ZHUAN LI AN JIAN

1

主题名称对专利权保护范围一般具有限定作用

——胡某诉摩拜（北京）信息技术有限公司侵害专利权纠纷案

【案号】

一审：(2017) 沪73民初278号

二审：(2017) 沪民终369号

【裁判要旨】

权利要求中的主题名称是前序的一部分，是权利要求包含的全部技术特征所构成的技术方案的抽象和概括，其本质是对专利技术方案的命名，一般不属于具体的技术特征。主题名称的限定作用与前序的限定作用不能一概而论，其实际的限定作用应当取决于该主题名称对权利要求所要保护的技术方案产生了何种影响，重点可考察主题名称对应技术领域与特征部分所限定的技术领域是否相同、主题名称是否足够抽象和全面、主题名称是否被用于区分现有技术、主题名称和特征部分的术语之间是否具有重述或引用关系等方面。由技术特征组合而成的技术方案难以脱离主题名称确定的技术领域而独立存在，因此主题名称一般应当认定具有限定技术方案保护范围的作用，但这种限定是总括性的限定，是对技术方案适用领域的限定，而非技术特征的限定作用，因此一般不应有等同理论适用的空间。

【案情介绍】

涉案专利为“一种电动车控制系统及其操作方法”的发明，专利权人为胡某。涉案专利权利要求1为：“一种电动车控制系统，其特征在于：

由微型摄像头、图形解码器、存储器及二维码比对器构成二维码识别器，微型摄像头与图形解码器电连接，图形解码器和存储器同时与二维码比对器电连接，二维码比对器对存储器储存的二维码数据与图形解码器解码的微型摄像头拍摄的图像数据比对并发给控制器，比对信号一致时控制器控制电动车的启动或/和多媒体播放，比对信号不一致时控制器控制防盗报警器报警。”涉案专利说明书记载了涉案专利的技术领域：“本发明属于电动车技术领域，特指一种电动车控制系统及其操作方法。”涉案专利说明书记载了涉案专利的发明目的：“本发明的目的是提供一种电动车控制系统及其操作方法，使用者可将存储在手机中的二维码图像对准摄像头，便可实现电动车的完全解锁，提升了防盗的性能，免去了使用者需携带钥匙启动的麻烦。”涉案专利证书记载的对比文件包括一项名称为“基于二维码的自行车防盗及查询管理系统和方法”（发明专利公开号为 CN101188014A）的专利文件。涉案专利说明书附图 1 显示在比对成功或者失败两种情形下，分别发送指令使得电动车启动或者防盗报警。涉案专利权利要求 3 系对应于权利要求 1 的方法专利。

摩拜单车上安装了带锁控制器的锁具，车身上设置有两个二维码。被控侵权的摩拜单车锁控制系统由摩拜单车上的锁具、摩拜公司运营的云端服务器、带摄像头的手机、安装在手机上的摩拜单车应用程序共同构成（简称被控侵权产品）。胡某认为被控侵权产品落入涉案专利权保护范围，请求判令摩拜公司停止侵害并赔偿损失 50 万元。

【裁判结果】

一审上海知识产权法院将胡某主张保护的权利要求和被控侵权技术方案作了全面比对，就专利权利要求记载的“一种电动车控制系统”“二维码识别器”、二维码识别器组件之间的“电连接”、“比对信号不一致时控制器控制防盗报警器报警”等四个方面详述了比对意见，判定两者之间除主题名称“一种电动车控制系统”之外的其他三个技术特征既不相同也不等同，被控侵权技术方案没有落入涉案专利权保护范围，判决驳回胡某全部诉讼请求。

胡某不服判决，提起上诉。二审上海市高级人民法院认为，一审法院就“二维码识别器”、二维码识别器组件之间的“电连接”、“比对信号不一致时控制器控制防盗报警器报警”等三个技术特征所作的比对意见，认定事实清楚，说理充分，予以确认。关于权利要求1记载的主题名称“一种电动车控制系统”的限定作用，二审判决认为主题名称作为前序的一部分，在确定保护范围时具有限定作用，在侵权比对时应当予以考虑。据此，上海市高级人民法院判决驳回上诉、维持原判。

【法官评析】

《最高人民法院关于审理侵犯专利权纠纷案件应用法律若干问题的解释（二)》第五条规定，在确定专利权的保护范围时，独立权利要求的前序部分、特征部分以及从属权利要求的引用部分、限定部分记载的技术特征均有限定作用。主题名称作为专利权利要求前序的一部分，依照该条规定自然应当具有限定作用，但起到何种限定作用，在司法实践中不无疑问。

一、前序和主题名称的区分

在确定专利权的保护范围时，独立权利要求的前序部分、特征部分以及从属权利要求的引用部分、限定部分记载的技术特征均有限定作用。认为前序部分具有限定作用，充分体现了对权利要求公示性的尊重，专利文件撰写人在专利申请阶段对于用语的表述应给予足够的注意。在侵权判定阶段认为前序部分具有限定作用，实际上与《专利法实施细则》《专利审查指南》一脉相承。权利要求的前序包含了主题名称，根据《专利法实施细则》，独立权利要求包括前序部分和特征部分，前序部分写明要求保护的技术方案的主题名称和发明主题与最接近的现有技术共有的必要技术特征，特征部分写明发明区别于最接近的现有技术的技术特征，这些特征和前序部分写明的特征合在一起，限定发明要求保护的范围；《专利审查指南》规定，主题名称中的用途限定在确定权利要求保护范围时应当予以考虑，但其实际的限定作用取决于对所要求保护的产品本身带来何种影响，如果其只是对产品或设备用途或使用方式的描述，则对产品或设备是否具有新颖性、创造性的判断不起作用。换言之，如果主题名称并非只是对产品或设备用途或使用方式的描述，则对产品或设备是否具有新颖性、创造性的判断产生影响。

要理解权利要求前序部分及主题名称的法律地位或作用，首先必须明确前序及主题名称在专利权利要求中的结构位置。独立权利要求包括前序部分和特征部分，特征部分和前序部分写明的特征合在一起限定发明要求保护的范围。独立权利要求分两部分撰写的目的，在于使公众更清楚地看出独立权利要求的全部技术特征中哪些是发明与最接近的现有技术所共有的技术特征，哪些是发明区别于最接近的现有技术的特征。但毫无疑问的是，前序部分和特征部分被看作构成一个整体技术方案，而这正是专利所保护的客体。主题名称则是前序的一部分，有的权利要求中并不写明发明与最接近的现有技术所共有的技术特征，但必然有主题名称。主题名称是对发明技术方案的一个总体概括，主题名称应当能够清楚地表明权利要求的类型，还应当与权利要求的技术内容相适应。主题名称的限定作用与前序的限定作用，严格来说还不能一概而论，因为前序部分的与现有技术共有的技术特征，毫无疑问应当作为技术特征而起到限定作用，其与特征部分载明的技术特征，应当具有同样的法律地位，但主题名称还并非如此，因此，笼统地说前序部分具有限定作用可能并不完全准确。主题名称是对发明技术方案的命名，其本身并非技术特征，这一点从其用语上即可知晓。

二、主题名称的限定作用

由于前序部分包括主题名称和与现有技术共有的技术特征，实践中容易发生争议的是主题名称的限定作用。所谓的“主题”（subject matter），准确的法律术语翻译应为“客体”。专利权所要保护的客体是发明，是具备专利实质条件的技术方案，是一个抽象的但客观存在的事物，而不是具体化的实物产品、设备。主题名称，实际上是对整个发明技术方案的抽象的命名，因其概括和抽象，在用语上与技术特征存在区别，有时会体现具体的技术特征，有时又不会体现具体的技术特征，因此主题名称是否具有限定作用，应该分析它有无体现具体的技术特征、与技术特征是否有一定关联，如果本领域普通技术人员阅读权利要求之后，认为主题名称也体现具体的技术特征，或者说他在实施发明的时候会将主题名称一并考虑，则主题名称应当具有限定作用。值得指出的是，主题名称一般都是与技术特征存在密切的关联，由技术特征组合而成的技术方案很难脱离主题名称确定的技术领域而独立存在，因此，主题名称一般应当认定具有限定技术方案保护范围的作用，但此时并非认为主题名称就是技术特征，这种限定应当是一种对技术方案的总括性的限定作用，属于对技术方案适用技术领域范围的限定，而非技术特征的限定作用。

判断主题名称是否体现具体技术特征，可从以下方面考察。一是主题名称所记载的技术领域与特征部分所限定的技术领域是否相同。如果两者完全相同，则该权利要求所对应的发明技术方案及其涉及的领域是确定无疑的，并无必要认定（基本不会涉及）主题名称有无限定作用，其实这也是实践中此类案件较少的原因。二是主题名称是否足够抽象和全面。如果主题名称概括得并不全面，即使其与特征部分所涉及的技术领域是相同的，由于主题名称并未准确体现发明的内涵，或过于宽泛，或过于狭窄，以此来限定权利要求的保护范围有所不公，这种情况下宜认定主题名称不具有限定作用。

如主题名称具有以下特点，一般应认定其具有限定作用。一是主题名称被用于区分现有技术。无论主题名称抽象和概括的程度如何，如其被用于区分现有技术，意味着它具有了类似权利要求特征部分的地位或功能，则认定其具有限定作用具有合理性。二是主题名称和特征部分的术语之间具有重述或引用关系。权利要求的撰写讲求精确、精准、精炼，如果同一技术术语在主题名称和技术特征中重复出现，则它们之间互相解释、互为基础的可能性就大为提高，这种情况下，主题名称和特征部分从语义理解的角度就难以切分，本领域普通技术人员将其一体解读，无疑又具有了合理性。

三、等同理论是否适用

一审判决首先认为“电动车”作为涉案专利主题名称的组成部分，描述了涉案专利的使用方式，对涉案专利权的保护范围具有限定作用，但将涉案专利应用于自行车技术领域是本领域普通技术人员无需创造性的劳动就能够联想到的，因此不支持摩拜公司关于摩拜单车与涉案专利保护的电动车属于不同技术领域而不构成侵权的抗辩意见。一审判决似乎是借用了中国法院适用等同理论确定专利权保护范围时的“三基本一联想”判定标准，相当于把主题名称作为一项技术特征，然后类推适用等同理论将“电动车”认定为与“自行车”属等同特征。但是，将等同理论类推适用于主题名称，在法律上没有依据，在实践中可能导致专利权保护范围不当扩张。《最高人民法院关于审理侵犯专利权纠纷案件应用法律若干问题的解释（二）》第五条规定针对的是前序中的技术特征而非主题名称，主题名称一般不具有技术特征的法律地位，只有当主题名称的撰写方式使其相当于技术特征时，方能认为此时的主题名称起到了技术特征的限定作用，在实践中这种情况是不多见的，而等同理论只能适用于具体的技术特征已成公论，因此等同理论一般不能适用于主题名称。主题名称是对整个发明技术方案的抽象命名，有时体现技术特征，而有时又不会体现技术特征，但即使因主题名称体现具体技术特征而认为其具有限定作用，亦并非将其直接认定为技术特征，质言之，一般地认为主题名称具有限定作用，并非认为主题名称起到了技术特征的限定作用，而是认为主题名称已经限定了专利技术方案适用的技术领域，权利要求中的技术方案均是在该技术领域中存在，脱离了这一技术领域，技术方案即如同无本之木。前已述及，主题名称的一般性限定作用是一种总括性的限定，是对技术方案适用领域的限定，而非技术特征的限定作用，即主题名称是针对整个专利技术方案发生限定作用，这两种限定作用针对对象完全不同，因此对于主题名称一般不应有等同理论适用的空间，除非主题名称本身足以被认定为属于具体的技术特征。

（徐卓斌　作者单位：上海市高级人民法院）

2

外观设计专利与对比设计是否具有明显区别的“精细化”判定

——江铃控股有限公司诉国家知识产权局专利复审委员会、捷豹路虎有限公司外观设计专利权无效行政纠纷案

【案号】

一审：（2016）京73行初4497号

二审：（2018）京行终4169号

【裁判要旨】

判断外观设计专利与对比设计是否具有明显区别时，应当基于一般消费者的知识水平和认知能力，准确运用“整体观察、综合判断”的判断方法，从外观设计的整体出发，对其全部设计特征进行整体观察，在考察各设计特征对外观设计整体视觉效果影响程度的基础上，对能够影响整体视觉效果的所有因素进行综合考量。在判断具体特征对整体视觉效果的影响权重时，不能仅根据直观的视觉感知或者根据该特征在外观设计整体中所占比例的大小即贸然得出结论，而应当以一般消费者对设计空间的认知为基础，结合相应设计特征在外观设计整体中所处的位置、是否容易为一般消费者观察到，并结合该设计特征在现有设计中出现的频率以及该设计特

征是否受到功能、美感或技术方面的限制等因素，确定各个设计特征在整体视觉效果中的权重。为使裁判结论尽可能趋于客观和精细化，在个案中认定当事人存在争议的某项设计特征对整体视觉效果的影响权重时，应根据各方当事人的主张、举证情况以及说理的充分程度予以确定。

【案情介绍】

本案涉及专利号为201330528226.5、名称为“越野车（陆风E32车型）”的外观设计专利（简称本专利），其申请日为2013年11月6日，授权公告日为2014年4月23日，专利权人为江铃控股有限公司（简称江铃公司）。本专利由主视图、后视图、左视图、右视图、俯视图表示，依照行驶时汽车驾驶员的位置为基准确定前、后、左、右、顶面，由此可以确定左右视图表达的是汽车侧面设计，主视图表达的是汽车前面设计，后视图表达的是汽车后面设计，俯视图表达的是汽车顶面设计。

针对本专利，捷豹路虎有限公司（简称路虎公司）于2014年7月25日向国家知识产权局专利复审委员会（简称专利复审委员会）提出了无效宣告请求，其理由是本专利不符合2008年12月27日修正的《中华人民共和国专利法》（简称2008年专利法）第二十三条第一款和第二款的规定，同时提交了证据1－3。路虎公司于2014年8月25日补充提交授权委托书以及一份证据，即证据4（对比设计）：（2014）京中信内经证字32020号公证书复印件，涉及对证据3“京N0EV03”蓝色揽胜极光汽车销售的证据保全。其中，附件4－2、附件4－3、附件4－6已经包含了证据3的所有文件。对比设计给出了汽车的侧面、前面、后面、顶面的设计和前左侧以及右后侧方向的透视角度的设计。杰拉德·加布里埃尔·麦戈文（简称麦戈文）于2015年8月3日向专利复审委员会提出了无效宣告请求，其理由是本专利不符合2008年专利法第二十三条第一款、第二款和2008年专利法第二十七条第二款的规定，请求宣告本专利无效，同时提交了证据（1）－（5）。麦戈文认为，证据（1）是路虎揽胜极光车型的外观设计，其特有设计特征包括：360度的腰线设计、宽大的前脸、扁平的车身、下压式车顶、环绕式车前灯、逐渐上扬的肩线与腰线以及往四角推开的前后车轮等。证据（5）例举了该设计所获的奖项，证据（4）表明大量的新闻报道说明一般消费者认为本专利同证据（1）的设计酷似。证据（1）－（3）表明SUV车型设计风格多种多样，从整车到具体部位都有很多设计空间和设计变化。

2016年6月3日，专利复审委员会作出第29146号无效宣告请求审查决定（简称被诉决定）。该决定认定：由本专利与对比设计的相同点和不同点可见，二者的比例相同，在设计变化比较难的侧面轮廓上非常接近，侧面主要特征线和前后脸的主要分割线相同，前脸和后脸的布局基本相同，主要装饰件如发动机罩、进气格栅、前后车灯组的外轮廓相同，还有一些细节设计相同。这些相同点决定了车的整体造型和三维立体轮廓，从整体上观察，二者的相同点决定了二者具有基本相同的车身立体形状和设计风格，包括都为对比设计所示的悬浮式车顶设计，侧面腰线和裙线等线条凸显硬朗的线条风格，前脸车灯和格栅的一体化设计同贝壳形发动机罩相结合，后脸车灯线条同前脸车灯线条相呼应，倒凸字形的后背门与车灯的直线条分隔等。本专利与对比设计的不同点在于前脸下部、车尾中部的设计以及其它一些细节设计的不同。相对于本专利与对比设计相同的车身立体形状、装饰件的设计而言，上述不同点均属于局部细节的改进，且基本上所有区别特征都被现有设计公开或者现有设计给出相同的设计手法，故相对于二者的相同点而言，二者的不同点对整体视觉效果都没有显著影响。综合考虑本专利与对比设计的相同点和不同点对于整体视觉效果的影响，从整体上观察，本专利与对比设计在整体视觉效果上没有明显区别，因此，本专利不符合2008年专利法第二十三条第二款的规定。据此，宣告本专利权全部无效。

【裁判结果】

北京知识产权法院经审理认为，虽然本专利与对比设计车身比例基本相同，侧面主要线条的位置、立柱的倾斜角度、车窗的外轮廓及分割的比例基本相同，前后面车身的外轮廓及主要部件的相互位置关系亦基本相同，但本专利与对比设计在前车灯、进气格栅、细长进气口、雾灯、贯通槽、辅助进气口、倒 U 形护板、后车灯、装饰板、车牌区域及棱边等部位存在不同的设计特征，其组合后形成的视觉差异对 SUV 类型汽车的整体外观产生了显著的影响，足以使一般消费者将本专利与对比设计的整体视觉效果相区分。相比于相同点，上述不同点对于本专利与对比设计的整体视觉效果更具有显著影响。故本专利与对比设计具有明显区别，符合 2008 年专利法第二十三条第二款的规定。被诉决定认定事实不清，适用法律错误，应予撤销。依照《中华人民共和国行政诉讼法》第七十条第（一）项、第（二）项之规定，判决：一、撤销专利复审委员会作出的被诉决定；二、专利复审委员会针对路虎公司、麦戈文提出的无效宣告请求重新作出决定。

一审判决后，专利复审委员会、路虎公司、麦戈文均不服，提起上诉。

北京市高级人民法院二审认为，通过对本专利与对比设计之间的相同点、不同点对整体视觉效果影响权重的分析和对比，可以认定在涉案 SUV 的车身三维立体形状和主要装饰件布局存在较大设计空间的情况下，本专利与对比设计在上述两方面同时存在的相同点尤其是车身侧面和前面的相同及相似之处对整体视觉效果的影响权重最高，其他不容易为一般消费者注意到的较小区别对整体视觉效果的影响权重则明显较小。尽管本专利与对比设计在车身前面和后面存在的主要不同点使两者在视觉效果上呈现出一定的差异，但由于导致视觉效果差异的区别设计特征，多数为现有设计所公开或由现有设计给出了相同设计手法，其对整体视觉效果的影响权重显著降低，从整体上观察 SUV 整车的全部设计特征形成的整体视觉效果，本专利与对比设计在车身前面和后面形成的视觉效果差异在整体视觉效果中所占的权重要明显低于两者之间相同点所产生的趋同性视觉效果的权重。本专利与对比设计相比，二者之间的差异未达到“具有明显区别”的程度，本专利不符合2008 年专利法第二十三条第二款规定的授权条件，应当予以宣告无效。一审判决对于本专利与对比设计具有明显区别的认定有误，以致法律适用错误，应予以纠正。专利复审委员会、路虎公司和麦戈文的上诉理由部分成立，足以支持其上诉主张，对其上诉请求均予以支持。依照《中华人民共和国行政诉讼法》第六十九条、第八十九条第一款第（二）项、第三款之规定，判决：撤销一审判决；驳回江铃公司的诉讼请求。

【法官评析】

本案是一起社会关注度高、案情疑难复杂的外观设计专利无效行政案件，在复审阶段曾入选国家知识产权局专利复审委员会2016年度专利复审无效十大案件。同时，本案的裁判尺度将直接影响到汽车外观设计领域的授权确权标准，具有重要的导向作用。

2008年专利法第二十三条第二款规定，授予专利权的外观设计与现有设计或者现有设计特征的组合相比，应当具有明显区别。但具体到个案，在判断诉争专利与对比设计是否具有明显区别时，如何界定一般消费者的知识水平和认知能力以及如何尽可能客观化、精细化地适用“整体观察、综合判断”的判断方法，往往存在较大的争议。本案即属于此种情形，各方当事人在上述问题上分歧明显，专利复审委员会和一审法院对此亦存在不同认识。二审法院在二审判决中对上述问题进行了深入、详细的分析和论证，以期能够化解分歧、促成共识。

一、一般消费者的知识水平和认知能力的界定

关于2008年专利法第二十三条第二款适用时的判断主体，专利法及其实施细则均未予以明确规定。国家知识产权局制定的《专利审查指南（2010）》第四部分第五章第四节规定：“在判断外观设计是否符合专利法第二十三条第一款、第二款规定时，应当基于涉案专利产品的一般消费者的知识水平和认知能力进行评价。”《专利审查指南（2010）》属于国家知识产权局制定的部门规章，不违反法律法规的规定，且上述规定将判断主

体限定为“一般消费者”，并从知识水平和认知能力两个角度对“一般消费者”进行界定，有利于裁判的客观化及法律适用标准的统一，已为司法实践长期接受。此外，2010 年 1 月 1 日起施行的《最高人民法院关于审理侵犯专利权纠纷案件应用法律若干问题的解释》第十条即规定：“人民法院应当以外观设计专利产品的一般消费者的知识水平和认知能力，判断外观设计是否相同或者近似。”上述规定表明在判断外观设计是否相同或者近似时，应当基于一般消费者的知识水平和认知能力，已经成为司法机关和行政机关的共识。虽然本案是外观设计专利确权案件，但在判断涉案外观设计专利与对比设计是否具有明显区别时，对上述规定可以参照适用。

参照《专利审查指南（2010）》的规定，一般消费者是一个具有特定知识水平和认知能力的抽象的人，但在具体案件中，判断涉案专利与对比设计是否具有明显区别，必须结合涉案专利产品所属的种类，将一般消费者这一抽象概念具体化为与该产品相关的消费者群体。在具体案件中，应从以下三方面进行把握：第一，一般消费者是涉案专利产品所属种类的消费者群体。此处的产品种类是指在功能、用途、使用环境等方面具有众多共性的产品类别；消费者群体意在强调对一般消费者的具体化并不等同于具体到日常生活中的消费者，而是能够从涉案专利产品所属种类的消费者群体中抽象出其共同的知识水平和认知能力特征，进而提炼出该类产品一般消费者的理性认知。第二，一般消费者了解的内容是外观设计及其常用设计手法。外观设计是申请日前与外观设计专利产品的相同或者相近种类产品的外观设计状况，包括申请日前申请的专利、市场上已经销售的产品、广告或出版物中在先公开的产品外观设计等。关于常用的设计手法，《专利审查指南（2010）》规定包括设计的转用、拼合、替换等类型，但并未作穷尽性规定，一般认为，常用的设计手法还包括使用功能、技术功能所限定的设计手法以及装饰性的比例、对称等方面的设计手法。第三，一般消费者的能力水平达到“常识性的了解”的程度。通常认为，“常识性的了解”是指通晓相关产品的外观设计状况，而并非局限于基础性、简单性的了解。[1] 但需要注意的是，由于专利法第三次修改前后关于外观设计专利授权条件的变化，《专利审查指南（2010）》关于一般消费者知识水平和认知能力的界定，有别于《专利审查指南（2006）》的相应规定。与《专利审查指南（2006）》相比，《专利审查指南（2010）》规定，一般消费者不仅对“涉案专利申请日之前相同种类或者相近种类产品的外观设计”有常识性的了解，还对“其常用设计手法”有常识性的了解，从而提高了一般消费者的认知能力。尽管一般消费者的认知能力不是专业设计师或专家的水平，但至少对涉案专利产品外观设计常见、常用的设计知识有所了解，并且关注该类产品的发展。

就本案而言，本专利与对比设计的产品均是SUV（全称为Sport Utility Vehicle），即运动型多用途汽车，该类汽车是将轿车的舒适性与越野车的通过性相结合的一类汽车，属于在功能、用途等方面存在共性的、相对独立的汽车类型。由于汽车设计是一项复杂的整体工程，汽车外形的确定要结合汽车的功能设定和审美需求，同时涉及机械工程学、人机工程学、空气动力学以及电子学等多个领域。作为SUV外观设计判断主体的一般消费者，基于其对申请日前申请的专利、市场上销售的汽车、汽车广告中披露的信息以及汽车类书籍中公开的在先设计等现有设计状况和对该类汽车常用设计手法的了解，一般消费者应当知晓该类汽车的产品结构组成、主要部件的功能和设计特点，以及车身三维立体形状、各组成部分的比例和位置关系以及车身表面装饰件的形状、布局等均对整体视觉效果产生不同程度的影响。

二、“整体观察、综合判断”判断方法的精细化适用

“整体观察、综合判断”是外观设计专利确权以及侵权判断的基本方法，“整体观察”是从外观设计的整体出发，对其全部设计特征进行整体观察，而不能仅从外观设计的局部出发；“综合判断”是在考察各设计特征对外观设计整体视觉效果影响程度的基础上，对能够影响整体视觉效果

① 参见最高人民法院（2010）行提字第3号行政判决书。

的所有因素进行综合考量，而不能把外观设计的不同部分割裂开来予以判断。

在外观设计专利确权案件中，判断涉案专利与对比设计是否具有明显区别，通常的做法是将两外观设计划分为相互对应的具体设计特征，并就每项设计特征分别进行对比，从而确定两外观设计的相同点和不同点，在此基础上，逐一判断各相同点、不同点对整体视觉效果造成影响的显著程度，最终通过综合分析得出认定结论。但需要注意的是，一项设计往往是表达不同信息的设计特征的组合体，设计人员在一项设计中运用不同的设计特征向消费者传递不同的信息。因此，在判断具体特征对整体视觉效果的影响权重时，不能仅根据直观的视觉感知或者根据该特征在外观设计整体中所占比例的大小就贸然得出结论，而是应当以一般消费者对设计空间的认知为基础，结合相应设计特征在外观设计整体中所处的位置、是否容易为一般消费者观察到，并结合该设计特征在现有设计中出现的频率以及该设计特征是否受到功能、美感或技术方面的限制等因素，确定各个设计特征在整体视觉效果中的权重。

为使裁判结论尽可能趋于客观，在个案中认定当事人存在争议的某项设计特征对整体视觉效果的影响权重时，应根据各方当事人的主张、举证情况以及说理的充分程度予以确定。2008 年专利法及其实施细则和《专利审查指南（2010）》均未对现有设计状况的举证问题或设计特征的属性界定问题加以规定，一般情况下，应结合当事人的举证能力，根据“谁主张，谁举证”的举证责任分配规则予以确定。由于惯常设计和功能性设计特征，属于作为判断主体的一般消费者本身应当具备的知识水平。因此，惯常设计和功能性设计特征可以通过当事人提供证据予以证明，也可以在考虑一般消费者的知识水平和能力的情况下通过充分说理予以认定。

就汽车外观设计而言，“整体观察”就是要观察汽车整体造型、各组成部分的比例位置关系以及各个面经由具体设计特征形成的视觉效果，“综合判断”就是要从一般消费者的知识水平和认知能力出发，考虑涉案专利与对比设计之间的相同点、不同点对整体视觉效果的影响权重，进而得出涉案专利与对比设计是否具有明显区别的结论。本案中，考虑到 SUV 的顶面和底面属于在正常使用时不容易看到或看不到的部位，一审判决认为在对本专利与对比设计进行整体观察时，应当更关注使用时容易看到的部位，即汽车的基本外形轮廓、各部分的相互比例关系以及车身的前面、侧面和后面等，在综合判断时应当根据 SUV 的特点，权衡各部分对汽车外观设计整体视觉效果的影响。鉴于各方当事人在二审诉讼中对原审判决的上述认定不持异议，二审法院对此予以确认。

基于外观设计整体保护的原则，在适用“整体观察、综合判断”方法时，应当以一般消费者的知识水平和认知能力为基础，结合现有设计状况和相关设计特征是否受功能限制等因素，逐一判断各相同点、不同点对整体视觉效果的影响程度，在此基础上，再通过综合分析得出认定结论。本案中，对于被诉决定关于涉案汽车的整体立体形状和各个组成部件的布局存在较大的设计空间，本专利与对比设计在车身比例、侧面主要线条的位置及立柱的倾斜角度、车窗的外轮廓及分割的比例、前后面车身的外轮廓及主要部件的相互位置关系等方面均基本相同的认定，一审判决均予以认同，但在此基础上，一审判决并未对上述各相同点对整体视觉效果的影响程度进行具体分析，而在仅对不同点进行分类概括、评述后，即认为不同点组合后形成的视觉差异对整体外观产生了显著影响，足以使一般消费者将本专利与对比设计的整体视觉效果相区分，进而得出两者具有明显区别的认定结论，二审法院对此不予认同。

基于对“整体观察、综合判断”方法的上述理解，二审法院围绕当事人之间存在的争议，根据相关设计特征所处的位置、是否容易引起一般消费者的注意，结合当事人的举证、陈述及一般消费者的通常认知及相关设计特征受功能、美学等因素的限制，使用大量篇幅对两者的相同点、不同点对整体视觉效果的影响权重进行了具体分析和对比权衡，在此基础上，综合作出判断，最终认定本专利与对比设计相比，二者之间的差异未达到“具有明显区别”的程度，本专利不符合 2008 年专利法第二十三条第二款规定的授权条件，应当予以宣告无效。

三、对外观设计专利制度目的及汽车工业发展历程的考量

从外观设计专利制度的目的以及 2008 年专利法第二十三条第二款对设计创新高度的要求来讲，外观设计专利制度的目的是对产品外观设计创新活动提供保护，通过专利权的赋予，回报对产品外观真正作出创新设计的设计人。但专利法对创新设计赋予专利权是有要求的，即该外观设计不但是新的设计，还必须达到一定的创造高度，而不能是对现有设计的简单变化。就汽车的外观设计而言，汽车外观设计的创新可以划分为全面创新和改进设计，前者是指从技术到外形的全新平台式开发，由白车身决定的三维立体形状以及所有装饰件的设计均不同于以往的设计；后者是指车身改进和局部改型，即对三维立体形状做出局部改变和/或部分装饰件（尤其是主要装饰件）的设计做出改变，最终达到整体视觉效果上不同于以往的设计。就本案而言，本专利相对于对比设计的不同点即改进之处，既不涉及对三维立体形状的改变，也不涉及对主要装饰部件布局及显著设计特征的改进，而主要是对前车灯、后车灯及与之相关的局部细节进行了改动，且上述改进之处并未使本专利的整体视觉效果明显不同于对比设计，因此，其既不属于应受专利权保护的全面创新，也不属于应受专利权保护的改进设计。

回顾中国汽车工业的发展之路，在发展初、中期在一定程度上可以归结为对国外先进制造及设计技术的引进、借鉴和模仿，但在“创新驱动发展”战略上升为国家战略以及知识产权保护力度不断加大的背景下，仍然走借鉴、模仿的老路显然已经行不通，因此，汽车制造企业必须转变思路，不断加强自主创新，唯有如此才能在未来激烈的市场竞争中占有一席之地。

（苏志甫　作者单位：北京市高级人民法院）

3

如何适用“证据披露”“举证妨碍”规则计算侵权获利进而合理确定损害赔偿数额

——株式会社MTG诉深圳市恒健达科技有限公司侵害外观设计专利权纠纷案

【案号】

一审：（2017）粤03民初410号

二审：（2018）粤民终682号

【裁判要旨】

在被诉侵权人有可能被认定构成侵权而有关计算侵权获利的相关证据主要由其持有或控制的情况下，权利人已经尽力举证侵权获利并提出证据披露申请，法院经审查后可以作出裁定责令被诉侵权人提交相关证据。被诉侵权人无正当理由拒不提交相关证据，构成举证妨碍的，法院可以综合在案证据情况采信权利人主张计算侵权获利。在无相反证据的情况下，被诉侵权产品在电商平台上的交易数量可以作为侵权销量，被诉侵权产品的降价空间可以反映单件侵权产品合理利润空间。

【案情介绍】

株式会社MTG享有名称为“锻炼器具”、专利号为ZL201530198276.0的外观设计专利权（以下简称涉案专利）。株式会社MTG指控深圳市恒健达科技有限公司（以下简称恒健达公司）制造、销售和许诺销售了被诉侵权产品，并提交了相应公证书。公证书上记载有被诉侵权产品分别在淘宝、天猫、京东平台上的交易成功或评价数量。株式会社 MTG 主张以电商平台上的销售数据为侵权产品销量，结合被诉侵权产品的降价幅度估算的合理利润，可以计算恒健达公司侵权获利。株式会社 MTG 于本案中诉请赔偿经济损失 200 万元及合理维权费用 20 万元。恒健达公司承认制造、销售、许诺销售了被诉侵权产品，但不确认被诉侵权设计与涉案专利设计构成近似，同时也否认上述电商平台上销售数据为被诉侵权产品真实销量。株式会社 MTG 向法院提出证据披露申请，法院经审查后认为株式会社 MTG 请求部分合理，故作出证据披露民事裁定，责令恒健达公司限期内提交记录被诉侵权产品在互联网上销售情况的全部电子数据以及记录被诉侵权产品成本和销售利润的真实账簿、账册。恒健达公司以无法找到被诉侵权产品链接为由拒绝提供任何数据。

【裁判结果】

广东省深圳市中级人民法院认为被诉侵权设计未落入涉案专利权保护范围，判决驳回株式会社 MTG 全部诉讼请求。株式会社 MTG 提起上诉。广东省高级人民法院改判侵权成立，结合恒健达公司举证妨碍的事实，采信了株式会社 MTG 主张的计算方法，全额支持了株式会社 MTG 的诉请赔偿数额。

【法官评析】

一、法院应当妥善适用“证据披露”“举证妨碍”规则

目前，大部分知识产权侵权案件中都是采用在法定范围内酌定赔偿数额的方法，双方当事人提交的证据中也鲜有证明侵权产品销量的证据，这在一定程度上致使赔偿数额普遍不高。根据民事诉讼“谁主张，谁举证”的原则，权利人主张损害赔偿，自然应提交相应的证据。但不可否认的是，有些证据持有或控制在侵权人或者第三人手中，权利人获取难度极大。因此在现有法律框架内，适用“证据披露”和“举证妨碍”规则显得非常有必要，且两者必须配套适用才有实际功效。《最高人民法院关于审理侵犯专利权纠纷案件应用法律若干问题的解释（二）》第二十七条明确规定了“证据披露”“举证妨碍”规则。司法实践中，不少案件也积极适用上述规则，力求查明实际损失或侵权获利，更加科学合理地确定赔偿数额。但是，关于“证据披露”“举证妨碍”的启动程序及认定标准尚无较为统一的意见，各地法院审查标准或宽松或严格，可能产生争议。

我们认为妥善适用“证据披露”“举证妨碍”规则，应当注意以下几点：其一，“证据披露”原则上应当由负有举证义务的一方当事人提出书面申请，法院不宜依职权启动；其二，法院应当对该申请进行审查，综合考虑侵权事实成立的可能性和申请人是否已经履行初步举证义务，对合理部分予以支持，必要时还可以组织双方进行听证；其三，法院适用“证据披露”一般应当作出裁定（或者当庭责令另一方当事人限期内披露相关证据并记入笔录），而且必须明确披露的证据范围，释明拒不披露的法律后果；其四，法院应当对未在限期内披露相关证据的理由进行审查，以判定是否构成举证妨碍。当事人构成举证妨碍的法律后果可能有三：一是结合案件其他证据直接采信权利人主张全部或部分赔偿数额；二是降低证明标准，可以采信侵权人广告宣传、媒体报道、电商平台等各公开渠道的有关信息计算赔偿数额；三是在部分无法精确计算但有一定事实依据的数据上作出不利于侵权人的推定。

值得注意的是，当事人持有或控制相关证据只是适用“证据披露”“举证妨碍”规则的必要条件而非充分条件，具体还应当结合待证事实是否因该证据不被提交而真伪不明、当事人是否有可以不提交的正当理由等因素综合判断。而且侵权人构成举证妨碍时，并不意味着权利人主张的赔偿数额全部成立，即不能因为作出不利于侵权人的推定，就直接确认权利人主张的赔偿数额的合理性，还应综合考虑全案证据，对不合理部分不予支持，以免造成双方当事人利益明显失衡。

二、如何综合全案证据情况计算侵权获利进而确定赔偿数额

本案中，株式会社 MTG 主张以恒健达公司销售侵权产品的获利为依据确定赔偿数额。根据法律规定，侵权获利为侵权产品销量与单件侵权产品合理利润的乘积。关于侵权产品销量，株式会社 MTG 主张以恒健达公司在淘宝、天猫、京东平台上分别销售三款侵权产品的交易数据作为侵权产品销量，合计为 69568 件。关于合理利润，株式会社 MTG 前后两次取证，被诉侵权产品两款产品售价分别下调了 89 元、210 元。株式会社 MTG 主张该下降的价格空间可以合理推定为每件被诉侵权产品的利润空间，即使进行保守估算，单件被诉侵权产品的利润也应当超过 50 元。因此，恒健达公司销售三款侵权产品的获利保守估算为 69568 件 ×50 元≈348 万元。株式会社 MTG 向法院提交书面申请，称已经尽其能力提供了证明恒健达公司侵权所获利益的初步证据，而关于被诉侵权产品的真实财务账册等证据显然只有恒健达公司才能掌握，株式会社 MTG 客观上难以获得，故申请法院责令恒健达公司提供其所持有的记录被诉侵权产品销量、成本等数据的合同、发票、账簿等资料。法院综合考虑了被诉侵权产品二审改判侵权的可能性，作出裁定对上述申请中合理部分予以支持，责令恒健达公司于七日内向法院提交相关证据。恒健达公司在期限内没有提交相关证据，但提交《情况说明》称相应产品链接已经下架删除，同时其是小微企业，无能力建立完整财务制度，不存在记录被诉侵权产品的账簿。法院经核查，恒健达公司所称被诉侵权产品链接早已经下架删除并非属实，其所称无能力建立完整财务制度亦非正当理由。综上，恒健达公司无正当理由拒不提交相关证据构成举证妨碍，应承担不利的法律后果。法院对相关证据核查后认为，株式会社 MTG 所主张的计算方法符合法律的规定，其计算侵权获利所依据的全部销量数据均在电商平台有据可查，其所主张的单件产品合理利润虽有推定成分，但从商业主体所追求的实现盈利避免亏损的价值取向分析，该推定亦属合理，因此采信了株式会社 MTG 主张的计算方式和保守估算的侵权获利。该估算数额远远超过株式会社 MTG 诉请赔偿的 200 万元，故法院予以全额支持。鉴于恒健达公司直至二审庭审结束之后仍然在持续销售、许诺销售被诉侵权产品，侵权情节严重，并在诉讼过程中还存在举证妨碍行为，侵权恶意明显，致使株式会社 MTG 的维权成本增加，故法院对株式会社 MTG 主张的 20 万元合理维权费用亦全额支持。

三、本案对于科学合理确定赔偿数额的其他启示

本案中，株式会社 MTG 将侵权产品在各电商平台上销售的情况进行公证或采用可信时间戳的方式进行固定，为后续计算侵权获利提供了直接的销量依据，是能够获得高额赔偿的首要前提。其次，法院依照法律和司法解释的规定适用“证据披露”“举证妨碍”规则，是进一步合理确定损害赔偿数额的关键步骤。若被诉侵权人按照法院要求披露相关证据，则无疑有利于法院直接查清侵权获利，若被诉侵权人无正当理由拒不提交相关证据，则法院亦可以认定其构成举证妨碍，继而采信权利人主张或者作出不利于侵权人的推定。上述法律后果的逻辑起点，是将赔偿数额不确定性的风险让侵权人承担，包括采纳权利人主张的赔偿数额的具体计算方法（也许结果可能高于侵权人的实际获利）、涉案产品或权利对产品整体利润贡献占比（哪怕是 100% 贡献率），或者在计算误差范围内选取合理高值等。

需要特别说明的是，本案中法院其实可以直接将侵权产品大致销售数量作为法定赔偿的考量因素，按照法定赔偿的思路确定赔偿数额。但是，囿于法定赔偿 100 万元的上限，权利人诉请赔偿数额很难全额获得支持。此时，“证据披露”“举证妨碍”规则无疑是当前法律框架下破解损害赔偿难题的“利器”。妥善适用该方法，有利于缓和确定赔偿数额证据缺失的困难，有利于鼓励权利人和侵权人积极提交计算实际损失或侵权获利的相关证据，有利于树立对当事人拒不配合查清实际损失或侵权获利的威慑作用，实质上是加大对知识产权保护力度的有效方法。

（陈中山　作者单位：广东省高级人民法院）

4

专家辅助人在技术类知识产权案件裁判中的运用

——莱顿汽车部件（苏州）有限公司诉盖茨优霓塔传动系统（上海）有限公司、奇瑞汽车股份有限公司、苏州新世纪汽车贸易有限公司侵害发明专利权纠纷案

【案号】

一审：（2012）苏中知民初字第0106号

二审：（2015）苏知民终字第00172号

【裁判要旨】

在涉及复杂技术事实的专利侵权案件中，双方当事人可以申请各自的专家辅助人出庭参与诉讼，就涉案技术的专门性问题向法庭作出说明、参与技术讨论、发表技术意见。法庭也可聘请专家辅助人，协助法庭进行技术事实调查，并代表法庭就技术问题参与双方当事人的讨论、发表技术意见；各方专家辅助人当庭发表的技术意见，具有证据效力，可以作为认定案件技术事实的依据。

【案情介绍】

莱顿汽车部件（苏州）有限公司（简称莱顿苏州公司）系“具有非圆形驱动部件的同步传动装置及其运转和构造方法”发明专利（简称涉案专利，专利号：ZL02823458.8）的独占实施被许可人。其向江苏省苏州市中级人民法院提起诉讼，指控盖茨优霓塔传动系统（上海）有限公司（简

称盖茨上海公司）、奇瑞汽车股份有限公司（简称奇瑞公司）和苏州新世纪汽车贸易有限公司未经许可（简称新世纪公司），在生产、销售的发动机产品中，以生产经营为目的，共同实施了侵害某专利权的行为。请求判令盖茨上海公司、奇瑞公司、新世纪公司立即停止生产、销售与涉案专利相同的同步传动装置及含该装置的发动机总成产品；盖茨上海公司、奇瑞公司共同赔偿莱顿苏州公司经济损失37964906元及为制止侵权支付的合理费用475790元。

涉案专利包含58项权利要求，莱顿苏州公司主张权利要求1、30、39、58为其保护范围。权利要求1（可结合下页图1和图2理解）为：一种同步传动装置，其包括：一个连续循环回路式的长传动构件，其具有若干啮合段；若干转动体，其包括至少一个第一和一个第二转动体，所述第一转动体具有若干和所述长传动构件的啮合段相啮合的齿，所述第二转动体具有若干和所述长传动构件的啮合段相啮合的齿；一个和所述第二转动体相连接的旋转负荷组件；所述长传动构件环绕着所述第一、第二转动体相啮合，所述第一转动体设置成用来驱动所述长传动构件，而所述第二转动体设置为由所述长传动构件驱动，所述转动体之一具有一个非圆形轮廓，所述非圆形轮廓具有至少两个突出部与缩进部交替排列，所述旋转负荷组件在受到驱动转动时，产生一个周期性波动负荷转矩；其特征在于：所述非圆形轮廓的突出部和缩进部的角位与产生在所述第二转动体上的周期性波动负荷转矩的角位相关，并且所述非圆形轮廓的偏心距的大小使得所述非圆形轮廓在所述第二转动体上施加一个相反的波动校正转矩，减少或基本上抵消所述旋转负荷组件的波动负荷转矩。权利要求30为权利要求1的从属权利要求，权利要求39为一种运转同步传动装置的方法权利要求，权利要求58为一种同步传动装置的独立权利要求，限于篇幅，权利要求30、39、58的具体内容不再详述，且本文亦围绕权利要求1展开介绍，其他权利要求的内容以及一、二审法院对此的相关认定可参见本案一、二审判决书。

一、二审中，争议焦点都集中在权利要求的解释上。简言之，即权利

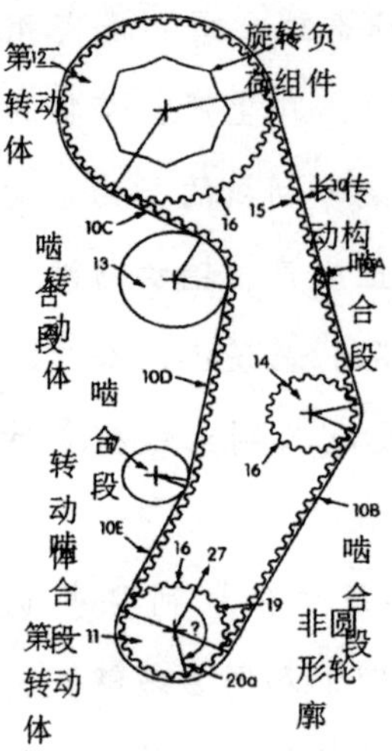

图 1　涉案专利技术方案示意图

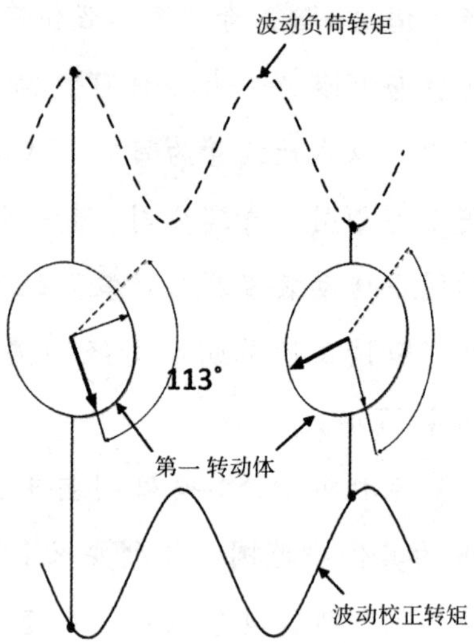

图 2　涉案专利技术原理

要求 1 的保护范围应界定至说明书所记载的“非圆形轮廓的偏心距和角位的具体设定方式”，还是界定为在同步系统中“采用非圆轮产生校正转矩，并利用该校正转矩抵消或减少波动负荷转矩”这一技术手段的集合。所涉及具体技术问题有：1. 波动负荷转矩的含义；2. 波动校正转矩的含义；3. 技术特征“所述非圆形轮廓的突出部和缩进部的角位与产生在所述第二转动体上的周期性波动负荷转矩的角位相关”（简称技术特征 J）以及技术特征“并且所述非圆形轮廓的偏心距的大小使得所述非圆形轮廓在所述第二转动体上施加一个相反的波动校正转矩，减少或基本上抵消所述旋转负荷组件的波动负荷转矩”（简称技术特征 K）的理解。此外，被控侵权产品本身采用何种技术方案也并非简单观察测量可得，而需要通过专业检测手段才能确定，虽然本案中莱顿苏州公司为证明被控侵权产品落入涉案专利保护范围，自行设计了实验方案和装置，但该实验方案本身的科学性、测量结果的真实性与待证事实之间的关联性、证明力等问题的确认仍需具备相关专业技术知识人的参与才能完成。

为查明上述技术事实，一审法院先后委托两家鉴定机构进行技术鉴定，但两家鉴定机构最终均以没有能力开展鉴定为由退回一审法院。在此情况下，一、二审法院根据《中华人民共和国民事诉讼法》第七十九条的规定，要求双方当事人提供专家辅助人参与诉讼，就涉案技术的专门性问题向法庭作出说明。同时，法庭也指定了专家辅助人出庭，协助法庭进行技术事实调查。在一、二审诉讼中，双方技术专家就上述技术问题在法庭上展开充分阐述、说理和辩论，法庭指定的技术专家也积极提问、参与论证，帮助法庭查明与案件审理有关的技术事实，并针对双方争议的技术事实问题当庭发表技术意见。

【裁判结果】

一审法院认为，关于权利要求解释及被控侵权产品是否落入涉案专利权利要求保护范围，涉案专利权利要求1为一同步传动装置，与一般的产品权利要求技术特征用结构或连接关系方式限定不同，技术特征J、K等通过工作原理的方式对其权利要求保护范围加以限定。就对该工作原理类技术特征的理解，根据涉案专利背景技术中记载，用非圆形轮廓降低皮带传动中的扭转振动为公知常识，但现有技术并未揭示在特定的发动机同步传动装置中如何选择偏心距的大小和如何进行不圆的转动体相对于其他转动体的角度对准。故涉案专利的发明点，即相对于现有技术的区别即在于从减少或基本上抵消波动负荷转矩的方式来设定非圆形轮廓的偏心距和角位，相应的涉案专利的保护范围也限于此。由于莱顿苏州公司的相关计算和实验检测结果并不能证明被控侵权产品的偏心距及角位大小与涉案专利权利要求书及说明书中的记载相同且产生了减少或基本上抵消波动负荷转矩的波动校正转矩，并且莱顿苏州公司也未证明被控侵权产品是按照涉案专利记载的以产生减少或基本上抵消波动负荷转矩的波动校正转矩的方式来设定非圆形轮廓的角位和偏心距，故一审法院认定被控侵权产品因缺少技术特征J、K而不落入涉案专利权，据此驳回莱顿苏州公司诉讼请求。莱顿苏州公司不服一审判决，向江苏省高级人民法院提起上诉。

二审法院认为，首先，根据本领域普通技术人员对权利要求本身文义内容的理解，技术特征J、K不属于仅仅以功能、效果或者是抽象工作原理来限定专利所要保护技术方案的技术特征。（1）从技术特征 J 来看，其限定了专利要求保护产品中的一个构件的空间位置（非圆形轮廓的突出部和缩进部的角位），应与专利产品在使用过程中产生的随时间周期性变化的物理量（产生在所述第二转动体上的周期性波动负荷转矩）之间存在关联性，也即这两者之间存在着对应性，这正是技术特征 K 中“力矩抵消”手段得以实现的前提。（2）从技术特征 K 来看，其限定了一种利用“力矩抵消”的技术手段，具体为：通过前述构件的几何特性（非圆形轮廓的偏心距的大小）在另一个构件（第二转动体）产生一个与波动负荷转矩相反的转矩（波动校正转矩），以减少或基本抵消波动负荷转矩。因此，技术特征 J、K 限定了非圆形轮廓的空间位置与专利产品在使用过程中产生的随时间周期性变化的物理量（波动负荷转矩）之间的关联性，并非仅仅以功能或者效果的方式对权利要求进行限定。

其次，根据针对涉案专利的第 15956 号、20785 号无效宣告请求审查决定，以及德国联邦专利法院针对涉案专利同族专利作出的《专利无效之诉判决书》，涉案专利相对于现有技术的贡献在于，提出了以非圆轮产生波动校正转矩抵消或减小波动负荷转矩的方式来解决同步传动系统的扭转振动问题。而且本领域普通技术人员从权利要求中，尤其是技术特征 J、K 记载的信息中可以清楚地知道如何去实施，即（1）利用非圆形轮廓的几何特性（具有突出部与缩进部）可以产生波动校正转矩并施加到第二转动体上。（2）调整非圆形轮廓的突出部和缩进部的角位和非圆形轮廓偏心距，使得波动校正转矩与产生在第二转动体上的周期性波动负荷转矩部分抵消（减少扭转振动）或者完全抵消（消除扭转振动），至于如何调整非圆轮角位和偏心距，则不限于涉案专利说明书所记载具体实施方式。

综上，根据涉案专利相对于现有技术的技术贡献以及本领域普通技术人员对于权利要求文字含义的理解，权利要求 1 的保护范围应界定至“采用非圆轮产生校正转矩，并利用该校正转矩抵消或减少波动负荷转矩”这一层面，不应将涉案专利权利要求的保护范围限缩至非圆形轮廓角位和偏心距的具体数值以及确定具体数值的方法。盖茨上海公司关于技术特征J、K系功能性特征，并应结合说明书和附图描述该功能的具体实施方式确定该技术特征的内容的主张缺乏事实和法律依据，不予支持。

在对权利要求作出上述解释的基础上，二审法院进一步认为，根据莱顿苏州公司提交的测试报告，被控侵权产品的非圆轮突出部和缩进部的角位与凸轮轴负荷转矩（对应于涉案专利的波动负荷转矩）的角位相关，这与涉案专利权利要求1中的技术特征J构成相同特征；被控侵权产品中非圆轮校正转矩（对应于涉案专利的波动校正转矩）基本上抵消了凸轮轴负荷转矩（对应于涉案专利的波动负荷转矩），这与涉案专利权利要求1中的技术特征K构成相同特征。由于双方对其他技术特征相同并无异议，因此，被控侵权产品落入涉案专利权利要求1的保护范围。

最终，二审法院根据被控侵权产品的数量、单价、利润率以及莱顿苏州公司为本案诉讼所支出合理费用，并根据盖茨上海公司和奇瑞公司侵权行为的性质，判令盖茨上海公司和奇瑞公司应连带赔偿莱顿苏州公司经济损失和为维权所支出的合理开支共计10644033.7元。

【法官评析】

本案的典型案例意义在于：参照适用我国民事诉讼法的规定，将“有专门知识的人”[①] 即专家辅助人[②]的适用对象，从案件当事人扩展到审判

---

① 《中华人民共和国民事诉讼法》第七十九条规定：“当事人可以申请人民法院通知有专门知识的人出庭，就鉴定人作出的鉴定意见或者专业问题提出意见。”

② 专家辅助人并非严格的法律术语，根据《最高人民法院关于适用〈中华人民共和国民事诉讼法〉的解释》第一百二十二条、第一百二十三条规定，当事人可以申请“有专门知识的人”出庭，专门就涉案技术问题代表当事人当庭发表意见，该意见属于当事人陈述。由此可见，《中华人民共和国民事诉讼法》所规定的“有专门知识的人”所起的作用就是利用其所掌握的科学技术知识，弥补当事人在陈述技术事实以及技术问题方面的能力不足，辅助当事人参加诉讼活动，故在司法实践中习惯将《中华人民共和国民事诉讼法》第七十九条中所规定的“有专门知识的人”称为专家辅助人，又由于其可以当庭就技术问题发表独立的意见，故实践中也有人称之为“专家证人”。

组织。[①] 即除当事人可以向法庭申请专家辅助人出庭，代表其就技术问题发表意见外，合议庭亦可根据案件审理需要，聘请专家辅助人（以下简称法庭专家辅助人）参与诉讼，帮助法庭理解涉案技术内容，厘清争议技术问题（类似技术调查官的作用），最为重要的是，可以当庭针对双方争议的技术问题发表自己的独立意见（发挥专家辅助人的作用）。由此可见，本案技术事实查明过程中所采取的法庭专家辅助人参与诉讼的方式，属于专家辅助人制度与技术调查官制度在某一具体技术类案件中的综合运用。下面结合本案例对专家辅助人制度的具体运用作相应评述。

一、适合采用专家辅助人方式查明技术事实的案件类型

专家辅助人并无专职人员担任，当案件审理需要时由当事人申请，以及从法庭的技术专家库中选择并确定。因此对于技术事实争议不大，或者虽然有争议，但通过技术调查官、专家咨询等方式可以快速、高效解决技术事实时，就没有必要再采用专家辅助人参与诉讼这种方式。本案之所以采取专家辅助人参与诉讼的方式来查明涉案技术事实，主要基于以下三方面的考虑：1. 一审法院两次委托司法技术鉴定均被退回，鉴定之路并不顺畅；2. 涉案技术事实复杂，技术事实争议大，技术调查官参与诉讼、专家咨询等方式无法满足查明和认定事实的裁判需求；3. 原告方已经提供了被控侵权产品的相关测试报告，专家辅助人根据该测试报告能够查明被控侵权产品的相关技术事实。

特别需要说明的是，虽然相关测试系原告单方进行，并没有对方或者公证机构监督测量和实验过程，但在其提交的测量报告中以文字、表格数据、曲线图、照片、视频等方式详细记录了测量方案、过程以及结果，上述测量和实验具有可重复性。对于上述具有可重复性的测量和实验，被告仅是提出口头质疑，并未提交能够支持其主张的实验数据，而且法庭专家辅助人亦认可相关测试的实验设计、原理的科学性。故法庭认为被告否认涉案测量和实验报告真实性的证据并不充分，不予采信。

---

① 宋健：《专家证人制度在知识产权诉讼中的运用及其完善》，载《知识产权》2013 年第 4 期。

二、关于专家辅助人适格标准及审查方式

专家辅助人适格性标准，是指具备什么条件的人才有资格参与诉讼，就涉案技术问题陈述意见。适格的专家辅助人需要满足两个方面的要求，一是具备与查明涉案技术事实相匹配的知识水平和能力；二是法庭专家辅助人须与双方当事人不存在利害关系。虽然专家辅助人中带有“专家”两字，但实际上无论是法律规定，还是各地的司法实践，对专家辅助人的学历、职称、学术成就、技术等级等并没有刚性要求，只需要具备与查明涉案技术事实相匹配的知识水平和能力即可。而在实践中，当事人出于积极维护自身权益的考虑，其申请的专家辅助人的知识水平和能力足以胜任查明案件技术事实的需要。而法庭专家辅助人往往是从各法院、法庭的技术专家库中选择，或者由专家库中的专家推荐，一般都具有高级职称，在专业领域具有一定影响力和丰富经验，故能够保证技术事实查明的需要。对于当事人申请的专家辅助人，由于发表的意见视为当事人陈述，故无需审查其是否与当事人之间存在利害关系，但法庭专家辅助人发表的意见具有中立的证人证言性质，故对其应适用回避的相关规定，而且一般由当事人自行审核法庭聘请的专家辅助人是否满足适格性要求。本案中，法庭在开庭前将法庭专家辅助人的信息发送给双方当事人，双方均未提出异议，即认定为法庭专家辅助人适格。

三、保障专家辅助人意见客观性的措施

本案中，双方当事人各自聘请的专家辅助人中，均有部分属于当事人自己单位的研发人员、高级工程师，虽然存在着从有利于己方的角度去陈述相关技术事实的现象，但基于以下三个方面的约束，并未发现存在专家辅助人故意违反科学常识、歪曲技术事实情况：1. 强化专家自我约束观念。庭审前，法庭会提醒各方专家辅助人：“法庭相信，在有各方专家出庭的情况下，专家会秉持科学良知和专业知识，客观、公正和中立地发表专家意见，协助法庭查明技术事实”；2. 各方专家辅助人在法庭主持下对涉案技术问题进行充分论证。庭审中，双方专家辅助人充分发表意见，并可就对方专家发表的意见进行发问。法庭聘请的专家可以向任何一方提问。庭后，要求各方专家辅助人提交详细附有科学依据的专家意见；3. 在裁判文书中公开专家辅助人的身份，并将其意见载入判决书事实查明部分。

四、专家辅助人参与庭审活动的形式以及活动规则

专家辅助人参与庭审的地点，既可以是法庭，又可以在会议室以圆桌会议形式组织专家论证。专家论证会的优点在于：便于传递证据材料，有利于缓解专家出庭时的紧张情绪，使得专家能够更专注、更深入地讨论涉案技术问题。本案即以圆桌会议形式组织各方专家共同进行技术论证，对查明本案技术事实发挥了重要作用。为了提高专家论证会的效率，本案审理过程中还采取如下 2 点措施：1. 专家论证会之前组织双方当事人召开庭前会议，归纳并确定专家论证会所要讨论的技术问题；2. 组织专家论证会时，先由各方专家就技术问题进行讨论和质证，当事人及其代理人未经法庭许可不得向专家发问，在专家之间就技术问题全部或阶段性讨论结束后，当事人或代理人才能向专家提问。

（张晓阳　作者单位：江苏省高级人民法院）

5

主题名称在权利要求中的作用

——“自动涂覆油脂的煎炸锅”发明专利权无效案

【案号】

一审：（2017）京 73 行初 5126 号

二审：（2018）京民终 2767 号

【裁判要旨】

权利要求的特征部分和前序部分写明的特征合在一起，限定发明或者实用新型要求保护的范围。但主题名称与技术特征不同，具有高度的概括性。主题名称对于权利要求的保护范围是否产生限定作用以及产生何种影响，与主题名称的类型有关。“全部涵盖的主题名称”通常在进行新颖性、创造性判断时无需额外考虑。而“部分涵盖的主题名称”则需要考虑其中的技术贡献属于何种类型，针对“用途限定的主题名称”、“描述结构方法的主题名称”以及“综合的主题名称”适用不同的规则。

【案情介绍】

SEB公司拥有名称为“自动涂覆油脂的煎炸锅”的发明专利（简称本专利），该专利的申请日为2005年6月8日，优先权日为2004年6月8日，2009年9月9日授权公告。该专利的权利要求1如下：

“1. 一种干煎炸锅（1），该干煎炸锅包括用于容纳待煎炸的食物的主体（2），在所述主体（2）内安装有一装置（5，6），所述装置用于通过将所述食物与油脂混合而给所述食物自动涂覆油脂膜，该干煎炸锅还包括安装在所述主体（2）上的主加热器装置（24），该主加热器装置设计成产生热流（25），该热流定向成直接冲击至少一部分所述食物，所述主加热器装置（24）提供用于烹调的热的至少主要部分。”

中山市金朗宝电器有限公司（简称金朗宝公司）及中山市华腾电器有限公司（简称华腾公司）分别针对本专利提起无效宣告请求。

2017年2月24日，专利复审委员会作出被诉决定。该决定认定：涉案专利权利要求1请求保护一种干煎炸锅，涉案专利的干煎炸锅通过设置主加热器装置，其产生定向为直接冲击至少部分食物的热流，将热流引导成在没有中间介质（例如容器底部）的情况下直接施加到食物上，避免了油浴的缺点。即，在涉案专利权利要求1的技术方案中，通过在干煎炸锅中设置给食物自动涂覆油脂膜的装置，并设置能够产生直接冲击至少部分食物的主加热器装置，整体上实现了“干煎炸”的烹调方式。由此可见，“干煎炸”并非仅仅是少油煎炸的含义，其作为涉案专利独立权利要求1的主题名称与其特征部分限定的自动涂覆油脂膜的装置以及能够产生直接冲击至少部分食物的主加热器装置一起限定了一种区别于现有技术中各种声称少油煎炸锅的新颖的煎炸锅以及相应的煎炸方法。涉案专利权利要求1要求保护的技术方案不具备专利法第二十二条第二款规定的新颖性。因此，专利复审委员会宣告涉案专利权全部无效。

SEB 公司不服被诉决定，向北京知识产权法院提起行政诉讼。

【裁判结果】

北京知识产权法院经审理认定，证据2－1中没有公开“在所述主体（2）内安装有一装置（5，6），所述装置用于通过将所述食物与油脂混合而给所述食物自动涂覆油脂膜”这一特征，因此，权利要求1相对于证据2－1具备新颖性，专利复审委员会相关认定有误，依照《中华人民共和国行政诉讼法》第七十条第一项、第二项之规定，判决：一、撤销被诉决定；二、专利复审委员会重新作出决定。

SEB 公司、专利复审委员会以及金朗宝公司均不服该判决，向北京市高级人民法院提起上诉。北京市高级人民法院经审理认为，证据2－1的技术方案中，食物在滚动和下落的过程中能够实现油脂与食物混合，并均匀涂覆油脂。本专利权利要求1的相关技术特征被证据2－1公开，被诉决定认定正确。

【法官评析】

在本案的审理过程中，本专利权利要求1的主题名称“一种干煎炸锅”是否对权利要求的保护范围具有限定作用，争议颇大。一种观点认为，“干煎炸”的主题特征是对烹饪方法的限定，并未对本专利权利要求1的特征部分的结构进行限定，因此，该“干煎炸”的主题特征无需考虑。另一种观点认为，“干煎炸”虽然是方法或效果特征，却排除了油浴式的涂覆方式，因此，该特征对于本专利权利要求1的特征部分的自动涂覆油脂膜的装置具有一定的限定作用，在评价本专利权利要求1的新颖性时应当予以考虑。主题名称能否产生以及如何产生限定作用犹如斯芬克斯之谜，为了厘清思路，有必要从主题名称的性质及类型入手。

一、主题名称的性质及类型

根据《中华人民共和国专利法实施细则》（简称专利法实施细则）第二十一条第一款规定，发明或者实用新型的独立权利要求应当包括前序部分和特征部分，前序部分写明要求保护的发明或者实用新型技术方案的主题名称和发明或者实用新型主题与最接近的现有技术共有的必要技术特征；特征部分使用“其特征是……”或者类似的用语，写明发明或者实用新型技术区别于最接近的现有技术的技术特征。权利要求的主题名称是权利要求的必要组成部分。权利要求是发明者精心撰写用来宣誓权利边界的简短语句，权利要求对语言有极度精炼的内在需求，因此，我们必须认真考量每一个写入权利要求的词语所发挥的作用。

专利法实施细则第二十一条第一款明确将前序部分的技术内容分为“主题名称”与“共有的必要技术特征”，由此可知，主题名称与技术特征不同。技术特征是权利要求中能相对独立地执行一定的技术功能、并产生相对独立的技术效果的最小技术单元。主题名称通常是对权利要求包含的全部技术特征所构成的技术方案的抽象概括，是对专利技术方案的简单命名，其本质上不是一个单独的技术特征，其代表的技术方案通常能够通过权利要求的全部技术特征体现。

主题名称从不同角度出发可以作不同的分类，根据主题名称的内容，可以分为“包含发明点的主题名称”和“非包含主题名称的发明点”。[①] 根据撰写方式，可以将主题名称分为“简单型主题名称”和“带修饰词的主题名称”[②]。参考美国的经验，还可以根据是否需要与现有技术进行比

---

① 参见刘扬、贾昌明：《主题名称对权利要求保护范围的限定》，载《电子知识产权》2015 年第 12 期。

② 参见姚建军：《权利要求中“主题名称”作用初探》，载《中国专利与商标》2017 年第 1 期。“简单型主题名称”直接指明权利要求保护的装置或方法等，而“带修辞词的主题名称”则还包含了对“简单主题名称”进行限定的词句。

对，将主题名称分为“明显可见型”和“现有技术区别型”。①

不同的分类方式有助于寻找主题名称产生限定作用的边界。本文对主题名称作如下两种分类：

其一，根据主题名称的抽象程度不同，主题名称可以分为“全部涵盖的主题名称”和“部分涵盖的主题名称”。如上所述，主题名称是权利要求保护技术方案的抽象概括，是权利要求中全部技术特征的集合。因此，当主题名称体现的技术内容能够为权利要求的其它全部必要技术特征具体指代时，该主题名称可以称为“全部涵盖的主题名称”。例如，“移动终端浏览网页方法”发明专利申请驳回复审案件中，涉案专利权利要求 1 请求保护一种移动终端以阅读模式浏览网页的方法，该主题名称是对权利要求 1 全部技术特征的抽象概括，法院认为在对比了权利要求 1 的全部技术特征与现有技术之后，无需将主题名称作为单独的区别技术特征加以认定。②

而当主题名称涵盖了不能被权利要求的其它必要技术特征体现的技术内容时，该主题名称可以被称为“部分涵盖的主题名称”。例如，“排水管道”发明专利侵权案中，涉案专利权利要求 2 的主题名称为“一种制造权利要求 1 所述的钢带增强塑料排水管道的方法”。权利要求 2 主题名称中包含了权利要求 1 的全部技术特征，而上述特征并未体现在权利要求 2 的技术特征中，因此，该专利权利要求 2 的主题名称属于“部分涵盖主题名称”。③

其二，根据与主题的关系，主题名称可以分为“用途限定的主题名

---

① 参见马云鹏：《权利要求解释中主题名称作用探析》，载《中国发明与专利》2017 年第 2 期。“明显可见型”的主题名称与技术特征的表述直接相关，无须与现有技术特征进行对比，就可以确定其限定作用。而“现有技术区别型”的主题名称需要通过与现有技术进行对比后，确定该主题名称是否具有限定作用。

② 参见北京知识产权法院（2015）京知行初字第 6666 号行政判决书。

③ 参见南京市中级人民法院 2010 宁知民初字第 566 号民事判决书；江苏省高级人民法院 2012 苏知民终字第 0021 号民事判决书以及最高人民法院（2013）民申字第 790 号民事裁定书。

称”、“描述结构方法的主题名称”以及“综合的主题名称”。权利要求可以分为产品权利要求与方法权利要求，尽管《审查指南》（2010）第二部分第二章3.1.1仅指明确定产品权利要求的保护范围时应当考虑权利要求中用途限定的主题名称。但事实上，主题名称能否对权利要求的保护范围产生限定不仅限于产品权利要求，方法权利要求同样面临这一问题。根据主题名称的功能可以将主题名称分为“用途限定的主题名称”和“描述结构方法的主题名称”。“用途限定的主题名称”中含有表明功能用途的修饰词，可以使用“用于……”的写法，例如“用于钢水浇筑的模具”，也可以开宗明义表明用途，例如“便携油井液面测试充气装置”。“描述结构方法的主题名称”包含指明结构或者方法的技术特征。例如，“一种可拆卸的自行车”以及上文提及的“一种制造权利要求1所述的钢带增强塑料排水管道的方法”均属于此类主题名称。“综合的主题名称”则兼而有之，既包含结构方法的修饰词也包含对用途功能的限定，例如，“一种动态地址分配中防止IP地址欺骗的方法”，该主题名称中的“动态地址分配”是该方法所采用的技术手段和应用的范围，同时，该主题名称也指明了该权利要求旨在防止IP地址欺骗，“防止IP地址欺骗”是该技术方案用以实现的功能。①

二、主题名称的限定作用

根据《最高人民法院关于审理侵犯专利权纠纷案件应用法律若干问题的解释（二）》，独立权利要求的前序部分在确定专利权的保护范围时有限定作用②。但主题名称究竟如何发挥限定作用，法律及司法解释并未明确规定。《审查指南》规定主题名称的实际限定作用取决于对要求保护的产品本身带来何种影响。③ 最高人民法院在排水管道发明专利无效宣告案中，指出：“在确定权利要求的保护范围时，对权利要求中记载的主题名称应

① 参见北京知识产权法院（2014）京知行初字第68号行政判决书。

② 参见《最高人民法院关于审理侵犯专利权纠纷案件应用法律若干问题的解释（二）》第五条。

③ 参见《专利审查指南（2010）》第二部分第二章3.1.1。

当予以考虑，而其实际的限定作用应当取决于该主题名称对权利要求所要保护的主题本身产生了何种影响。”[①] 由此可见，主题名称对权利要求保护范围的限定作用与技术特征的限定作用不同，主题名称并不因其记载在权利要求中而当然对权利要求的保护范围产生限定作用，需要结合主题名称的撰写方式和其他特征之间的关系来确定，其能否产生实际的限定作用，取决于主题名称对所要求保护的产品或者方法的影响。下文将对此种“影响”进行类型化分析。

首先，对于“全部涵盖的主题名称”，主题名称体现的技术内容能够为权利要求的其它全部必要技术特征具体指代，因此，该主题名称对界定权利要求的保护范围没有额外贡献，此时，在进行新颖性、创造性判断时无需额外考虑该主题名称的限定作用。例如，在“一种以每日一次剂量形式用于治疗动物耳感染的药物组合物”发明专利申请驳回复审行政案中，法院认为，虽然本申请的主题名称限定适用对象为“动物”、治疗症状为“耳感染”、给药方式为“局部”等，但是，对本申请保护的药物组合物技术方案而言，该限定已体现在药物组合物成分、载体与剂型的选择、重量范围的选定上，即权利要求 1 所述组合物包含的技术内容已体现主题名称中的上述限定。在本申请的申请文件以及在案证据均不能证明上述限定已对本申请保护药物组分、配比关系等产生额外的技术效果或者实质性影响的情况下，专利复审委员会在判断本申请权利要求 1 相对于现有技术所存在的区别特征时，未考虑上述技术特征，并无不当。[②]

其次，对于“部分涵盖的主题名称”，由于主题名称涵盖了不能被权利要求的其它必要技术特征体现的技术内容，因此，主题名称中具有不能为其它技术特征涵盖的技术内容，该主题名称在确定权利要求的保护范围时具有限定作用，但是否产生实际的限定作用，还应当视该主题名称对主

① 参见南京市中级人民法院 2010 宁知民初字第 566 号民事判决书；江苏省高级人民法院 2012 苏知民终字第 0021 号民事判决书以及最高人民法院（2013）民申字第 790 号民事裁定书。

② 参见北京市高级人民法院（2017）京行终 5452 号行政判决书。

题的限定类型而定。

如上所述，根据主题与主题名称的限定关系，主题名称可以分为“用途限定的主题名称”、“描述结构方法的主题名称”以及“综合的主题名称”。通常而言，在不同类型的主题名称下，主题名称对于权利要求保护范围的实际限定作用是不同的。

对于“用途限定的主题名称”，实践中多数需要写在主题名称中的用途限定对要求保护的产品没有影响，因此，此类主题名称通常对新颖性和创造性的判断不产生影响。例如，在“便携油井液面测试充气装置”发明专利权无效案中[①]，法院认为，本专利权利要求 1 的主题名称中含有用途限定即“油井液面测试”，但该用途限定对于所要求保护的产品即充气装置本身没有带来影响，充气装置本身也不包括与油井液面测试相关联的技术特征，故该用途限定不能使本专利权利要求 1 要求保护的产品与证据 1 中公开的产品存在不同。例外的情况是，用途本身对主题有限定作用，例如，“用钢水浇铸的模具”相对于“用于冰块成型的塑料盒模具”[②]，“用于钓鱼的鱼钩”相对于“用于吊车的吊钩”。

对于“描述结构方法的主题名称”，此类主题中如果包含了权利要求的其他技术特征不能涵盖的技术内容，通常而言对权利要求的保护范围具有实质性的限定，例如，“排水管道案”即属于这种情形。例外的情况是，主题名称涵盖的技术特征与主题无关。本案即属于这种情况。本专利的权利要求 1 为产品权利要求，其主题为“锅”，其主题名称为“干煎炸锅”。根据本专利说明书中记载，“干煎炸”表示一种在烹调循环期间不将食物（部分以及/或者临时）浸入油或者油脂中的烹调食物的方式，即食物虽然被烹调介质（例如油）“弄湿”，但并不浸入或者浸泡在该介质中。由此可知，“干煎炸”是一种食物的烹饪方式，该烹饪方式是对使用者的要求而非对锅本身的限定，因此“干煎炸锅”的主题

---

① 参加北京市第一中级人民法院（2011）一中知行初字第 2981 号行政判决书。

② 参见《专利审查指南（2010）》。

名称是一种使用方法的限定，对于“锅”这一产品主题，关于油与食物的接触方式的要求已经通过加入油以及涂覆油脂的结构特征加以体现，“干煎炸”本身对本专利权利要求 1 的产品结构特征没有产生实际的影响。因此，“干煎炸”的主题名称对于该产品专利要求是否具备创造性的判断不起作用。

对于“综合的主题名称”，由于此类主题名称兼具两种性质，因此是否产生实际限定作用的规则需要具体情况具体分析。例如，上文所述“一种动态地址分配中防止 IP 地址欺骗的方法”发明专利权无效案中①，法院就认为，主题名称中“动态地址分配中防止 IP 地址欺骗”对其请求保护的主题“方法”均有实际限定作用。因此，本专利的主题名称“一种动态地址分配中防止 IP 地址欺骗的方法”是一项技术特征，在进行创造性判断时应予以考虑。

三、小结

主题名称与技术特征不同，主题名称在确定专利权保护范围时需加以考虑无疑。但主题名称能否产生实际的限定作用，即对新颖性和创造性的评价是否有实际的影响，则需要根据权利要求书和说明书的记载，并考虑现有技术，综合判断。

（戴怡婷　作者单位：北京市高级人民法院）

① 参见北京知识产权法院（2014）京知行初字第 68 号行政判决书。

6

专利创造性的司法审查

——北京都城亿光贸易有限公司、亿光电子（中国）有限公司诉国家知识产权局专利复审委员会第三人日亚化学工业株式会社发明专利权无效行政案

【案号】

（2018）京73行初247号

【裁判要旨】

认定发明是否具备创造性，需要判断该发明是否具有突出的实质性特点和显著的进步。具体而言，就是要判断对于本领域技术人员而言，要求保护的发明相对于申请日（优先权日）以前最接近的现有技术是否显而易见。本案中，法院对创造性进行司法审查的考量因素包括：1. 还原发明过程，考量本专利是否显而易见；2. 对比文件是否给出选用区别特征的技术启示；3. 本专利的区别特征是否属于公知常识；4. 公开充分与创造性判断中本领域技术人员的认知标准是否具有同一性。

【案情介绍】

1997年7月29日，日亚化学工业株式会社（简称日亚株式会社）申请了名称为“发光装置及显示装置”的第97196762.8号发明专利（简称本专利），其优先权日为1996年7月29日、1996年9月17日、1996年9月18日、1996年12月27日和1997年3月31日，授权公告日为2003年12月31日，专利权人为日亚株式会社，即本案第三人。本专利授权公告

后，被第 19300 号无效宣告请求审查决定宣告部分无效，在专利权人于 2012 年 2 月 14 日提交的权利要求 1－16 的基础上维持有效。维持有效的权利要求内容如下：

“1. 一种发光装置，包括发光元件和光致发光荧光体，发光元件的发光层为半导体，光致发光荧光体吸收所述发光元件所发出光的一部分，而发出波长与所吸收的光波长不同的光，其特征在于：

所述发光元件的发光层由氮化物系化合物半导体组成，所述光致发光荧光体包括含有从 Y、Gd 一组中所选出的至少一种元素与自 Al、Ga 一组中所选出的至少一种元素的、以铈活化的石榴石系荧光体，所述发光元件的发光光谱的峰值是在 400nm 至 530nm 的范围，且所述光致发光荧光体的主要发光的波长比所述发光元件的主峰值长。

2. 如权利要求 1 所述的发光装置，其特征在于，所述光致发光荧光体包含有含 Y 与 Al 的钇铝石榴石系荧光体。

3. 如权利要求 2 所述的发光装置，其特征在于，所述光致发光荧光体包含其中 Y 与 Al 组成分别不同的二个或二个以上以铈活化的钇铝石榴石系荧光体。

4. 如权利要求 1 所述的发光装置，其特征在于，所述光致发光荧光体包含以一般式（Re1－rSmr）3（Al1－sGas）5O12：Ce 所表示的组成分别不同的二个或二个以上荧光体，其中，$r=0$，$0\leqslant s\leqslant 1$，Re 是从 Y、Gd 中选出的至少一种。

5. 如权利要求 1 所述的发光装置，其特征在于，所述光致发光荧光体包含一般式以 Y3（Al1－sGas）5O12：Ce 来表示的第 1 荧光体与一般式以 Re3Al5O12：Ce 来表示的第 2 荧光体，其中，$0\leqslant s<1$，而 Re 则是从 Y、Gd 中所选出的至少一种。

6. 如权利要求 2 所述的发光装置，其特征在于，所述光致发光荧光体，包含将钇的一部分为钆所置换的第 1 钇铝石榴石系荧光体和第 2 钇铝石榴石系荧光体，该第 1 与第 2 钇石榴石系荧光体中钆的置换量互不相同。

7. 如权利要求1所述的发光装置，其特征在于，在所述发光元件中，所述发光元件的发光层包含有含In的氮化镓系半导体，而所述光致发光荧光体则包含其中的Al的一部分由Ga以Ga∶Al=1∶1至4∶6范围内的比率予以置换，且Y的一部分由Gd以Y∶Gd=4∶1至2∶3范围内的比率予以置换的钇铝石榴石系荧光体。

8. 如权利要求1所述的发光装置，其特征在于，进一步包括一大体上呈矩形的导光板，其一侧面通过使所述光致发光荧光体介于其中来设置所述发光元件，以反射元件覆盖该导光板除一主表面以外的表面，使所述发光元件所发出的光经所述光致发光荧光体与导光板而成为面状，从所述导光板的所述一主表面输出。

9. 如权利要求1所述的发光装置，其特征在于，进一步包括一大体上呈矩形的导光板，其一侧面设置所述发光元件，而其一主表面则设置所述光致发光荧光体，且以反射元件覆盖该一主表面以外的表面，使所述发光元件所发出的光经所述光致发光荧光体与导光板而成为面状，从所述导光板的所述一主表面输出。

10. 如权利要求1所述的发光装置，其特征在于，所述发光元件的发光光谱的主峰值设定于400nm至530nm的范围内，借助于所述光致发光荧光体的主发光波长设定成较所述发光元件的主峰值长，使其能发白色光。

11. 一种发光二极管，包括：具有帽部与引线部的安装引线；配置在所述安装引线的帽部内，且其一侧的电极电气连接于安装引线的发光二极管晶片；电气连接于所述发光二极管晶片的另一侧电极的内引线；为了覆盖所述发光二极管晶片的方式充填在所述帽部内的透光性涂覆构件；以及模构件，该模构件包含覆盖所述安装引线的帽部、所述内引线与连接于所述发光二极管晶片的另一侧电极的连接部分，并且盖住用所述涂覆构件所覆盖的所述发光二极管晶片；其特征在于，所述发光二极管晶片的发光层为氮化物系化合物半导体，且所述涂覆构件含有光致发光荧光体，该光致发光荧光体为含有从Y、Gd一组中所选出的至少一种元素与从Al、Ga一组中所选出的至少一种元素的以铈活化的石榴石系荧光体组成的光致发光荧光体，所述发光二极管晶片的发光光谱其主峰值在400nm 至530nm 范围内，且光致发光荧光体的主发光波长较所述发光二极管晶片的主峰值长。

12. 如权利要求11 所述的发光二极管，其特征在于，所述光致发光荧光体包含有含 Y 与 Al 的钇铝石榴石系荧光体。

13. 如权利要求12 所述的发光二极管，其特征在于，所述光致发光荧光体包含其中 Y 与 Al 组成分别不同的二个或二个以上以铈活化的钇铝石榴石系荧光体。

14. 如权利要求11 所述的发光二极管，其特征在于，所述光致发光荧光体包含以一般式（Re1－rSmr）3（Al1－sGas）5O12：Ce 所表示的组成分别不同的二个或二个以上荧光体，其中，r＝0，0≤s≤1，而 Re 则是从 Y、Gd 中所选出的至少一种。

15. 如权利要求11 所述的发光二极管，其特征在于，所述光致发光荧光体包含有一般式以 Y3（Al1－sGas）5O12：Ce 来表示的第 1 荧光体与一般式以 Re3Al5O12：Ce 来表示的第 2 荧光体，其中，0≤s≤1，而 Re 则是从 Y、Gd 中所选出的至少一种。

16. 如权利要求13 所述的二极管，其特征在于，所述光致发光荧光体，包含将钇的一部分为钆所置换的第 1 钇铝石榴石系荧光体和第 2 钇铝石榴石系荧光体，该第 1 与第 2 钇铝石榴石系荧光体中钆的置换量互不相同。”

针对本专利，北京都城亿光贸易有限公司（简称亿光贸易公司）于2016 年4 月5 日向专利复审委员会提出了无效宣告请求，认为权利要求1 不符合专利法第二十二条第三款的规定，说明书不符合专利法第二十六条第三款的规定，请求宣告本专利无效。

2016 年5 月4 日，亿光贸易公司提交意见陈述书，明确以本次意见陈述书中主张的无效理由替换2016 年4 月5 日提交的无效宣告请求书中主张的无效理由。

在该意见陈述书中，亿光贸易公司主张权利要求1－16 不符合专利法第二十六条第三款、第四款以及专利法第二十二条第三款的规定，因此请求宣告本专利全部无效。随该意见陈述书，亿光贸易公司提交了证据1.1－1.12。

2016年7月11日和2016年8月29日，亿光贸易公司分别提交意见陈述书，并随2016年8月29日的意见陈述书提交了证据1.13和证据1.14。

2016年4月28日、2016年5月20日、2016年7月8日、2016年10月24日，日亚株式会社分别提交意见陈述书，反驳了亿光贸易公司的无效理由，并随2016年7月8日的意见陈述书提交反证1.1－1.6，随2016年10月24日的意见陈述书提交反证1.7－1.8。

2016年7月27日，亿光电子（中国）有限公司（简称亿光电子公司）向专利复审委员会提出无效宣告请求，认为本专利权利要求1－16不符合专利法第二十二条第三款的规定，请求宣告本专利全部无效。随该请求书，亿光电子公司提交了证据2.1－2.13。

经形式审查合格，专利复审委员会依法受理该无效宣告请求，于2016年8月24日向双方当事人发出受理通知书，将上述无效宣告请求书及其附件副本转送日亚株式会社，随后成立合议组对本案进行审理，案件编号为4W104882（下称第二请求）。

2016年8月29日，亿光电子公司提交意见陈述书，明确以本次意见陈述书中主张的无效理由替换2016年7月27日提交的无效宣告请求书中主张的无效理由。

在该意见陈述书中，亿光电子公司主张：权利要求1－16不符合专利法第二十六条第三款和第四款的规定，不符合专利法第二十二条第三款的规定。因此本专利应予全部无效。随该意见陈述书，亿光电子公司提交了证据2.14－2.18。

2016年11月28日，针对日亚株式会社于2016年10月8日提交的三份反证，亿光电子公司提交了证据2.19和证据2.20。

日亚株式会社于2016年10月8日、2016年10月24日分别提交意见陈述书，随2016年10月8日的意见陈述书，日亚株式会社提交了三份反证，与反证1.1、反证1.5和反证1.6相同；随2016年10月24日的意见陈述书，专利权人提交了反证2.1－2.9。

2016年12月14日，专利复审委员会进行口头审理，并明确如下事项：(1) 各方当事人对对方出庭人员的身份和资格无异议，对合议组成员和书记员无回避请求。(2) 亿光电子公司明确以2016年8月29日提交的意见陈述书中主张的无效理由和证据的使用方式为准，证据2.12、2.13仅供合议组参考。日亚株式会社明确其书面意见和反证以2016年10月24日提交的意见陈述书及反证为准。(3) 亿光贸易公司明确其理由和证据已被第二请求覆盖，第一请求中的理由和证据使用方式的具体意见与第二请求中相应理由的意见一致。日亚株式会社亦表示其针对第一请求的答辩意见以及反证均被第二请求覆盖，其相应意见也与第二请求中的相应意见一致。(4) 各方对证据进行了质证，各方证人出庭接受询问。(5) 各方当事人就上述无效理由和证据均充分发表意见。

2017年9月8日，专利复审委员会作出第33344号无效宣告请求审查决定（简称被诉决定）。该决定认为：

一、专利法第二十六条第三款

(1) 本专利的说明书中公开了两种实施形态以及12个实施例和多个比较例，其中对发光元件的具体结构包括对荧光材料和发光元件的具体选择进行了详细的记载。本领域技术人员在这些内容的基础上，可以通过调整发光元件的材料和结构来调整发光元件的发光波长，并通过调整荧光材料的组成成分来调整其吸收光谱和发射光谱的波长范围，从而实现混色后得到所需颜色的光。本专利的说明书中多次提及“得到白色系列的光”，由此可见本专利的发光元件发出的光是白色系列的光，而并非某一种特定参数的白光。本领域技术人员根据本专利说明书公开的半导体发光层发出的光的特征以及荧光体受激发后发出的光的特征，根据本领域已有的光谱学知识，可以得到所需的颜色的光。本专利说明书第15页最后一段也通过附图举例示出了发光元件发出的光与荧光体被激发后发出的光混色以后得到的光的相关参数。本领域技术人员在本专利说明书的基础上可以实现其要求保护的技术方案，说明书公开是充分的。

（2）本专利的权利要求1－16要求保护一种发光装置或一种发光二极管，具体限定了发光元件和光致发光荧光体等技术特征。说明书中记载了发光装置的具体组成、结构、成分等，并给出了两种实施形态以及12个实施例和多个比较例；据此本领域技术人员能够实现权利要求1－16要求保护的技术方案，解决相应的技术问题并实现预期效果。权利要求1－16的技术方案中并未涉及荧光体的浓度分布的技术特征，该技术特征也并不影响发光装置的技术方案的实现。因此，说明书中对荧光体浓度分布特征的记载不会影响本领域技术人员实现权利要求的技术方案，也不影响说明书对权利要求书的支持。

综上，本专利的说明书针对权利要求1－16的技术方案作出了清楚、完整的公开，本领域技术人员能够实现本专利请求保护的技术方案，符合专利法第二十六条第三款的规定。相应地，亿光电子公司基于同样理由主张的权利要求1－16不符合专利法第二十六条第四款规定的理由也不成立。

二、关于专利法第二十六条第四款

（1）本专利说明书第3页第3段明确指出，"本发明的发光装置包括发光层为半导体的发光元件，以及……光致发光荧光体的发光装置"。权利要求1中限定了："一种发光装置，其包括发光元件和光致发光荧光体，发光元件的发光层为半导体，……"由此可见，说明书中明确记载了发光装置的发光层为半导体，并包括光致发光荧光体。权利要求1也进行了同样的限定，并具体限定了发光元件的发光层由氮化物系化合物半导体组成以及其发光光谱的峰值。因此，本专利权利要求1中限定的发光装置在说明书中有明确的记载，其明确限定了发光元件的发光层以及荧光体的成分，说明书中涉及的实施例能够合理概括至权利要求1要求保护的发光装置的范围。权利要求1能够得到说明书的支持，符合专利法第二十六条第四款的规定。

（2）根据权利要求的内容，权利要求1要求保护的发光装置包括发光元件和光致发光荧光体，本专利的说明书对发光元件的结构组成进行了详细的描述，记载了发出光谱的波长范围；说明书中详细记载了光致发光荧光体的吸收和发射光的波长，并公开了如何对其受激发后发出的光的波长进行调节。虽然实施例中主要涉及了发出白色系列光的发光二极管，但本领域技术人员根据说明书的记载能够知晓如何来调整发光装置的发光光谱。因此，权利要求 1 要求保护的范围能够从说明书的记载中经合理概括得出，其能够得到说明书的支持，符合专利法第二十六条第四款的规定。

(3) 基于上述理由，权利要求 1 符合专利法第二十六条第四款的规定。相应的，亿光电子公司基于上述理由主张的权利要求 2－16 不符合专利法第二十六条第四款规定的理由也不成立。

三、关于专利法第二十二条第三款

1. 关于权利要求 1

亿光电子公司认为，权利要求 1 相对于证据 2.1－2.3 中任一与证据 2.4－2.7、2.14 中的任一的结合不具备创造性；或者，权利要求 1 相对于证据 2.1－2.3 中任一与公知常识的结合不具备创造性。

专利复审委员会查明：证据 2.1 公开了一种发光二极管（相当于发光装置），由在阴极杆上有发光元件，并用树脂模包围它们而构成，上述发光元件由一般式 $Ga_xAl_{1-x}N$（但是 $0 \leqslant x \leqslant 1$）表示的氮化镓系化合物半导体做成，并且在上述树脂模中，添加利用上述氮化镓系化合物半导体的发光被激发从而发出荧光的荧光染料（参见证据 2.1 译文第 0002－0003 段、请求项 1）；在树脂模 4 中添加能通过被 420－440nm 附近的波长（相当于权利要求 1 中发光元件的发光光谱）激发而发出具有 480nm 发光峰值的波长光的荧光染料 5（参见证据 2.1 译文第 0008 段，相当于光致发光荧光体的主要发光波长比所述发光元件的主峰值长）；本设计……特别是关于一种发光元件能发出多种光、并且高亮度的波长变换发光二极管（参见证据 2.1 译文第 0001 段，相当于权利要求 1 中光致发光荧光体系数所述发光元件所发出光的一部分并发出光）。

证据 2.2 公开了一种面状光源（相当于发光装置），具体公开了（实施例 1）：蓝色 LED1，由氮化镓系化合物半导体所构成（相当于发光元件，其发光层为氮化镓系化合物半导体组成）埋设于导光板2的端面，其发射波长为480nm（发光峰值位于400－530nm的范围内）；导光板主面上具有荧光散射层3，其上的荧光物质可以为红色或绿色荧光颜料（相当于光致发光荧光体吸收发光元件发出的光的一部分并发出不同波长的光）。显然，该些荧光颜料发出的光的波长大于蓝色LED1发出的光的波长。

证据2.3公开了一种利用蓝色发光二极管实现可以是白色的面状光源（相当于发光装置），具体公开了（实施例1）：蓝色LED1，由氮化镓系化合物半导体所构成（相当于发光元件，其发光层为氮化镓系化合物半导体组成）埋设于导光板2端面的孔中，其发射波长为480nm（发光峰值位于400－530nm的范围内）；导光板的发光观测面设置有荧光层5的膜6，荧光层5的荧光物质可以为红色或绿色荧光颜料（相当于光致发光荧光体吸收发光元件发出的光的一部分并发出不同波长的光）。显然，该些荧光颜料发出的光的波长大于蓝色LED1发出的光的波长。

综上，权利要求1与证据2.1－2.3任一相比，其区别特征均为：所述光致发光荧光体包括含有从Y、Gd一组中所选出的至少一种元素与自Al、Ga一组中所选出的至少一种元素、以铈活化的石榴石系荧光体。即区别在于选择上述光致发光荧光体与氮化物系化合物组成的蓝光LED配合形成发光装置。

基于上述区别特征，权利要求1所实际解决的技术问题为：现有的由混色发出白色光系的发光二极管中存在发光二极管有随着荧光体劣化而色调偏差，或荧光体发黑光的外部取出效率低下，耐候性差等。

亿光电子公司认为，证据2.4－2.7、2.14中的任一均公开了该种光致发光荧光材料，本领域技术人员可以将其应用在证据2.1－2.3的任一之上，从而得到权利要求1的技术方案；或者，该种光致发光材料及其性质已为本领域所公知，本领域技术人员可以将其应用到证据2.1－2.3的任一上，从而得到权利要求1的技术方案。

（1）关于证据2.4－2.7、2.14是否给出上述区别特征的技术启示

专利复审委员会查明：证据2.4涉及一种低压水银蒸气放电灯，其特

征在于该水银灯有一层经三价铈活化并具有柘榴石晶体结构的铝酸盐吸收层，通式为 $Ln_{3-x}Ce_xAl_{5-p-q}Ga_pSc_qO_{12}$，Ln 可以选择为 Y 或 Gd 等元素中的一种或几种，x 在 0.01－0.15 之间；最好 Ln 为 Y 元素，p＝q＝0。该层吸收波长在 400－480nm 之间的射线并且转化为在波长 560nm 处具有最大值的射线。该层在证据 2.4 中的作用为吸收低压汞灯中较强的蓝色水银射线，降低汞灯发出光的色温并且不降低相对光通量。

证据 2.5 涉及一种高压汞气灯，其公开了在高压汞气灯的已有的红色荧光材料中加入铈活化的钇铝石榴石荧光体材料（$Y_{(1-x)}Ce_x)_3Al_5O_{12}$，x＝0.004－0.020 范围内，用以吸收 436nm 的汞线部分，改善该灯的演色指数。

证据 2.6 涉及一种荧光白炽灯，其公开了在白炽灯壳的内表面涂有铈掺杂的钇铝石榴石荧光体涂层，其吸收波长小于 500nm 的辐射而发出波长大于 500nm 的辐射，从而不易为昆虫所见，使该灯用作防虫灯。

证据 2.7 涉及一种显示系统，其公开了一种氩离子激光或者镉离子激光激励的掺铈钇铝石榴石的荧光屏，钇铝石榴石荧光体材料如通式 $Y_{3-x-y}Ce_xGd_yAl_{5-z}Ga_zO_{12}$所示，其可以吸收 488nm 或者 441.6nm 的激光从而发出以 550nm 为中心波长的光，从而在荧光屏上产生较少斑点的黑白图像。

证据 2.14 公开了 $Y_3Al_5O_{12-}Ce^{3+}$ 在阴极射线激发下之荧光发光带峰值位于 550nm，且其受 460nm 辐射激发时效率最高。

针对上述证据，专利复审委员会认为：证据 2.4－2.7、2.14 均公开了可以吸收特定波长的光并且发出更长波长的光的铈活化的钇铝石榴石荧光体。但是，证据 2.4 中的荧光材料主要用来吸收低压水银蒸气放电灯的蓝光从而降低整个灯发出的光的色温；证据 2.5 中的荧光材料主要用来吸收高压汞气灯蓝光从而改善灯的演色指数；证据 2.6 中的荧光材料主要用来吸收白炽灯的较短波长的光从而改变白炽灯的辐射光谱；证据 2.7 中的荧光材料主要用来吸收来自离子激光器发出的光并在显示屏上形成黑白图像；证据 2.14 主要探讨了 $Y_3Al_5O_{12-}Ce^{3+}$ 应用于阴极射线情形下的发光情况。本领域技术人员在证据 2.4－2.7、2.14 中并没有得到启示将其公开的荧光材料与氮化物系蓝光 LED 配合来形成荧光体不易劣化、耐光并且具有耐候性的发光装置。

基于上述证据，亿光电子公司还认为：荧光体劣化的问题在证据 2.2、2.3 中均有明确公开，证据 2.4 – 2.7、2.14 已经明确记载该种铈活化的钇铝石榴石荧光体可以在各种光源和显示条件下工作。在本专利优先权日前的 1993 年，蓝光 LED 以及基于蓝光 LED 如何发白光已经公知，测试蓝光 LED 对荧光体耐候性的要求是非常容易想到的，因此本领域技术人员有动机采用铈活化的钇铝石榴石荧光体与蓝光 LED 配合，从而形成性能较好的发光装置。

对此，专利复审委员会认为：在本案中，根据本专利说明书的记载，以往的发光二极管有随着荧光体劣化而色调偏差或荧光体发黑光的外部取出效率低下的情形等问题以及由于温度升高、水分渗入而导致荧光体劣化等问题。基于此，本专利目的在于提供一种发光装置以解决上述问题，使在较高亮度、长时间使用环境下，发光光度与发光光率的降低和色偏差极小。而根据本专利说明书的记载，发光元件具有较太阳光强达 30 – 40 倍的光，若使用高亮度，在使用方面，对邻近发光元件配置的荧光体的耐候性要求非常严格。

现有技术中已经存在使用蓝光 LED 作为发光元件并配合不同的荧光体实现白色系发光的技术方案，现有技术也意识到（如证据 2、3 所述），在芯片外围被暴露于比阳光还强的放射强度的光线中时，荧光物质的劣化成为问题。但是，这并不意味着本领域技术人员在上述现有技术的基础上，无需付出任何创造性劳动就能轻松寻找到在蓝光 LED 的发光环境中具备耐候性、不易劣化的荧光物质，从而实现更为稳定的发光。根据本领域技术人员在申请日（优先权日）前所面对的现有技术，在使用了铈活化的钇铝石榴石系荧光体的证据 2.4 – 2.7、2.14 中，无论是在汞灯、白炽灯还是阴极射线或者在激光显示系统中，它们的光强都远小于蓝光 LED 的光强。也就是说，本专利中荧光体所处的蓝光 LED 的发光环境，与这些证据所呈现的荧光体所处的环境具有非常大的区别。在存在这种区别的前提下，本领域技术人员基于上述证据并不能预期铈活化的钇铝石榴石系荧光体是否能够在蓝光 LED 附近正常工作。因此，本领域技术人员根据证据 2.4－2.7、2.14 中公开的内容，并不能预期其提到的铈活化的钇铝石榴石系荧光体在蓝光 LED 附近的环境中是否比其他的荧光体（如证据 2.1－2.3 中的荧光体）更不容易劣化，以及是否还会有其他有利或者不利的后果，该些效果并不是本领域技术人员在证据 2.4－2.7、2.14 的基础上可以确定抑或可以预期的。也就是说，证据 2.4－2.7、2.14 没有给出在蓝光 LED 的发光环境中何种荧光体具有更好的耐候性、能够防止劣化的教导，也无法给本领域技术人员提供明示或暗示的、指向铈活化的钇铝石榴石系荧光体与蓝光 LED 配合制作发光稳定的发光装置的技术启示。

对于“测试蓝光 LED 对荧光体耐候性的要求是非常容易想到的”的主张，专利复审委员会认为：现有技术中已经存在寻找在蓝光 LED 的发光环境中具备耐候性、不易劣化的荧光物质的动机。本领域技术人员虽然有动机去测试蓝光 LED 对荧光体耐候性等方面的要求，但并不代表其能够容易地获得一个或几个能够贴切描述出目标荧光体性质的参数要求。因为从制造一个发光稳定的发光装置的目的出发，需要考虑的不仅包括荧光体对蓝光 LED 光强和温度的耐候性，还包括其吸收、发射光谱及其可调节性、能否与发光元件的光混色发出所需要的目标颜色的光、抵抗其他外界干扰的抗劣化性等很多方面的性质，这些性质并不能通过几个简单的参数就能清楚全面的表达。本领域技术人员更无法基于一个或几个简单的参数就能够从现有技术中筛选出理想的用于与蓝光 LED 配合的荧光体材料。而且，鉴于蓝光 LED 的发光环境与上述证据中荧光体所处的环境不同，本领域技术人员也无法预期，现有技术中各类荧光体在这一特殊环境中会呈现出什么样的性质，甚至也不知道各类荧光体在该环境中是否会出现在先没有遇到过的问题。不能因为证据 2.4－2.7、2.14 公开了钇铝石榴石系荧光体，就认为本领域技术人员在面对本专利的技术问题时有动机选用它。事实上，现有技术中存在大量已知的有机或者无机荧光体，在蓝光 LED 的邻近环境中需要选择哪一类荧光体，上述证据没有给本领域技术人员以明示或暗示。本领域技术人员无从获得教导以从众多的已知荧光体中选择权利要求1所限定的荧光体来测试其是否适于与蓝光LED配合。因此，本领域技术人员在不付出创造性劳动的情况下无法找到权利要求1所限定的荧光体与蓝光LED配合实现稳定发光的发光装置。

综合上述评述可知，虽然铈活化的钇铝石榴石系荧光体材料作为受波长较短光例如蓝光的激发而发出波长较长的光这一性质被多篇现有技术所公开，但是，上述各现有技术均未揭示出将其与蓝光LED相配合可以形成稳定发光的发光装置的技术启示；并且上述证据中也没有明示或暗示权利要求1所限定的荧光体材料与蓝光LED配合后是否能够具有相应的物理、化学和光学稳定性，本领域技术人员从上述证据中并不能得到启示将权利要求1所限定的荧光体材料应用在证据2.1－2.3的技术方案中并预期其技术效果。因此，权利要求1的技术方案相对于上述现有技术不是显而易见的，本专利的技术方案能够使得发光装置在较高亮度、长时间使用环境下，发光广度与发光光率的降低和色偏差较小，具有突出的实质性特点和显著的进步。即，权利要求1具备专利法第二十二条第三款规定的创造性。

（2）关于上述区别特征是否为公知常识

针对上述区别特征，亿光电子公司还认为：铈活化的钇铝石榴石系荧光体为公知的荧光粉材料，其耐候性已经为本领域所知，本领域技术人员在发光装置中需要使用耐候性好的荧光材料时不需要付出创造性劳动即可想到采用该种荧光体。除证据2.4、2.5外，证据2.15中记载了YAG: Ce^{3+}在高温中往长波方向移动，证据2.16记载了钇铝石榴石特性非常好，是公知的。

对此，专利复审委员会认为：铈活化的钇铝石榴石系材料作为一种荧光体，其在申请日前是本领域已知的。但是，一种材料是已知的，并不意味着本领域技术人员可以容易地将该材料用在任何的技术方案中；另外，一种材料在某个环境中的性质是已知的，并不意味着在未知的新环境中，尤其是在条件发生了巨大变化的环境中，该材料的相应性质也是已知的。

在本案中，证据 2.15 中记载了 YAG：Ce^{3+}的激发性质，并指出其可使用于低色温的荧光水银灯；证据 2.16 对阴极射线发光材料进行了综述，认为作为阴极射线发光材料，其寿命取决于荧光屏的积分电流，在这种情况下，钇铝石榴石是寿命最长的；另外，荧光体老化的原因是复杂的，发光机构的破坏或光学吸收的增加都是荧光粉劣化的主要原因，但 YAG：Tb 很难老化。由此可见，证据 2.15 记载了 YAG：Ce^{3+}可使用于低色温的荧光水银灯，但没有给出其适于与蓝光 LED 灯配合的技术启示，更不能证明其是公知常识。证据 2.16 记载了作为了阴极射线发光材料，钇铝石榴石是寿命最长的；在老化方面，证据 2.16 指出 YAG：Tb 很难老化，未提及 YAG：Ce^{3+}的老化情况，也没有给出确切的老化机理。本领域技术人员在证据 2.16 的基础上无法判断铈活化的钇铝石榴石在蓝光 LED 光环境下的老化特点，更不会得到启示将铈活化的钇铝石榴石应用在蓝光 LED 发光环境下从而得到荧光体不易劣化、耐光并且具有耐候性的发光装置，其也不能证明本专利权利要求 1 中限定的对蓝光 LED 灯荧光体的选择是公知常识。

此外，亿光电子公司还认为：铈活化的钇铝石榴石荧光体具有很好的耐候性是其固有的特性，证据 2.11 表明日亚株式会社在在先无效程序中对此予以确认。证据 2.19 也认为，YAG 荧光粉具备优良的耐候性已广为人们所熟知。

对此，专利复审委员会认为：上述证据对铈活化的钇铝石榴石荧光体的耐候性的评价都是在非蓝光 LED 发光环境下得到的，该些现有技术中没有在蓝光 LED 发光环境下对铈活化的钇铝石榴石系荧光体的耐候性的具体记载。基于蓝光 LED 发光环境与上述现有技术中公开的发光环境在光强和温度等方面存在很大差异，本领域技术人员不能由此预期铈活化的钇铝石榴石系荧光体在蓝光 LED 发光环境中的耐候性如何以及其是否比其他荧光体性质更好。至于证据 2.19 中涉及的本专利产品发出白光的效果以及包封状况与水分的关系等内容，其与本案争议问题无关，专利复审委员会不再予以评述。

综上，虽然铈活化的钇铝石榴石系荧光体在本专利申请日（优先权日）前已被本领域技术人员所知晓，但是本领域技术人员并不明确它在蓝光 LED 发光环境下的特性，这些特性也不属于本领域的公知常识。本领域技术人员无从判断其在蓝光 LED 的发光环境中是否比其他荧光体具有更好的表现，因此没有动机将其应用到蓝光 LED 发光环境下以得到荧光体不易劣化、耐光并且具有耐候性的发光装置。因此，基于当前的现有技术证据，权利要求 1 的技术方案是非常显而易见的，其取得了使得发光装置在较高亮度、长时间使用环境下，发光广度与发光光率的降低和色偏差较小的技术效果，具有突出的实质性特点和显著的进步，具备专利法第二十二条第三款规定的创造性。

2. 关于权利要求 2－6、8－10

权利要求 2－6、8－10 均为权利要求 1 的从属权利要求，亿光电子公司认为该些权利要求的附加技术特征或者被证据 2.1－2.7、2.14 公开，或者是本领域技术人员在现有技术的基础上容易想到的，因此也不具备创造性。

本决定第二部分第 3.3.1 节已经详细论述了权利要求 1 相对于上述现有技术具备创造性的理由，因此，作为对其进一步限定的从属权利要求 2－6、8－10，其相对于该些现有技术也具备专利法第二十二条第三款规定的创造性。

3. 关于权利要求 7

权利要求 7 是权利要求 1 的从属权利要求，亿光电子公司认为使用包括 In 的氮化镓材料作为发光层是本领域的常用技术手段，并且也被证据 2.8 或证据 2.9 公开；权利要求 7 的其他特征被证据 2.4 或 2.7 公开，或者属于本领域技术人员通过有限的试验可以得到的，因此权利要求 7 不具备创造性。

对此，专利复审委员会认为，证据 2.8、2.9 仅涉及 InGaN 发光层的发光二极管，并未涉及权利要求 7 限定的荧光体的内容。因此，即使考虑证据 2.8、2.9，现有技术也未给出将权利要求 7 限定的荧光体应用于蓝光 LED 发光环境中以制作发光装置的技术启示。因此，在其引用的权利要求

1 具备创造性的前提下，权利要求 7 也具备创造性。

4. 关于权利要求 11

权利要求 11 是一个独立权利要求，要求保护一种发光二极管，其前序部分限定了发光二极管的整体结构，特征部分与权利要求 1 限定的内容一致，对光致发光荧光体的选择和波长转换情况进行了限定。亿光电子公司认为，权利要求 11 的前序部分的大部分特征都被证据 2. 10 公开，基于对权利要求 1 的评述，权利要求 11 整体上不具备创造性。

对此，专利复审委员会查明，证据 2. 10 公开了一种发光二极管，其公开了发光二极管的构造，并提出可以利用荧光物质对其发出的光的波长进行改变。但是，证据 2. 10 并未涉及荧光物质的具体选择，更没有提及权利要求 11 限定的荧光体的内容。因此，即使考虑证据 2. 10，现有技术也未给出将权利要求 11 限定的荧光体应用于蓝光 LED 发光环境以制作发光装置的技术启示。因此，基于前述对权利要求 1 的评述，权利要求 11 也具备创造性。

5. 关于权利要求 12 – 16

权利要求 12 – 16 均为权利要求 11 的从属权利要求，其附加特征与权利要求 2 – 6 相对应，亿光电子公司认为基于权利要求 11 不具备创造性，该些权利要求也不具备创造性。专利复审委员会认为，在权利要求 11 具备创造性的前提下，权利要求 12 – 16 也具备创造性。

综上所述，专利复审委员会对二亿光公司陈述的意见不予支持。依照专利法第二十六条第三款、第四款，第二十二条第三款的规定，决定：维持 97196762. 8 号发明专利权有效。

二亿光公司不服被诉决定，起诉至北京知识产权法院。

【裁判结果】

北京知识产权法院经审查，认为被诉决定认定事实清楚、适用法律正确、结论并无不当，因此，判决：驳回原告的诉讼请求。该案各方当事人均未提起上诉，判决生效。

【法官评析】

认定发明是否具备创造性，需要判断该发明是否具有突出的实质性特点和显著的进步。其中，判断发明是否具有突出的实质性特点，就是要判断对于本领域技术人员而言，要求保护的发明相对于申请日以前已有的技术是否显而易见。为提升判断的客观性，实践中通常采用“三步法”，即1. 确定最接近的现有技术；2. 确定发明的区别特征和发明实际解决的技术问题；3. 判断要求保护的发明对本领域技术人员是否显而易见。

本案中，被诉决定认定权利要求1与证据2.1－2.3任一相比，其区别特征均为：所述光致发光荧光体包括含有从Y、Gd一组中所选出的至少一种元素与自Al、Ga一组中所选出的至少一种元素、以铈活化的石榴石系荧光体。即区别在于选择上述光致发光荧光体与氮化物系化合物组成的蓝光LED配合形成发光装置。基于上述区别特征，权利要求1所实际解决的技术问题为：现有的由混色发出白色光系的发光二极管中存在发光二极管有随着荧光体劣化而色调偏差，或荧光体发黑光的外部取出效率低下，耐候性差等。庭审中，原告二亿光公司对于本专利的区别特征和实际解决的技术问题表示认可，本院对此予以确认。

关于本专利是否违反专利法第二十二条第三款创造性的规定，笔者将从以下四方面进行评述：1. 还原发明过程，考量本专利是否显而易见；2. 证据2.4－2.7、证据2.14是否给出选用区别特征的技术启示；3. 本专利的区别特征是否属于公知常识；4. 公开充分与创造性判断中本领域技术人员的认知标准是否具有同一性。

一、还原发明过程，考量本专利是否显而易见

创造性的判断应当以本领域技术人员为判断主体，客观判断现有技术中是否存在技术启示，从而改进以得到相应的技术方案、解决相应的技术问题并达到相应的技术效果。本领域技术人员在申请日（优先权日）之前并不知晓本专利的技术方案，能否从现有技术中显而易见地得到本专利的

技术方案，取决于本领域技术人员是否会有合理的动机改进现有技术，以及现有技术是否给出了如何改进的技术启示。阅读本专利的技术方案之后，再从现有技术中分别寻找相关的技术特征予以"结合"，容易犯"事后诸葛亮"的错误。换言之，对专利的创造性评价是由判断本专利所属技术领域的技术人员依据申请日（优先权日）以前的现有技术与本专利进行比较而作出的，不能以当前的技术发展水平或阅读了本专利的技术内容后再作创造性评价。因此，创造性评价，应当从本领域技术人员的角度出发，在当时的技术背景下，回归本专利的创造历程，以尽可能客观地判断本专利是否显而易见。

具体到本案，LED（Light－Emitting Diode，发光二极管）是一种将电能转化为光能的半导体电子元件。相对于传统白炽灯，LED具有工作电压低、发热少、亮度高、易于调光等多项优点。1962年出现了红光LED，但只能发出低光度的红光。随着科技和行业的发展，LED技术取得了重大突破。1993年，第三人日亚株式会社开发出相较红光LED更为高效的蓝光LED，使得LED生产商能够生产三原色（红、绿、蓝）LED，为LED行业利用这种技术进行白光LED商业化生产奠定了基础。第三人的研发人员中村修二（Shuji Nakamura）及早期研究蓝光LED的学者赤崎勇（Isamu Akasaki）、天野浩（Hiroshi Amano）三人共同被授予"2014年诺贝尔物理学奖"。

在本专利的最早优先权日即1996年7月29日之前，本领域普遍认为白光LED光源需要含有合适比例的三原色（红、绿、蓝），因此，当时的研究主要集中在三原色的配置上，其中有很多研究采用了蓝光LED＋多种颜色的荧光发光材料这样的配置。由此，确定适用于白光LED的荧光发光材料成为研发白光LED技术的关键。

将蓝光向更长波长的有效转化以实现白光是选择荧光发光材料的指标之一。在本专利的申请日（优先权日）之前，关于荧光发光材料的专利文献和公开文献中能够找到满足这一指标的大量材料，包括有机荧光染料和无机发光材料，例如各类红色、绿色、黄色有机荧光染料，掺杂Eu^{2+}的硫化物、硒化物和硫硒化物，掺杂 Ce^{3+} 的铝酸盐、镓酸盐和铝镓酸盐、锗酸盐和卤化物，掺杂 Cu^{+} 和/或 Mn^{2+} 的硫化物、硒化物和硫硒化物等。

当时由于有机荧光染料更为高效且应用技术更为成熟，本领域大多数研究工作方向都集中在有机荧光染料。无机荧光体主要用于被紫外线、电子束或 X 射线激发的应用中，利用其被可见光激活的应用较少且不为当时业界所熟悉。

在此技术背景下，第三人日亚株式会社和同行业其他公司在众多荧光体材料中进行着探索和尝试，试图寻找一种优选的荧光体，既能够满足发光效率的要求，又能够在 LED 芯片附近的恶劣环境中保持性能。第三人日亚株式会社尝试将单一蓝光 LED 芯片与可将该蓝光转换为波长更长颜色光的 YAG：Ce 无机荧光体混合，由此获得发光效率高、不易劣化、性能稳定的白光发光装置，并在 1996 年 7 月 29 日申请了本专利。

从原告二亿光公司提交的证据 2.1－2.3 来看，以上证据均是第三人日亚株式会社在本专利之前的专利申请。其中，证据 2.1 披露采用荧光染料，证据 2.2 和 2.3 披露采用有机荧光染料。证据 2.1－2.3 公开的内容表明：在本专利之前，作为与蓝光 LED 配合的荧光体主要为有机荧光材料；证据 2.2、2.3 意识到了荧光体劣化的问题，但是采用的是使荧光体和 LED 不直接接触的技术手段来克服，并未想到采用 YAG 作为荧光体进行改进。

证据 2.1－2.3 作为最接近的现有技术证据，在一定程度上反映了当时本领域的技术发展状况及第三人日亚株式会社在本领域较为领先的研究水平。无机荧光粉 YAG：Ce 虽然是本领域所知的无机荧光发光材料，但这并不意味着本领域技术人员在研发 LED 白光发光装置时会容易想到选用之。如前所述，基于发光光谱的选择（蓝色光谱区域中的吸收，绿色、红色、橙色和/或黄色光谱区域中的有效发射），会得到很多光谱转化材料。对于有机染料，在蓝光激发下具有有效的绿色、红色或黄色发射的各种已知染料都是潜在的可选用材料。对于无机材料，许多已知发光材料，诸如掺杂了 Eu^{2+}、Ce^{3+}、Mn^{2+}、Mn^{4+} 和 Cu^{+} 的荧光粉（例如硫化物、硒化物、铝酸盐、硅酸盐、锗酸盐、镓酸盐、氮化物和卤化物）都满足基本的发光指标。但确定适合的发光材料只能通过系统地研究以及在实际设备中系统地测试才能实现。因此，回归到本专利创造时的技术环境，判断本领域技术人员对于选用 YAG：Ce 无机荧光体作为实现 LED 白光发光装置的发光材料是否显而易见，需要判断当时的现有技术整体上是否给出了指向性的技术启示，使得本领域技术人员无需进行创造性的劳动，即能够根据这种指向从而容易做出简单选择。

二、证据 2.4 –2.7、2.14 是否给出选用上述区别特征的技术启示

原告二亿光公司主张，本领域技术人员基于对石榴石荧光体的了解以及证据 2.4 –2.7、2.14 公开的内容，尤其是证据 2.5 公开了钇铝石榴石能够在 300 度的高温下长期使用，完全有动机选择钇铝石榴石与蓝光 LED 进行配合。也就是说，本领域技术人员容易想到将耐候性好的钇铝石榴石与蓝光 LED 配合，即本专利相对于证据 2.1 –2.3 中任一与证据 2.4 –2.7、证据 2.14 中的任一的结合不具备创造性。

对此，笔者认为，证据 2.4 涉及一种低压水银蒸气放电灯，其特征在于该水银灯有一层经三价铈活化并具有柘榴石晶体结构的铝酸盐吸收层，通式为 $Ln_{3-x}Ce_xAl_{5-p-q}Ga_pSc_qO_{12}$，Ln 可以选择为 Y 或 Gd 等元素中的一种或几种，x 在 0.01 –0.15 之间；最好 Ln 为 Y 元素，$p=q=0$。该层吸收波长在 400 –480nm 之间的射线并且转化为在波长 560nm 处具有最大值的射线。该层在证据 2.4 中的作用为吸收低压汞灯中较强的蓝色水银射线，降低汞灯发出光的色温并且不降低相对光通量。

证据 2.5 涉及一种高压汞气灯，其公开了在高压汞气灯的已有的红色荧光材料中加入铈活化的钇铝石榴石荧光体材料（$(Y_{(1-x)}Ce_x)_3Al_5O_{12}$，$x=0.004-0.020$ 范围内，用以吸收 436nm 的汞线部分，改善该灯的演色指数。

证据 2.6 涉及一种荧光白炽灯，其公开了在白炽灯壳的内表面涂有铈掺杂的钇铝石榴石荧光体涂层，其吸收波长小于 500nm 的辐射而发出波长大于 500nm 的辐射，从而不易为昆虫所见，使该灯用作防虫灯。

证据2.7涉及一种显示系统，其公开了一种氩离子激光或者镉离子激光激励的掺铈钇铝石榴石的荧光屏，钇铝石榴石荧光体材料如通式 $Y_{3-x-y}Ce_xGd_yAl_{5-z}Ga_zO_{12}$ 所示，其可以吸收488nm或者441.6nm的激光从而发出以550nm为中心波长的光，从而在荧光屏上产生较少斑点的黑白图像。

证据2.14公开了 $Y_3Al_5O_{12}$-Ce^{3+} 在阴极射线激发下之荧光发光带峰值位于550nm，且其受460nm辐射激发时效率最高。

根据本专利说明书的记载，以往的发光二极管有随着荧光体劣化而色调偏差，或荧光体发黑导致光的外部取出效率低下的情形，以及由于发光元件的温度升高、水分渗入而导致荧光体劣化等问题。基于此，本专利目的在于提供一种发光装置以解决上述问题，使在较高亮度、长时间使用环境下，发光光度、发光光率的降低和色调偏差极小。荧光体接近上述高亮度发光元件而设置，在长时间使用的情况下，对邻近发光元件配置的荧光体的耐候性要求非常严格。

由此可见，证据2.4－2.7、2.14公开了铈活化的钇铝石榴石YAG：Ce荧光体，但在汞灯、白炽灯、阴极射线或者激光显示系统中，它们的光强都远小于蓝光LED的光强。本专利中荧光体所处的蓝光LED的发光环境，与证据2.4－2.7、2.14中荧光体所处的发光环境具有很大差异。在这种差异环境下，本领域技术人员在不付出任何创造性劳动的情况下，并不能确定上述荧光体材料能够在高强度蓝光LED的发光环境中具备耐候性且不易劣化，从而实现白光发光装置。证据2.4－2.7、2.14没有给出在蓝光LED的发光环境中何种荧光体具有更好的耐候性、能够防止劣化的技术教导，也没有给本领域技术人员提供YAG：Ce荧光体与蓝光LED配合以制作发光稳定的发光装置的技术指引。因此，证据2.4－2.7、2.14无法给出采用本专利上述区别特征以解决本专利提出的技术问题的技术启示。

三、本专利的区别特征是否属于公知常识

原告二亿光公司主张，铈活化的钇铝石榴石系荧光体为公知的荧光粉材料，其耐候性已经为本领域所知，本领域技术人员在发光装置中需要使

用耐候性好的荧光材料时不需要付出创造性劳动即可想到采用该种荧光体。

对此，笔者认为，铈活化的钇铝石榴石系材料作为荧光体的一种，在本专利申请日（优先权日）之前已为本领域所知晓，但这并不表示本领域技术人员可以不付出创造性劳动即可将其应用到具体的技术方案中。证据 2.15 记载了 YAG：Ce^{3+} 可使用于低色温的荧光水银灯，但没有给出其与蓝光 LED 结合使用的技术启示。证据 2.16 记载了作为阴极射线发光材料，钇铝石榴石寿命最长，并指出 YAG：Tb 很难老化，但未提及 YAG：Ce^{3+} 在其他环境中的老化情况，也没有给出确切的老化机理。本领域技术人员根据记载于上述证据中的技术知识，不会得到启示将铈活化的钇铝石榴石应用在蓝光 LED 发光环境下从而得到荧光体不易劣化、耐光并且具有耐候性的白光发光装置。因此，在案证据不能证明本专利权利要求 1 中限定的对蓝光 LED 荧光体的选择属于公知常识。

综上，现有技术整体上并未给出任何指向性的技术启示和教导，使得本领域技术人员无需付出创造性劳动即能够容易做出本专利权利要求 1 中荧光体的选择。权利要求 1 的技术方案并非显而易见，其取得了使白光发光装置在较高亮度、长时间使用环境下，发光广度与发光光率的降低以及色调偏差较小的技术效果，具有突出的实质性特点和显著的进步，具备专利法第二十二条第三款规定的创造性。

关于权利要求 2－10、11、12－16 的创造性。权利要求 11 基于与权利要求 1 相同的理由具有创造性。权利要求 2－10 是权利要求 1 的从属权利要求，权利要求 12－16 是权利要求 11 的从属权利要求，由于权利要求 1、11 具有创造性，从属权利要求 2－10、12－16 亦具有创造性。

四、公开充分与创造性判断中本领域技术人员的认知标准是否具有同一性

原告二亿光公司主张，被诉决定在评价说明书是否公开充分和权利要求是否具有创造性时，对于本领域技术人员的认知存在双重标准：被诉决定在评价说明书是否公开充分时，认为“本领域技术人员在这些内容的基础上，可以通过调整发光元件的材料和结构来调整发光元件的发光波长，并通过调整荧光材料的组成成分来调整其吸收光谱和发射光谱的波长范围，从而实现混色后得到所需颜色的光”；但在评价权利要求是否具备创造性时，却认为“本领域技术人员虽然有动机去测试蓝光 LED 对荧光体耐候性等方面的要求，但不代表其能够容易地获得一个或几个能够贴切描述出目标荧光体性质的参数要求。因为从制造一个发光稳定的发光装置的目的出发，需要考虑的不仅包括荧光体对蓝光 LED 光强和温度的耐候性，还包括其吸收、发射光谱及其可调节性能否与发光元件的光混色发出所需要的目标颜色的光，抵抗其他外界干扰的抗劣化性等很多方面的性质，这些性质并不能通过几个简单的参数就能清楚全面地表达”。

对此，笔者认为，无论是公开充分还是创造性的判断均应当以本领域技术人员为判断主体，客观判断是否能够根据说明书公开的技术内容即可实现本专利的发明并解决相应技术问题，以及现有技术中是否存在技术启示，从而促使有动机改进以得到相应的技术方案、解决相应的技术问题并达到相应的技术效果。说明书充分公开与发明具备创造性均是获得专利权的必要条件，基于既要实现激励技术创新又要实现促进信息公开之专利制度功能，专利制度的基本手段就是通过给予专利权人一定的排他权以换取权利人对社会公众充分公开其技术。换言之，从发明到专利，权利人一是要向社会公众明确自己排他权利的界限，载体是权利要求书；二是要向社会公众充分公开其技术，载体是说明书，即所谓以公开换保护。由此存在发明人在说明书中应当公开哪些内容以及公开至何种程度才能获得保护的问题，这也是厘清说明书公开充分与创造性评价判断中本领域技术人员知识水平的基础。

关于说明书应当公开的具体内容以及公开至何种程度，应当以说明书所应发挥的作用为基准进行考量。具体而言，说明书的作用在于将权利人纳入保护范围的技术方案向社会公众公开，使社会公众能够及时地了解该项技术，所属技术领域的技术人员能够实现该项技术方案并从中获得新的技术启示。由此，所属技术领域的技术人员能够从现有技术中直接、唯一地得出的有关内容，并不属于说明书必须要公开的内容。所属技术领域的技术人员不能从现有技术中直接得到的内容，均应当在说明书中作出清楚、明确的描述。因此，从发明到专利，公开发明与现有技术的不同点是关键，公开其发明点是重点。换言之，所谓公开换保护，实质在于公开贡献换保护，即说明书对于发明点的公开程度远高于其它部分的要求。

如前所述，无论是判断说明书公开内容是否充分还是对是否具备创造性的判断，均应当以发明与现有技术之间的对比为基准，存在一个确定发明与现有技术之间是否存在区别以及该区别是否属于该发明的发明点的过程。如果二者之间不存在任何区别技术特征，则该发明不符合专利法规定的新颖性要求，则不需要继续判断该发明是否满足专利法规定的其它要求，即可以确定不能授予该发明专利权的结论。如果二者之间存在区别技术特征，则要判断该区别技术特征是否属于该发明的发明点。如果属于发明点，所属技术领域的技术人员能否按照说明书记载的内容，实现该发明的技术方案，解决其技术问题并且产生预期的技术效果，此时才适合对说明书公开是否充分以及本专利是否具备创造性的问题进行判断。换言之，说明书是否公开充分与本专利是否具备创造性的问题判断，本领域技术人员对现有技术的基础知识认知水准应当具有同一性。

具体到本案，一方面，本专利的权利要求 1－16 公开了一种发光装置，具体限定了发光元件与光致发光荧光体等技术特征，本专利说明书对荧光体各元素的比例并无记载。但如何调整该荧光体的元素比例以获得混合后的白色系列光，本质上是如何配置黄光和蓝光比例以获得所需颜色光的问题，这是本领域技术人员公知的技术常识问题。因此，在本专利公开了权利要求 1 限定的荧光体作为实现白光发光装置的荧光体材料后，本专利说明书是否记载荧光体各元素的比例等技术特征，并不影响本领域技术人员实现本专利权利要求 1－16 的技术方案，得到本专利权利要求 1－16 的技术效果。另一方面，本领域技术人员虽然从现有技术中已有在蓝光 LED 的发光环境中寻找具备耐候性、不易劣化的荧光物质的动机，但具体选用何种荧光体材料，需要付出创造性劳动进行探索与实验。在本专利申请日（优先权日）之前，本领域技术人员并不容易想到选用权利要求1限定的荧光体作为实现白光发光装置的荧光体材料。因此，无论是对说明书是否公开充分还是本专利是否具备创造性而言，其判断主体“本领域技术人员”对现有技术的基础认知是同一的，不存在区别，被诉决定对此不存在双重标准。

（杨洁　田芬　作者单位：北京知识产权法院）

7

专利侵权诉讼中有关委托加工的行为定性

——李某诉厦门尔升山贸易有限公司侵害外观设计专利权纠纷案

【案号】

一审：(2018) 闽01民初414号

二审：(2018) 闽民终1369号

【裁判要旨】

如果委托加工的产品涉嫌侵犯他人外观设计专利权，虽然委托方并不参与该产品的直接生产，产品的外观亦是由加工方所提供，但由于该产品上印制有委托方的商标，产品吊牌上亦只载明了委托方的信息，应当认定委托方的身份属于产品生产商而非销售商，故在专利侵权诉讼中无法援引合法来源抗辩。

【案情介绍】

原告李某拥有一项“背包”外观设计专利权。李某发现市面上的一款背包产品外观与其相似。经查，该产品合格证上标明的厂家信息为厦门尔升山贸易有限公司，产品上的商标亦为该公司所有。李某遂以厦门尔升山贸易有限公司构成专利侵权为由提起诉讼，要求其承担停止侵权、赔偿损失的法律责任。厦门尔升山贸易有限公司在诉讼中辩称被诉产品是在专利授权日前所生产，不构成专利侵权。另外，被告还主张其是一家贸易公司，并无生产资质。被诉侵权产品是其委托第三方进行定牌加工生产的，被告提交了其与第三方的委托加工合同，且合同中明确约定产品的外观样式也是由加工方设计提供。故被告主张其并非被诉产品的实际生产商，而是销售商，即使被诉产品构成专利侵权，其也有权主张合法来源抗辩。

【裁判结果】

福建省福州市中级人民法院经审理认为，被告是一家贸易公司，并不具备生产主体资质。被诉产品的吊牌上虽标有“厦门尔升山贸易有限公司”字样，但并未标注被告是该产品的生产（制造）商。另外，被告提交了与第三方之间的产品订购合同、进仓单、增值税专用发票、转账凭证等证据，可以认定被诉产品来源于案外人的事实。故认定被告厦门尔升山公司是被诉产品的销售者而非制造者。另外，通过比对，虽然被诉产品外观与专利外观近似，落入专利保护范围，但由于是在专利授权日前所生产，不属于专利法所规定的专利侵权行为。遂判决驳回原告的诉讼请求。案件宣判后，原告不服提起上诉。

福建省高级人民法院经审理后认为，被诉侵权产品系由被告委托案外人生产，被诉侵权产品上印制有被告的注册商标，产品吊牌上亦只载有被告的相关信息。虽然被告与加工企业之间的合同约定产品外观由加工企业提供，但经庭审查明，被诉产品的外观是由被告根据加工企业提供的样式选定的。二审法院据此认为，被告虽不具备生产主体资质，但其对外进行定牌委托加工，并选定产品外观，主观上体现了生产的意思表示，客观上通过委托的加工企业完成生产行为，被告与第三方的内部约定不影响根据外部表现形式来认定行为的本质属性。故可以认定被告在本案中实施了生产、销售被诉侵权产品的行为。原审认定被告是被诉产品的销售者而非制造者不当，应予以纠正。但由于被诉产品系在专利授权日前所生产，不属于专利法规定的侵犯外观设计专利的行为，原审驳回原告的诉讼请求并无不当。据此二审法院判决驳回上诉维持原判。

【法官评析】

本案虽然最终是以被诉产品在专利授权日前生产，不属于专利法所规定的侵犯外观设计专利权的行为为由，认定被告不构成专利侵权。但关于被告通过委托第三方进行加工生产被诉侵权产品并进行销售的行为是界定为生产行为还是销售行为仍然是争议的一个重要焦点，一审、二审对此认定并不相同。对被告的行为进行准确定性，将涉及被告能否援引合法来源抗辩免除赔偿责任这一关键问题。

《专利法》第七十条规定，为生产经营目的使用、许诺销售或者销售不知道是未经专利权人许可而制造并售出的专利侵权产品，能证明该产品合法来源的，不承担赔偿责任。因此，在涉及专利侵权诉讼中，能够行使合法来源抗辩的主体仅限于使用、许诺销售或者销售侵权产品的主体，而不包括该产品的制造主体。根据上述规定，在本案中，如何界定被告的主体身份，即，是认定属于制造者还是销售商，在假设侵权成立的情况下将成为被告能否援引合法来源抗辩的关键。

一审法院认定被告是销售商的主要理由是虽然被诉产品对外所公示的信息均指向被告，但在被告能够提供充分的证据，证明其没有生产的主体资质，只是委托他人进行贴牌生产，产品的外观也并非由其设计的情况下，应当认为被告的行为并不构成实施涉案外观设计专利的行为。另外，被告在庭审中辩称其没有实施生产行为的一个重要理由是：专利法所涉的制造行为是指未经专利权人许可，在相关产品上再现专利技术方案的活动与过程。换言之，专利法意义上的制造者应当对被控侵权产品已具备专利技术方案这一客观事实，具有主观上的意愿或客观上的行为。而本案中被告只是纯粹委托他人定牌加工，产品外观并非由其设计提供，故其与被诉产品已具备专利技术方案这一制造行为本身并无任何关系，不能仅以该企业的相关标注行为即认定其系制造者。为此，被告还向法庭提交了一个类案判决以证明没有直接实施专利技术的行为不属于生产行为。该案系江苏省高级人民法院审理的南通启重润滑设备公司与启东丰汇润滑设备公司侵害发明专利权纠纷案①。在该案中法院认为："司法实践中，如被控侵权产品已在铭牌、合格证等产品标识上披露了诸如生产企业名称、商标等能够据以确定制造者身份信息的，则在无相反证据的情形下，通常可以认定该被披露的企业即为被控产品的制造者，并由其对此承担相应的法律责任。但如果该企业能够证明其自第三方以合理价格购得被控侵权产品后，仅加贴了自己的相关生产信息并对外销售的，且被控侵权产品并非根据该企业的意思而制造（如委托加工），则仍应当认定该企业并非被控侵权产品的制造者，而仅是销售者。这是因为专利法所涉的制造行为是指未经专利权人许可，在相关产品上再现专利技术方案的活动与过程。换言之，专利法意义上的制造者应当对被控侵权产品已具备专利技术方案这一客观事实，具有主观上的意愿或客观上的行为。这也正是诸如由委托方提供生产图纸的委托制造、贴牌加工，或自第三方处购得半成品后自己进行再加工使得被控侵权产品完全具备专利技术方案等主体，将被认定为制造者或制造者之一的根本原因。如果某一企业将他人产品通过加贴了自己的生产信息，作为自身产品对外销售的，其行为仅是促成了被控侵权产品的市场流通，而与该产品已具备专利技术方案这一制造行为本身并无任何关系，则不能仅以该企业的相关标注行为即认定其系制造者，而应当根据已查明的客观事实来认定其仅为销售者。"

二审法院则认定被告的行为属于生产行为，理由是被诉侵权产品上印制的商标权利人为被告，产品合格证上标注的也是被告的相关信息，无论是从一般消费者还是从产品质量管理的角度来说，都应认定被告就是法律

① 详见江苏省高级人民法院（2016）苏民终 1399 号民事判决。

意义上的生产商。至于被告与受其委托进行贴牌加工生产的加工方之间的合同约定应属于内部关系，不能据此成为被告主张其并非生产商的抗辩理由。笔者较为赞同二审观点，理由如下：

《最高人民法院关于产品侵权案件的受害人能否以产品的商标所有人为被告提起民事诉讼的批复》指出，任何将自己姓名、名称、商标或者可资识别的其他标识体现在产品上，表示其为产品制造者的企业或个人，均属于《民法通则》第一百二十条规定的“产品制造者”和《产品质量法》规定的生产者。因此，在一般的知识产权侵权案件中，如果被控侵权产品已经在铭牌、合格证等产品标识上明确标注了诸如生产企业名称、商标等能够据以确定制造者身份信息的，则在无充分相反证据的情形下，通常可以认定该对外标注信息的企业即为专利法所界定的被控侵权产品的制造者，如果该产品构成知识产权侵权，则由该厂家对此承担相应的侵权法律责任。一审法院的观点实际上混淆了物理意义上的生产行为与法律意义上的生产行为的区别。随着社会分工精细化的需求和发展，委托加工、定牌加工相当普遍，在这种生产模式下，委托方虽然没有直接进行产品的生产，但仍然在主观上体现了生产的意思表示，只不过直接的生产行为是由加工方在接受委托方的指示后所实施。特别是本案中，被诉侵权产品上印制了被告的商标，产品合格证上也载明了被告的企业信息，这也可以进一步佐证被告具有对外显示其就是该产品的生产者的意思表示。另外，根据二审查明，虽然被诉产品的外观是由第三方设计并提供，但对于最终选用何种产品外观进行量产，则仍然是由被告在第三方提供的多种方案的基础上选择确定的。这进一步证明了被告虽然没有直接参与物理生产，但以其主导性间接参与了生产过程。从法律关系上来说，产品外观设计方案或技术要求来源于加工方或者其他第三方，只对贴牌定作人、承揽人内部分担责任时具备法律意义，作为委托方的被告不能以其未直接制造专利产品而主张自己不是制造者。如果按照一审观点，委托方只要能够证明被诉产品并非由其生产，其与加工方之间存在特别约定就可以免责，则可能造成委托方疏于尽到合理的审查义务，不当减免其知识产权防范风险。另外，如果委托方不承担直接侵权责任，权利人还需另行提起对加工方的诉讼，这在客观上增加了权利人的讼累，不利于权利人正当维权。至于被告在庭审中所援引的所谓类案判决，在案情与法律关系上与本案也存在实质性不同。该案与本案存在的一个显著区别就是不存在委托加工的法律关系，被告只是在将从他人处购买来的产品上贴附上自己的商标后进行转卖，没有任何的直接或间接参与原始产品生产的意思体现和行为表现。综上分析，应当认为本案中被告并非被诉侵权产品的销售者，根据其行为的表现形式，应当将其身份定性为生产商。

（蔡伟　作者单位：福建省高级人民法院）

二、商标案件

SHANG BIAO AN JIAN

8

商标侵权案件中正伪品认定的法律分析

——贵州茅台酒股份有限公司与莆田市秀屿区笏石众好茶酒精品商行侵害商标权纠纷案

【案号】

一审：（2018）闽03民初176号

二审：（2018）闽民终1515号

【裁判要旨】

商标侵权纠纷案件中，如果涉及销售商抗辩被诉侵权产品为正品，并不构成商标侵权的情况，需要结合案件具体情况，特别是被诉侵权产品的具体类型，综合运用直接比对、依托鉴定、来源审查等方法进行正伪品的认定判断。

【案情介绍】

原告贵州茅台酒股份有限公司系“贵州茅台”注册商标的权利人。原告起诉被告莆田市秀屿区笏石众好茶酒精品商行在其经营销售对外销售侵害原告注册商标的白酒产品。被告则辩称其销售的产品系正品，并非假冒产品。由于从外观上无法分辨被诉侵权产品是否系假冒产品，经原告公司打假人员现场鉴定并出具鉴定报告，证实被诉白酒产品并非原告公司生产。

【裁判结果】

福建省莆田市中级人民法院经审理认为：被告销售的白酒系假冒原告注册商标的产品，构成商标侵权，遂判决被告承担停止侵权、赔偿损失的法律责任。被告不服原审判决，提起上诉。福建省高级人民法院经审理后判决驳回上诉，维持原判。

【法官评析】

商标侵权案件中，经常会有一种情况是权利人指控销售商销售的是“假冒”商品，而销售商则抗辩该商品即为正品，并不存在商标侵权行为。这就涉及在此类商标侵权案件中需要解决的一个基础事实问题，即被控侵权产品的真假认定问题。

1. 根据和正品的比对直接作出判断。在商标侵权案件中如果涉及“假冒”商品，原告通常都会向法庭提交其生产的正品以供比对。由于很多假冒商品的生产成本低廉，生产工艺较为落后。产品在商标的标识位置、外观印刷的清晰度（如颜色的深浅）、厂商的基本信息（如公司名称、地址、联系电话等）、吊牌型号、产品质量、销售价格等方面与正品往往存在较为明显的区别或者误差。如果原告能够清楚地陈述被控侵权产品与正品的上述差别，而法官也能够根据原告的陈述清楚观察到正品与假冒商品的差别，就可以认为原告已经完成了初步的举证责任。在销售商无法对二者为何会存在这些差异作出合理性解释的情况下，可以直接认定被控侵权产品为假冒权利人商标的商品。如原告肇庆浩宏新材料有限公司诉销售商销售假冒其“千里马”商标的玻璃胶产品案件中，销售商所抗辩其所售为正品，但经比对，被控侵权产品没有外包装、产品瓶身印刷图文模糊，法官凭肉眼即可判断为假冒商品。如上海派克笔公司诉销售商销售假冒“派克”商标钢笔案件中，被控侵权产品质量低劣，且销售价格与正品差别巨大，法院亦直接认定被控侵权产品为假冒商品。当然，这种由法官进行直接判断是否系假冒商品的案件，如何进行真伪比对，仍然要由权利人对真伪品的不同点和鉴别方法进行仔细的、令人信服的说明。法官不可能专门通过学习来掌握鉴别真伪的专业技能。直接进行判断，受法官个人能力的影响和制约较大，所以审判实践中需要慎用。

2. 根据原告提交的鉴定报告进行判断。关于鉴定报告在民事诉讼中属于哪种证据类型的问题，有些争议。笔者认为由于鉴定报告并不是由法院在诉讼中依照鉴定的法定程序，委托第三方进行的鉴定。而一般是由权利人在诉讼前的证据保全阶段就已经通过自身的技术鉴定部门或者其单方委托的第三方鉴定部门对真伪品所作的鉴定。所以，在证据类型上与民事诉讼法所规定的书证、鉴定报告均不相同。在证据类型上将其归入当事人陈述或证人证言更具有法律依据。实践中，很多假冒商品的造假技术相对高明，使得被控侵权产品与正品高度近似，原告也无法仅从肉眼可观察到的上述外观信息将二者的差异陈述清楚。这种情况下，法官一般会要求原告提供能够辨别真伪的鉴定书等专业意见加以证明。目前，商标侵权案件中涉及的鉴定报告一般都是由原告方出具的。对此，被告往往会对鉴定结论的真实性提出异议，主要理由就是鉴定报告是原告单方出具的，缺乏公正性。但笔者认为基于假冒商品的特殊性，在没有相反证据的情况下，根据原告的鉴定报告作为认定的依据具有合理性。一是由于目前国内并无专门的能够鉴定商品真伪的第三方机构。这主要是因为市场上的商品成千上万，外观千差万别，且国家并未建立一套统一标准的防伪体系。二是很多产品的外观特异性、防伪标识只有原告才清楚。特别是一些价值较高的商品如高端酒类产品、奢侈品等，生产商在产品上所附的防伪标识往往具有特殊性和秘密性。而且为了加强防伪，商标权人的相关技术还会不断变化，这些信息也只有权利人才能掌握。第三方鉴定机构根本无法掌握这些特定信息，自然无法鉴定。故商标权人出具的鉴定报告具有较高的证明价值。三是参照工商管理部门的处理办法。国家工商总局《关于假冒注册商标商品及标识鉴定有关问题的批复》（商标案字〔2005〕第172号）中提出“在查处商标违法行为过程中，工商行政管理机关可以委托商标注册人对涉嫌假冒注册商标商品及商标标识进行鉴定，出具书面鉴定意见，并承担相应的法律责任。被鉴定者无相反证据推翻该鉴定结论的，工商行政管理机关将该鉴定结论作为证据予以采纳”。按照上述规定，目前工商行政管理部门在查处假冒商标案件中对真伪品的认定也主要是根据商标权利人提交的鉴定报告。如本案，由于从外观上无法直接判断被控侵权产品的真伪，法院最终就是根据原告提交的由原告方技术人员出具的鉴定报告认定被控侵权产品为假冒商品。

实践中，在审核原告提交的鉴定报告时往往会涉及一种比较特殊的情形。就是一些商品特别是价格较高的奢侈品的真伪鉴定方法还属于公司的商业秘密，原告认为不能公开，也无法在庭审举证环节中向被告披露。所以原告向法院提交的鉴定结论往往并没有详细说明真品假品之间存在的具体区别，只是直接出具真伪品的鉴定结论。如果是这种情况，笔者认为可以考虑让原告在不公开场合，就其鉴定伪品的依据单独向合议庭进行说明。这样，不仅帮助法官加强了对被控侵权商品系假冒商品的内心确认，也有效防止权利人商业秘密的外泄。当然，这种鉴定方法需要严格掌握，否则在举证责任上对被告是不公平的。

3. 根据销售商是否有合法来源进行反推。实践中，销售商除抗辩所销售的商品是正品不构成侵权外，往往也会同时抗辩被控侵权产品是从合法渠道购进，具有合法来源。笔者认为有些情况下，根据对被控侵权产品来源渠道的审核即可认定是否属于假冒商品，无需再对被控侵权商品与正品进行比对或由原告出具鉴定结论。关于合法来源的审核，笔者一直主张应当作为案件审理中判断真伪品的一个主要手段。随着科技和物流技术的不断发展，物品流通领域的可追溯性越来越完善。如果销售商是从正规渠道购入合法商品，在进货来源上必然是可追溯的。有些特殊情况下，只能通过来源追溯来判断商品真伪。比如，一些生产厂家违反定牌加工协议约定，在约定的加工数量以外，又擅自生产。由于这些超量生产的商品按照相关法律规定，仍然属于侵权假冒商品。由于是与合同内的商品按照同一生产标准制造的，质量并无不同。在流入市场后，如果没有附加其他防伪技术，即使在权利人进行真伪鉴别，也往往会得出“正品”的结论。这种情况下，通过对来源的审核，往往可以对商品真伪作出判断。特别是一些价格较高的非日常生活用品，有固定的销售渠道和经销模式。即使在权利人无法鉴定出真伪的情况下，由于销售商无法说明来源，也未能对商品来源作出合理解释，就可以以来源不清，推定销售商所销售的是假冒商品。对此，可以区分以下不同情况：一是如果销售商无法提交任何与上一手提供者进行交易的合同资料或者进货凭证、货品清单等证据，特别是在被控侵权产品数量较大情况下，可以认为销售商就其商品来源没有保留任何凭证也未能指明提供者身份是明显与常理不符，主观上存在刻意隐瞒的可能性，那么可以推定其所销售的产品应为假冒商品。当然，如果是一些单价不高、市场流通环节多、交易手续简便、销售商销售数量较少的商品则不能因为没有来源凭证而武断认定就是假冒商品。如阿迪达斯公司诉某网店销售假冒“阿迪达斯”商标鞋子案件中，由于销售商拒不说明商品来源，法院直接认定该被控侵权产品为假冒商品。二是从特殊商品是否符合流通管理规定上进行判断。因为有些特殊产品，在流通环节上有专门的管理规定。如已失效的商务部制定的针对酒类产品的《酒类流通管理办法》，国家食品药品监督管理局制定的针对药品的《药品流通监督管理办法》等。按照《酒类流通管理办法》的规定，酒类流通实行经营者备案登记制度和溯源制度，酒类经营者应具备酒类流通备案登记表或者酒类流通许可证书，酒类经营者（供货方）在批发酒类商品时应填制酒类流通附随单，详细记录酒类商品流通信息，该附随单附随于酒类流通的全过程，单随货走，单货相符，实现酒类商品自出厂到销售终端全过程流通信息的可追溯性。按照上述规定，即使销售商能够提供商品来源的一些初步凭证，但如果其流通环节明显不符合相关行政管理规定的，亦可推定销售商在主观上明知所购入的商品可能为假冒商品。如某药品企业诉销售商销售假冒其商标的药品时，由于销售商所指明的供货方明显没有药品经营资质，法院认定被控侵权商品为假冒商品，且由于销售商没有按照药品流通管理规定进行药品交易，主观上没有尽到合理的审查义务，其合法来源抗辩亦不能成立。

（蔡　伟　作者单位：福建省高级人民法院
陈志华　作者单位：莆田市中级人民法院）

9

以商标说明性使用主张不侵权抗辩的法律分析

——九牧厨卫公司诉腾昌五金电器商行侵害商标权纠纷案

【案号】

一审：（2017）闽05民初607号

二审：（2018）闽民终274号

【裁判要旨】

商标说明性使用是商标侵权诉讼中一类重要的不侵权抗辩情形。审查是否构成说明性使用，应当综合使用人的主观目的、使用的具体方式和范围以及使用人是否从中获取不当利益、是否对商标权利人造成其他不利后果等因素进行认定和判断。另外，注册商标的显著性和知名度以及注册商标的历史因素也是影响认定说明性使用是否正当的因素。

【案情介绍】

原告九牧厨卫公司系“九牧”“JOMOO九牧”系列商标的所有权人。“JOMOO九牧”商标2011年被国家工商行政管理总局商标评审委员认定为驰名商标。被告腾昌五金电器商行系九牧产品的销售商。在其店铺门栏上突出使用“JOMOO九牧”商标，在店招上标示“JOMOO九牧专卖店”字样。原告起诉认为被告并非原告专卖店，其行为属于对原告商誉的攀附，破坏了原告的营销体系，构成商标侵权。被告则辩称其销售的产品系来源于九牧公司的正品，故其在门栏及店招上对九牧商标的使用不构成商标侵权。

【裁判结果】

福建省泉州市中级人民法院一审认为，被告在涉案店面单独使用原告商标及字号标识，其实质仍是指向涉案店面的经营者是原告，或者与原告存在商标或字号许可使用等关联关系。而被告仅是涉案商标正牌商品的销售者，其与原告不存在关联关系，故被告在涉案店面店招上单独使用“JOMOO九牧”标识的行为显然已经超过了说明或者描述自己经营商品的必要范围，不属于善意和合理的使用。相关公众施以一般注意义务，通常情况下均会得出涉案店铺系由原告经营或者经原告授权经营的认知，属于给他人的注册商标专用权造成其他损害的侵权行为。故判决被告承担相应的法律责任。一审宣判后，被告不服提起上诉。二审在法院主持下双方达成和解。

【法官评析】

经销商销售正牌产品，因为具有合法来源，根据商标权利用尽原则，销售行为本身自然不涉及商标侵权问题。实践中出现的争议问题是经销商出于经营活动的需要，能否在产品以外的其他地方如店招、宣传册等载体上使用产品商标以及和生产商有关的其他商业标识，如企业字号等。这就涉及商标侵权案件审理中的一个基础性问题，对他人商标进行说明性使用（或称为指示性使用）是否构成侵权及认定的标准和判断的界限问题。

由于对商标说明性使用在认定要件和适用标准上存在分歧，本案在处理过程中，形成两种不同意见。第一种意见认为：被告的行为属于正当性使用，不构成侵权。理由是被告系原告公司的销售商，其所销售的产品来源于原告，并非侵权商品。而其在门栏上使用“JOMOO九牧”商标，在店招上标示“JOMOO九牧专卖店”字样的行为只是为了客观描述自己的店铺内所销售的商品是原告公司生产的正牌商品，这种使用方式属于对原告商标的正当的说明性使用。被告店铺虽非原告的授权专卖店，其在店招上标示“JOMOO九牧专卖店”字样的行为虽有不妥，但考虑到其主观上并没有傍品牌、搭便车的恶意，客观上也不会造成消费者的混淆误认，所以不应认定构成商标侵权。第二种意见则认为：对商标说明性正当使用的行为方式应当有一定的限度，即经营者必须是以直接使用叙述性文字的方式，说明经营的商品种类及提供服务的范围。而本案中被告虽然系原告的销售商，但其并非经原告授权的专卖店，其在门栏上突出使用“JOMOO 九牧”商标，在店招上标示“JOMOO 九牧专卖店”字样的行为并非以叙述性文字的方式客观介绍其经营的商品种类，已经明显超出说明性使用的合理范畴。这种使用方式会使被告不正当地获得竞争优势，而且向消费者传递的信息本身也与事实不符，客观上会造成消费者的混淆误认，应当认定被告的这种使用行为构成商标侵权。

一、商标的说明性使用的法律性质及具体类型

关于商标的说明性使用，商标法没有作出专门规定。实务中一般将说明性使用界定为：指经营者在商业活动中善意合理地使用他人的注册商标，客观地说明自己商品或者服务源于他人，或者客观地指示自己商品的用途、服务对象以及其他特性与他人的商品或服务有关，而用叙述性文字使用他人商标。说明性合理使用通常表现为直接使用他人商标，并且该商标亦直接指向商标所有人的商品或服务，而非使用者自己的商品或服务。商标法第五十九条仅仅规定了对商标中包含的描述性内容可进行正当使用，但从具体的市场经营活动来看，商标的正当使用不仅包括对描述性内容的正当使用，还包括在特定条件下对商标的说明性正当使用。说明性使用本质上还是构成商标结构意义上的使用，进入商标权的控制范围，但并不构成商标侵权，是因为在这种情况下，为了平衡其他利益或者价值，商标权的权利受到了限制，法律将这种使用行为不作为侵权处理。认定对他人商标进行说明性使用属于正当使用具有重要意义，因为经销商在经营商品时，为了客观说明自己商品或者服务的来源、用途、服务对象及其他商品本身固有的特性，不可避免地需要使用他人的注册商标。如果一律禁止其他经营者对所经营商品的商标进行说明性使用，显然违背了正常的商业经营活动规律，使商标用于区分商品和服务来源的这一本质特性无法发挥，对经营者也是不公平的。

从目前审判活动实践来看，商标说明性合理使用主要涉及两种类型：一种是为了说明商品或服务的特点或用途而使用他人商标，尤其表现为对商品零部件或配件用途的说明、服务对象的说明等，如某品牌电脑标注“Intel Inside”，在于说明其使用了英特尔公司中央处理器的事实，这种使用方式就属于善意合理使用了英特尔公司的Intel商标。又如，手机电池厂商可以在其生产的电池上注明“本款电池可以匹配华为手机”，这种使用也属于对他人商标合理的说明性使用；另一种则针对商标权利用尽而言，经商标权人许可或以其他合法方式投放市场的商品，他人购买后可以加以转卖，也可以在广告中宣传推销该商品进而对商标进行使用。比如，销售五粮液公司产品的销售商，只有使用五粮液商标才能合理地向消费者传达所销售的产品的信息。销售商如果在对外宣传时使用“本店销售正宗五粮液酒”的描述方式，应当也属于对他人商标正当的说明性使用。

二、构成商标的说明性使用的基本要件和判断因素

经营者可以对他人商标进行说明性使用，但在使用方式上必须有一定的限度和边界，即经营者使用须基于诚信善意，且是以直接使用叙述性文字的方式，说明经营的商品种类及提供服务的范围。如果经营者的行为明显是为了暗示和误导消费者，如经营者在企业名称、店铺名称以及店招中以单独或者突出标注的形式使用他人注册商标，会让相关公众误认为其与经销品牌具有投资、授权等紧密联系，实质是利用经销品牌的知名度和美誉度吸引更多的关注和商机，由于这种使用方式和行为不但会使经营者不正当地获得竞争优势，而且向消费者传递的信息本身就是虚假的，因此不属于说明性正当使用，有可能构成商标侵权或者不正当竞争。关于店招门头的商标使用问题，国家工商行政管理总局在1995年7月发布的《关于禁止汽车零部件销售商店、汽车维修点擅自使用他人注册商标的通知》中对此类问题进行了规范。而国家工商行政管理总局在1996年下发的《关于禁止擅自将他人注册商标用作专卖店企业名称及营业招牌的通知》中进一步明确：商品销售网点和提供某种服务的站点，在需要说明本店经营商品或提供服务的业务范围时，可使用“本店修理XX产品”“本店销售XX

商品”等叙述性文字，且其字体应一致，不得突出其中的商标部分。从审判实践来看，认定被告的行为是否属于正当使用，主要应围绕使用意图、使用方式和使用效果三方面进行综合判断。核心要件在于两点：一是经营者的使用行为不属于商标法意义上的使用；二是未对商标权人造成商标利益上的损害。至于注册商标的显著性和知名度以及注册商标的历史因素等在有的案件中也可以作为考虑因素。

实践中还有一个问题需要注意，就是商标说明性使用的司法规制可能同时适用《商标法》与《反不正当竞争法》的规定。知识产权本身就具有种类多样性和差异性，各类知识产权具有不同的特质和保护要求。所以在具体案件审理中，应当注意区分相关法律对商标说明性使用行为的调整范围，因为不同的请求权基础可能导致裁判结果的不同。《商标法》对于商标说明性使用行为的规制目的在于调整妨碍商标功能发挥的行为。如果经营者使用他人注册商标不仅仅是宣传商标所有人的商品，也用以宣传经营者自身，并足以导致公众误认为经营者与注册商标专用权人之间存在赞助或支持等特殊关系，该种混淆或误认不属于商标法所调整的因商标使用导致商品来源混淆，此时应归入不正当竞争行为。

三、本案经营者对权利人商标的不当使用构成侵权

具体到本案，被告对原告商标的使用按照上述分析，显然不属于说明性正当使用。其不当性体现在以下两个方面：一是在店招上标注“JOMOO九牧专卖店”字样不当；二是在店铺门栏上突出使用“JOMOO 九牧”商标不当。这里需要澄清一个观念，经销商不等于品牌授权商，所谓品牌授权商，一般是以专卖店的形式出现，由商标权人统一设计店面形象并进行统一的品牌推广，这种经销模式主要是以特许经营的法律关系出现。这种情况下，经销商一般会和商标权人之间签订有专门的品牌授权协议，经销商会被许可在具体产品以外的店招、宣传资料等载体上使用商标权人的商标、企业字号等标识性信息。而如果只是一般的经销商，则不能认为经销商从正规渠道购进品牌产品，想当然地认为可以拿厂家的商标及其他标识做广告，如在店铺招牌上醒目用上知名品牌的商标或企业字号，以扩大影响。实际上，此时的经销商所享有只是合法销售产品的权利，而非产品商标的使用权。其只能是为了说明或介绍所经销的产品的来源，一般性地、非突出地（也就是客观合理、主观善意）在经营场所使用厂商商标和企业字号。因此，在无明确的书面授权的情况下，经销商不得在一般性购销关系的经营流程之外，自行将所经销的商品的商标单独、突出地标注在企业名称、商号、招牌、交易文书等各种商业载体之上，否则将被视为侵权。本案中，被告并非原告的品牌授权商，根据查明的事实，其店铺中还有销售其他品牌的卫浴产品，其在店铺门栏上突出使用“JOMOO 九牧”商标，在店招上标示“JOMOO 九牧专卖店”字样实质是指向店铺的经营者是商标权人或与商标权人存在许可使用等关联关系，会使相关公众对两者关系产生误认，从而为被告谋取不正当竞争优势，损害了原告的相关权益，因此法院判决其构成商标侵权于法有据。

（欧群山　作者单位：福建省高级人民法院）

10

注册商标侵害在先权利的民事责任分析

——陈某诉佐纳服饰公司侵害著作权纠纷案

【案号】

一审：（2017）闽 02 民初 370 号

二审：（2018）闽民终 1033 号

【裁判要旨】

商标虽然获准注册，但如果存在侵犯著作权等在先权利的情况，仍应承担侵权的相关法律责任。即使被诉侵权的注册商标因为已经超过商标法所规定的五年无效期而无法被裁定无效，但考虑到被诉商标并未实际使用，尚未建立起稳定的市场秩序和发挥区别商品来源的作用，人民法院在侵权诉讼中仍可判令商标权人停止对被诉商标的使用。

【案情介绍】

原告陈某系美术作品《女人》的著作权人，作品完成后陈某进行了版权的备案登记，并通过网络进行了公开发布。被告佐纳服饰公司于2012年经国家工商行政管理总局商标局核准，注册了讼争的图形商标。陈某向法院提起诉讼，认为佐纳服饰公司注册的图形商标系对其美术作品的抄袭模仿，侵害了其包括署名权、复制权、修改权和保护作品完整权在内的著作权。要求判令佐纳公司承担停止侵权、赔偿损失的法律责任。

【裁判结果】

福建省厦门市中级人民法院经审理认为：陈某所创作的美术作品具备独创性，属于受著作权法保护的作品。佐纳服饰公司注册的商标标识经比对，与陈某享有著作权的美术作品构成实质性相似，且佐纳服饰公司未能提供证据证明被诉商标标识系由其独立创作，故认定佐纳服饰公司的注册商标标识系对原告陈某享有著作权的作品的抄袭模仿，侵害了陈某包括署名权、复制权、修改权在内的相关著作人身权和财产权，应承担相应的法律责任，遂判决佐纳服饰公司停止注册商标的使用，赔偿陈某经济损失2万元。案件宣判后，原、被告均不服提起上诉。陈某上诉的主要理由是认为原审判决的赔偿额过低。佐纳服饰公司上诉的主要理由有两点：一是认为不构成著作权侵权；二是认为即使构成著作权侵权，由于涉案注册商标注册的时间已经超过商标法规定的五年无效期，则不应判决佐纳服饰公司停止使用，否则对佐纳服饰公司是不公平的。

福建省高级人民法院经审理后认为原审判决认定事实清楚，判决结果并无不当，遂判决驳回上诉，维持原判。

【法官评析】

本案属于典型的在后注册商标与在先著作权之间因权利冲突而引起的纠纷。争议焦点在于佐纳服饰公司申请注册的商标虽然构成对陈某在先著作权的侵害，但已经超过商标法规定的五年无效期而无法由在先权利人向商标评审委员会申请宣告无效。在此情况下，人民法院在民事诉讼中还能否判令佐纳服饰公司停止对注册商标的使用。

一、注册商标与在先权利的冲突纠纷属于人民法院民事案件受理范围

《最高人民法院关于审理注册商标、企业名称与在先权利冲突的民事纠纷案件若干问题的规定》第一条第一款明确规定：原告以他人注册商标使用的文字、图形等侵犯其著作权、外观设计专利权、企业名称权等在先权利为由提起诉讼，符合民事诉讼法第一百零八条规定的，人民法院应当受理。该规定之所以将注册商标与他人在先的著作权、外观设计专利权、企业名称权等相冲突的民事纠纷纳入民事诉讼的范围，且不受行政程序的影响，主要是因为知识产权无论是否经过行政程序取得，其相互之间的冲突都可以归为民事争议的范畴，人民法院原则上都可以依法受理。特别是，有的行政程序的启动还需要以司法程序的结论作为前提条件。上述规定是以例示的方式，规定了注册商标与在先权利冲突民事纠纷的受理问题，但适用中应注意，此类在先权利除条文中列举的著作权、外观设计专利权、企业名称权外，还包括反不正当竞争法规定的有一定影响的商品名称、包装、装潢、域名以及其他在先权利。条文规定相较于实践中权利冲突类型的不断演变总是有所滞后，所以规定虽对在先权利未予全部列举，但实践中可根据案件具体情况进行把握。本案纠纷就属于上述规定所界定的类型，即原告陈某以被告佐纳服饰公司注册商标使用的图形侵犯其著作权在先权利所提起著作权侵权诉讼，应属于人民法院受理范围。

二、权利人对注册商标侵害其在先权利的法律救济途径

依照商标法的规定，已经注册的商标，如果存在侵犯在先权利的情形，自商标注册之日起五年内，在先权利人或者利害关系人可以请求商标评审委员会宣告该注册商标无效。适用该条规定时有一个关键的要件就是时限问题。商标注册后，如果存在损害他人在先权利的情形，在先权利人想要通过商标无效程序对该商标予以无效，必须在商标注册之日起五年内提出申请，超过五年的无效期，则无法无效该商标。

之所以对商标无效作出一定的时限规定，目的在于稳定商标注册的管理秩序，注重维护已经形成和稳定了的市场秩序。如果允许在先权利人在任何时候都可以提出对争议商标的无效宣告，则可能会冲击已经形成的稳定的商标市场秩序，对注册商标的权利人来说也是不公平的。本案中，佐纳服饰公司的被控注册商标即属于商标法第三十二条所规定的侵害他人在先权利的情形，陈某可依照商标法第四十五条规定，依法向商评委申请宣告该注册商标无效。但经查明，佐纳服饰公司的被控商标注册时间为 2012 年，而陈某并未在商标法规定的五年无效期限内提出无效宣告，则依照商标法的规定，佐纳服饰公司的被控商标已经无法通过商标无效程序予以无效。但如上分析，由于注册商标与在先权利的冲突纠纷属于人民法院民事案件受理范围。虽然佐纳服饰公司的被控商标已经超过商标法规定的五年无效期而无法通过商标无效程序进行处理，但陈某仍可根据上述最高人民法院的司法解释以注册商标侵害其在先权利为由向人民法院提起民事侵权诉讼，人民法院应予以受理。

三、侵害在先权利的注册商标能否判令停止使用应视情而定

一般情况下，在知识产权侵权诉讼中，如果认定被告的行为构成对原告知识产权权利的侵害，根据侵权责任法的相关规定，可以判处被告承担停止侵权的法律责任。本案中，如果认定佐纳服饰公司注册的商标构成对陈某著作权的侵害，依法也应当判令佐纳服饰公司停止侵权，即停止对注册商标的使用。但有不同意见认为，本案中不宜判决佐纳服饰公司停止注册商标的使用。理由是商标法第四十五条明确规定，在先权利人应当自商标注册之日起五年内，请求商标评审委员会宣告该注册商标无效。而本案中，佐纳服饰公司所注册的被诉商标已经超过法律规定的五年无效期而无法被无效。从法律的一致性来看，不判决停止侵权，可以避免商标法关于无效宣告五年的时间限制流于形式。另外，最高人民法院公布的《关于当前经济形势下知识产权审判服务大局若干问题的意见》中也明确指出："要把握商标法有关保护在先权利与维护市场秩序相协调的立法精神，注重维护已经形成和稳定了的市场秩序，防止当事人假商标争议制度不正当地投机取巧和巧取豪夺，避免因轻率撤销已注册商标给企业正常经营造成重大困难。与他人著作权、企业名称权等在先财产权利相冲突的注册商标，因超过商标法规定的争议期限而不可撤销的，在先权利人仍可在诉讼时效期间内对其提起侵权的民事诉讼，但人民法院不再判决承担停止使用该注册商标的民事责任。"依照上述最高人民法院文件精神，为了稳定商标注册秩序，本案中也可不判令佐纳服饰公司停止注册商标的使用，而仅判决其承担赔偿责任即可。

反对意见则认为，如果在案件审理中经审查发现被控注册商标存在侵害他人在先权利的情形就应当依法判令停止使用。因为如果不判决停止使用，从公正角度来看，构成侵权但不判令停止侵权，让人难以接受，且无异于承认满五年后商标注册人即通过不当甚至恶意注册行为获得了商标权。这与任何人都不能基于侵权行为或不当行为获得权利的法律原则是相背的。至于商标法规定五年的无效宣告期间，只是从稳定商标注册管理秩序的角度出发，但只要还在诉讼时效期间内，在先权利人就提起民事侵权诉讼。如果经审理发现，商标注册人因使用商标侵害在先权利的行为非停止不足以消除影响的，还是要判决停止使用。至于判决停止使用后争议商标的处置也不存在问题，可以在满三年后，在先权利人依照商标法关于撤三的规定对商标进行申请撤销。

但笔者认为对商标法的规定和最高人民法院上述文件精神不应作机械理解，是否需要判令停止侵权，要视案件具体情况，特别要结合被诉注册商标具体的注册过程和实际使用情况来进行综合判断，不能搞绝对化。并非所有侵害在先权利的注册均应判决停止使用，也并非所有超过五年无效期的注册商标存在侵犯他人在先权利的情形时均可以赔偿代替停止使用而了事。被控侵权的注册能否继续使用，应当重点审查是否满足以下两个要件：首先，被诉侵权商标经过大量使用已经具有较高知名度，才可能形成稳定的市场秩序。从价值权衡的角度来看，牺牲公正价值去维持一个使用较少的侵权商标是不值得的，而且商标未经大量使用被判停止侵权也不会给企业正常经营造成重大困难。其次，维持“已经形成和稳定了的市场秩序”，也就是我们常说的“市场格局”，其前提是该“市场格局”是善意、诚信经营形成的。在商标注册人恶意申请、注册商标的情况下，如果仍然承认此种行为所形成的所谓市场秩序或知名度，无异于鼓励同业竞争者违背诚实信用原则，罔顾他人合法在先权利，强行将其恶意申请的商标做大、做强。这一原则在商标行政案件中已经得到法院的一致确认，例如在北京福联升鞋业有限公司与国家工商行政管理总局商标评审委员会、北京内联升鞋业有限公司商标异议复审行政纠纷申请再审案件中，最高人民法院在裁定中就指出：“在再审申请人恶意申请、注册商标的情况下，如果仍然承认再审申请人此种行为所形成的所谓市场秩序或知名度，无异于鼓励同业竞争者违背诚实信用原则，罔顾他人合法在先权利，强行将其恶意申请的商标做大、做强。”最高人民法院在 2018 年 7 月召开的青岛全国知识产权审判工作会议上也再次强调：“要充分认识违反诚实信用原则以及损害他人合法在先权利的民事纠纷本质，强化此种情形下民事程序的优先和决定地位，在先权利人以被告取得并行使注册商标权或者外观设计专利权损害其合法在先权利（注册商标专用权除外），直接向法院提起民事诉讼，经审查被告侵权的事实成立的，可以根据原告诉请和案件具体情况，判令被告停止使用被诉注册商标或者停止实施被诉外观设计。”具体到本案，佐纳服饰公司注册的商标侵犯陈某在先的著作权，虽然已经超过五年的无效期，但考虑到该商标尚未投入实际使用，未形成稳定的市场秩序，判令停止使用并不会造成利益的显著失衡。所以，本案的一审、二审判决并无不妥，也是与最高人民法院上述文件及会议精神相一致的。

（张丹萍　作者单位：福建省高级人民法院）

11

判定销售者待售假冒注册商标的商品构罪的标准

——李燕某销售假冒注册商标的商品案

【案号】

（2018）陕0102刑初278号

【裁判要旨】

非法销售明知是假冒注册商标的商品达到一定金额，其行为构成销售假冒注册商标的商品罪；侵权产品没有标价或者无法查清其实际销售价格，按照被侵权产品的市场中间价格计算，既未提供进货单据，又无法证明实际对外销售价格，应以被害单位出具的被侵权产品的批发价格确定市场中间价；经公安机关电话传唤后主动到案并如实供述自己的犯罪事实属自首；公安机关缴获的假冒注册商标的商品属待售产品应认定为犯罪未遂，可对被告人依法减轻处罚。

【案情介绍】

2016年6月起，被告人李燕某在其位于西安市新城区锦绣国际商贸城D座1楼2街65号经营的“樱雪牙刷”店中，对外销售假冒“海飞丝”“潘婷”“飘柔”“舒肤佳”“清扬”“力士”“蓝月亮”等日化产品。2017年8月上海“玖忻”商务咨询有限公司，接到举报称有人在西安市新城区锦绣国际商贸城“樱雪牙刷”店中销售假冒联合利华公司产品，该公司经初步调查后于2017年8月14日向公安机关报案。2017年8月24日公安机关在李燕某位于锦绣国际商贸城D座7楼E－7－2－001号仓库和西安市灞桥区尹家街村57号103号房的仓库内查获大量尚未销售的假冒上述日化产品。李燕某曾告诉负责在锦绣商贸城的仓库配货人员，销售的“潘婷”、“清扬”、“海飞丝”、“力士牌”等洗发水、“舒肤佳”香皂、“蓝月亮”洗衣液等是假货，并让仓库配货人员配货时在库房内将货品打包好，不要被人发现。被害单位广州宝洁有限公司出具的查获假冒注册该公司商标货品的价格证明、鉴别报告书，被害单位联合利华（中国）投资有限公司出具的查获假冒注册该公司商标货品的鉴定报告书，被害单位蓝月亮（中国）有限公司出具的鉴定证明，经被害单位认定，查获的日化用品，均为假冒伪劣产品。查获的各类假冒注册商品货值金额为人民币 348920.5 元。李燕某经公安机关电话传唤后能主动到案并如实供述自己的犯罪事实。庭审中，李燕某未做辩解；辩护人辩称，公诉机关认定的货值金额过高，且属犯罪未遂，具有自首情节，请求对其从轻处罚。

【裁判结果】

陕西省西安市新城区人民法院经审理认为：被告人李燕某违反国家商标管理法规，非法销售明知是假冒注册商标的商品，货值金额巨大，其行为已构成《中华人民共和国刑法》第二百一十四条规定的销售假冒注册商标的商品罪。李燕某在销售假冒注册商标的日化产品时，既未提供进货单据，又无法证明实际对外销售价格，应以被害单位出具的被侵权产品的批发价格确定为市场中间价；李燕某被公安机关缴获的假冒注册商标的日化用品属待售产品，应认定为犯罪未遂，且李燕某有自首情节，可对其依法减轻处罚。根据被告人李燕某的犯罪事实、性质、情节以及社会危害程度，判决：被告人李燕某犯销售假冒注册商标的商品罪（未遂），判处有期徒刑二年，并处罚金二十万元；扣押涉案假冒注册商标商品，依法予以没收。宣判后，被告人李燕某未上诉，本案判决已发生法律效力。

【法官评析】

一、销售假冒注册商标的商品罪的法律属性

商标专用权是商标权人依法对自己注册的商标享有的专有使用权。销售是指以采购、推销、出售或兜售等方法将商品出卖给他人的行为。假冒注册商标的商品必须是未经注册商标所有人许可，在同一种商品上使用与其注册商标相同的商标的商品。销售明知是假冒注册商标的商品达到一定程度，将构成犯罪。我国刑法第二百一十四条规定：销售明知是假冒注册商标的商品，销售金额数额较大的，处三年以下有期徒刑或者拘役，并处或者单处罚金；销售金额数额巨大的，处三年以上七年以下有期徒刑，并处罚金。最高人民法院、最高人民检察院、公安部《关于办理侵犯知识产权刑事案件适用法律若干问题的意见》第八条：关于销售假冒注册商标的商品犯罪案件中尚未销售或者部分销售情形的定罪量刑问题规定：销售明知是假冒注册商标的商品，具有下列情形之一的，依照刑法第二百一十四条的规定，以销售假冒注册商标的商品罪（未遂）定罪处罚：假冒注册商标的商品尚未销售，货值金额在十五万元以上的。由此规定说明，销售假冒注册商标的商品罪是指违反商标管理法规，销售明知是假冒注册商标的商品，销售金额在五万元以上或者是假冒注册商标的商品尚未销售，货值金额在十五万元以上的行为。

二、销售假冒注册商标的商品罪的构成要件

销售假冒注册商标的商品罪的构成要件首先是犯罪主体为自然人和单位，其中自然人需达到刑事责任年龄且具有刑事责任能力；其次犯罪主观要件为故意，行为人明知或者应知自己所销售商品是假冒注册商标的商品，仍故意销售给他人；再次犯罪侵犯客体为国家对商标的管理制度和他人注册商标的专用权，销售假冒注册商标的商品虽非自己生产，但其行为使假冒他人注册商标的商品直接流向消费者，危害了消费者的利益，该罪的犯罪对象是假冒注册商标的商品，且所涉商品多属伪、劣、次甚至有害物品；最后犯罪客观要件为行为人实施了故意销售假冒注册商标的商品，且数额较大的行为。具体到本案中，被告人李燕某具有完全的刑事责任能力，明知自己销售的是假冒注册商标的商品，仍然违反国家商标法的规定，非法销售了假冒注册商标的日化商品，且货值金额巨大，其行为已构成《中华人民共和国刑法》第二百一十四条规定的销售假冒注册商标的商品罪。

三、假冒注册商标的商品罪中市场中间价的确定依据

销售金额是指销售者出售假冒他人注册商标的商品没有扣除成本、税收等的违法收入。如假冒他人注册商标的商品尚未卖出就被查获，则按标价或者已经查清的侵权产品的实际销售平均价格计算销售金额。最高人民法院、最高人民检察院《关于办理侵犯知识产权刑事案件具体应用法律若干问题的解释》第二条规定：销售明知是假冒注册商标的商品，销售金额在五万元以上的，属于刑法第二百一十四条规定的“数额较大”，应当以销售假冒注册商标的商品罪判处三年以下有期徒刑或者拘役，并处或者单处罚金。销售金额在二十五万元以上的，属于刑法第二百一十四条规定的“数额巨大”，应当以销售假冒注册商标的商品罪判处三年以上七年以下有期徒刑，并处罚金。由此规定说明，销售明知是假冒注册商标的商品，是以销售金额来确定是否构成犯罪的标准。换言之，销售金额在五万元以上的是入罪标准，销售金额在二十五万元以上的，将被判处三年以上七年以下有期徒刑，并处罚金。最高人民法院、最高人民检察院《关于办理侵犯知识产权刑事案件具体应用法律若干问题的解释》第十二条规定：本解释所称“非法经营数额”，是指行为人在实施侵犯知识产权行为过程中，制造、储存、运输、销售侵权产品的价值。已销售的侵权产品的价值，按照实际销售的价格计算。制造、储存、运输和未销售的侵权产品的价值，按照标价或者已经查清的侵权产品的实际销售平均价格计算。侵权产品没有标价或者无法查清其实际销售价格的，按照被侵权产品的市场中间价格计算。由此说明，未销售的侵权产品的价值，按照标价或者已经查清的侵权产品的实际销售平均价格计算。具体到本案中，李燕某被公安机关缴获的假冒注册商标的日化用品属未销售产品，其在销售假冒注册商标的日化产品时，既未提供进货单据，又无法证明实际对外销售价格，故法院以被害单位出具的被侵权产品的批发价格确定为市场中间价。

四、假冒注册商标的商品刑事责任的承担

我国刑法规定：销售明知是假冒注册商标的商品，销售金额数额巨大的，处三年以上七年以下有期徒刑，并处罚金。已经着手实行犯罪，由于

犯罪分子意志以外的原因而未得逞的，是犯罪未遂。对于未遂犯，比照既遂犯从轻或者减轻处罚。犯罪以后自动投案，如实供述自己的罪行的，是自首，对于自首的犯罪分子，可以从轻或者减轻处罚。最高人民法院、最高人民检察院、公安部《关于办理侵犯知识产权刑事案件适用法律若干的问题的意见》规定：销售明知是假冒注册商标的商品尚未销售，货值金额达到25万元以上的，以销售假冒注册商标的商品罪（未遂）定罪处罚。具体到本案中，公安机关从被告人李燕某处缴获的假冒注册商标的日化用品，均系待售产品，其行为属犯罪未遂，应依法从轻处罚。公安机关电话传唤李燕某到案接受调查后，李燕某能主动到案并如实供述自己的犯罪事实，属自首，可对其依法减轻处罚。根据被告人李燕某的犯罪事实、性质、情节以及社会危害程度，依照我国刑法、最高人民法院、最高人民检察院《关于办理侵犯知识产权刑事案件具体应用法律若干问题的解释》的相关规定，法院遂对被告人李燕某以犯销售假冒注册商标的商品罪（未遂）定性，并判处有期徒刑二年，处罚金人民币二十万元。

（姚建军　作者单位：陕西省西安市新城区人民法院）

12

生产、销售未经3C认证的假冒注册商标商品应当如何定罪？

——何某等假冒注册商标、销售假冒注册商标的商品案

【案号】

一审：(2014) 鄂随州中刑初字第00019号

二审：(2015) 鄂知刑终字第00002号

【裁判要旨】

伪劣产品的判断标准是基本使用性能的实质性判断，而不是依据3C认证等生产、经营资质的形式要件进行判断。3C认证是企业生产能力的认证，不代表个别产品质量的认证，涉案产品是否属于伪劣产品不能按照有无3C认证等生产、经营许可资质作形式判断。

非法经营罪中的违反国家规定，是指违反全国人民代表大会及其常务委员会制定的法律和决定，国务院制定的行政法规、规定的行政措施、发布的决定和命令。对于违反地方性法规、部门规章的行为，不能认定为违反国家规定。

生产、销售未经3C认证的假冒注册商标商品，在不能确定涉案产品系伪劣产品，且该行为不属于违反国家规定的非法经营行为的情况下，对于未经许可使用注册商标的行为和销售假冒注册商标商品的行为，应当分别以假冒注册商标罪和销售假冒注册商标的商品罪定罪处罚。

【案情介绍】

公诉机关：湖北省随州市人民检察院。

被告人（二审上诉人）：何某、宋某文、徐某万、汪某、陈某。

被告人：龚某阳。

湖北省随州市人民检察院于2014年8月22日提起公诉，指控被告人何某犯销售假冒注册商标的商品罪及生产、销售伪劣产品罪，被告人汪某、陈某犯销售假冒注册商标的商品罪及销售伪劣产品罪，被告人徐某万、龚某阳、宋某文犯销售假冒注册商标的商品罪。

法院审理查明：2010年4月19日，何某与襄阳新中昌专用汽车有限公司（以下简称新中昌公司）签订租赁合同，租赁新中昌公司的生产车间用于生产、改装消防车及其它专用汽车。宋某文原系武汉汽车改装厂员工。武汉汽车改装厂于2005年1月注册“云鹤”牌商标，宋某文在该厂工作期间负责“云鹤”牌合格证的保管与打印。2010年，宋某文辞去武汉汽车改装厂的工作，将自己保管的没有上交的30份“云鹤”牌无纸张编号的整车出厂合格证卖给何某。2010年3月至2012年4月，何某伙同汪某、徐某万、陈某、龚某阳等人向云南、辽宁、四川、河北、江苏、山东、广东、福建等地销售假冒武汉汽车改装厂“云鹤”牌整车出厂合格证及无整车出厂合格证的消防车共计55辆，销售金额1599.54万元（人民币，下同）。其中，何某伙同龚某阳从河南购买假冒“云鹤”牌消防车1辆销往贵州，销售金额39.98万元；何某在未取得生产、改装消防车3C认证的资质及销售消防车的行政许可情况下，私自生产、改装消防车54辆，宋某文帮助何某在合格证上打印信息参数生产、销售假冒注册商标的不合格消防车8辆，销售金额累计达461.3万元；汪某伙同销售5辆，销售金额共计231.34万元（其中假冒“云鹤”牌3辆，销售金额166.8万元；无合格证2辆，销售金额64.54万元）；徐某万伙同销售假冒“云鹤”牌4辆，销售金额249万元；陈某伙同销售4辆，销售金额60.5万元（其中假冒“云鹤”牌3辆，销售金额47.7万元；无合格证1辆，销售金额12.8万元）。

【裁判结果】

湖北省随州市中级人民法院经审理认为：被告人何某在未取得生产、经营许可及产品检验合格证明的情况下，以不合格产品冒充合格产品大量生产、销售未按国家规定进行强制性认证（即3C认证）的产品即消防车，同时伙同被告人龚某阳购买明知是假冒他人商标的不合格消防车进行销售，其行为构成生产、销售伪劣产品罪。被告人何某系主犯，被告人宋某文系从犯，构成生产、销售伪劣产品罪，被告人徐某万、汪某、陈某、龚某阳系从犯，构成销售伪劣产品罪。据此，判决：一、何某犯生产、销售伪劣产品罪，判处有期徒刑十五年，并处罚金八百万元。二、宋某文犯生产、销售伪劣产品罪，判处有期徒刑十年，并处罚金二百三十万元。三、徐某万犯销售伪劣产品罪，判处有期徒刑十年，并处罚金一百二十五万元。四、汪某犯销售伪劣产品罪，判处有期徒刑七年，并处罚金一百二十万元。五、陈某犯销售伪劣产品罪，判处有期徒刑三年，并处罚金三十万元。六、龚某阳犯销售伪劣产品罪，判处有期徒刑一年，缓刑一年，并处罚金二十万元。

湖北省高级人民法院二审认为，根据我国刑法、产品质量法及相关司法解释的规定，伪劣产品的判断标准是实质性的判断，而不是依据生产、经营的资质及产品合格证明等形式要件进行判断。3C 认证是企业生产能力的认证，不代表个别产品质量的认证，涉案消防车是不是伪劣产品不能按照有无生产、经营许可资质及 3C 认证作形式判断。涉案 55 辆消防车中的 16 辆系假冒注册商标的商品，公诉机关指控何某伙同汪某、陈某等销售的另外 39 辆无商标及整车出厂合格证消防车属于伪劣产品，因证据不足，不予认定。据此，判决：一、撤销湖北省随州市中级人民法院（2014）鄂随州中刑初字第 00019 号刑事判决。二、何某犯假冒注册商标罪，判处有期徒刑七年，并处罚金三百五十一万元；上诉人何某犯销售假冒注册商标的商品罪，判处有期徒刑三年，并处罚金二十万元；决定执行有期徒刑十年，并处罚金三百七十一万元。三、宋某文犯假冒注册商标罪，判处有期徒刑五年六个月，并处罚金二百三十万元。四、徐某万犯销售假冒注册商标的商品罪，判处有期徒刑四年六个月，并处罚金一百二十五万元。五、汪某犯销售假冒注册商标的商品罪，判处有期徒刑四年，并处罚金八十四万元。六、陈某犯销售假冒注册商标的商品罪，判处有期徒刑三年，并处罚金二十四万元。七、龚某阳犯销售假冒注册商标的商品罪，判处有期徒刑一年，缓刑一年，并处罚金二十万元。

【法官评析】

在破坏社会主义市场经济秩序罪案件的司法实践中，生产、销售伪劣产品罪往往与非法经营罪、假冒注册商标罪、销售假冒注册商标的商品罪相互交织。犯罪分子在未取得 3C 认证等生产、经营资质的情况下，为了销售涉案产品，经常冒用他人 3C 认证资质或名牌商品的注册商标。生产、销售未经3C认证的假冒注册商标商品的罪名应当如何确定，成为刑事审判工作中的一个难点。本案是一起无证生产消防车的重大刑事案件，涉案消防车数量多达55辆，销售金额高达1599.54万元，涉及罪与非罪的界定、此罪与彼罪的区分、一罪与数罪的确定等典型法律适用问题。

一、未经3C认证的产品是否属于伪劣产品

“中国强制性认证”的英文全称是“China Compulsory Certification”，其英文缩写为“CCC”，通常简称为3C认证。对于行为人生产未经3C认证的产品是否构成生产伪劣产品罪的问题，在司法实践中存在两种截然相反的意见。

一种意见认为，我国《实施强制性产品认证的产品目录》中的产品属于涉及国家安全、人体健康和安全或者是环境保护的特种产品，行为人在未取得3C认证资质的情况下，其产品的质量无法得到保障。我国刑法规定的生产、销售伪劣产品罪既包括形式要件又包括实质要件，在涉案产品不符合3C认证的形式要件的情况下，无需经过司法鉴定对产品质量进行实质性判断，即可认定涉案产品为伪劣产品。

另一种意见认为，未经3C认证的产品并不一定都是存在质量问题的伪劣产品，按照《最高人民法院 最高人民检察院关于办理生产、销售伪劣商品刑事案件具体应用法律若干问题的解释》第一条的规定，对于刑法第一百四十条规定的“在产品中掺杂、掺假”“以假充真”“以次充好”或“以不合格产品冒充合格产品”等伪劣产品的构成要件难以确定的，应当委托法律、行政法规规定的产品质量检验机构进行鉴定，由此可见，刑法及相关司法解释对伪劣产品的判断标准是实质性的判断，而不是依据生产、经营的资质及产品合格证明等形式要件进行判断。

笔者赞同上述第二种意见，具体理由如下：

第一，3C认证等生产、经营资质等形式要件不能证明涉案产品是否属于伪劣产品。从3C认证的过程来看，3C认证是由国家主管部门经过随机抽取产品，对安全、环保等方面进行测试，达标了就发认证。3C认证是对企业整体生产能力的认证，不是对每个产品质量逐一进行的检测认证，企业有能力生产不代表生产的产品是合格的。由此可见，通过 3C 认证的企业生产的产品不一定都是合格产品，反之，未经 3C 认证的企业生产的产品并非全是不合格产品。

第二，伪劣产品的判断标准是基本使用性能的实质性判断。我国产品质量法和《最高人民法院 最高人民检察院关于办理生产、销售伪劣商品刑事案件具体应用法律若干问题的解释》规定的“使用性能”的判断标准，应当是一种实质性的判断，而不是依据某种外部形式要件进行的推定。不仅如此，判断涉案产品是否属于伪劣产品的“使用性能”还应当是“基本使用性能”。以本案消防车产品为例，如果涉案消防车仅仅存在车灯不亮、电瓶故障、油漆不均匀等局部的质量问题，那么车辆部件的故障问题不代表整车属于缺乏基本使用性能的伪劣产品。

第三，“假冒而不伪劣”的产品不属于伪劣产品。“假冒”产品的范围比较广泛，既包括假冒他人商标、专利、商品名称、企业名称、包装装潢等辨识标志，也包括假冒 3C 认证等生产、经营资质，还包括假冒产品合格证等交易文书。“伪劣”产品主要是指不具备被冒充产品的基本使用性能。由此可见，假冒产品和伪劣产品有着本质的区别，“假冒而不伪劣”的产品，即虽有假冒行为但具备被冒充产品基本使用性能的产品，不能认定为伪劣产品。

第四，涉案产品质量是否符合标准难以确定的，应当委托产品质量检验机构进行司法鉴定。任何产品的基本使用性能都有一个标准，但涉案产品是否符合质量标准，是认定伪劣产品的关键。涉案产品是否存在质量问题，如果属于依据日常生活经验难以判断的专业技术性事项，则需要进行专业判断，应当在案件侦查阶段进行司法鉴定。

二、非法经营行为是否构成非法经营罪的认定标准

从词义来看，“非法经营行为”中的“法”，是指广义的“法律”，可以说，违反上述法律规定的经营行为，都属于非法经营行为。但是，并非所有的非法经营行为都构成非法经营罪，一般非法经营行为并不构成犯罪。关于非法经营罪与一般非法经营行为的界限，在笔者看来，与“非法经营行为”中的“法”不同的是，“非法经营罪”中的“法”有明确的界限，按照刑法第二百二十五条的规定，违反国家规定，是构成本罪的前提。

在司法实践中，大量的非法经营行为违反的是部门规章。以本案为例，关于汽车企业生产资格和组装、拼装汽车的管理性规范，主要体现在工业和信息化部、国家发展和改革委员会《汽车产业发展政策》之中。显而易见的是，无论《汽车产业发展政策》还是国家质量监督检验检疫总局的《强制性产品认证管理规定》，都不是刑法意义上的“国家规定”。《国务院对确需保留的行政审批项目设定行政许可的决定》［国务院令（第412号）］的附件“国务院决定对确需保留的行政审批项目设定行政许可的目录”中，只有“核电站建设消防设计、变更、验收审批”和“铁路工程建设消防设计审批”两项与消防相关的项目，也不包括消防车。因此，在不违反国家规定的情况下，生产、销售未经3C认证的商品并不构成非法经营罪。

三、假冒注册商标罪和销售假冒注册商标的商品罪的界限

我国刑法将未经注册商标所有人许可在同一种商品上使用与其注册商标相同商标的行为和销售明知是假冒注册商标的商品的行为作为两个罪名进行了明确区分，此即刑法第二百一十三条规定的假冒注册商标罪和刑法第二百一十四条规定的销售假冒注册商标的商品罪，这涉及以下几个方面的法律适用问题。

首先，关于在商品上使用商标与在合格证上使用商标的关系。本案中，涉案消防车的车辆上并未使用“云鹤”注册商标，而是在部分随车销售的整车出厂合格证上印刷有“云鹤”注册商标。本案的问题是，在产品合格证上印刷注册商标是否属于“使用”商标的行为？商标法及相关司法解释对于“使用”商标的规定是基本一致的，用于识别商品来源的商标使用行为包括四种情况，一是将商标用于商品、商品包装或者容器上，二是将商标用于产品说明书、商品交易文书上，三是将商标用于广告宣传、展览等活动中，四是将商标用于其他商业活动中。结合本案来看，涉案消防车的合格证显然属于商品交易文书的范畴，因此，在合格证上使用商标与在商品上使用商标具有相同的识别商品来源的作用，均属于使用商标的行为。

其次，关于“使用”与“销售”的区别。刑法第二百一十三条规定的“使用”行为与刑法第二百一十四条规定的“销售”行为有着本质的区别。笔者认为，刑法第二百一十三条规定的“使用”不仅包括生产环节的使用商标行为，而且包括在商品宣传等宣传环节的使用商标行为，而刑法第二百一十四条规定的“销售”则相对比较单一，主要是指卖出商品的经营活动。

再次，关于此罪与彼罪的界限。未经注册商标所有人许可，在同一种商品上使用与其注册商标相同的商标，情节严重的，构成假冒注册商标罪。销售明知是假冒注册商标的商品，销售金额数额较大的，则属于销售假冒注册商标的商品罪。生产、销售未经 3C 认证的假冒注册商标商品，在不能确定涉案产品系伪劣产品，且该行为不属于违反国家规定的非法经营行为的情况下，对于未经许可使用注册商标的行为和销售假冒注册商标商品的行为，应当分别以假冒注册商标罪和销售假冒注册商标的商品罪定罪处罚。

最后，关于一罪与数罪的确定。本案中，假冒注册商标的涉案消防车共有 16 辆，其中，15 辆消防车系何某生产、改装，另有 1 辆消防车系何某伙同龚某阳从河南购买并加价后销售给客户。何某生产、改装 15 辆假冒注册商标的消防车并予以销售的行为，属于牵连犯，应当以假冒注册商标犯罪定罪，其销售他人生产、改装的 1 辆假冒注册商标的消防车的行为，构成销售假冒注册商标的商品罪，应当实行数罪并罚。

（童海超　作者单位：湖北省高级人民法院）

13

APP 标识是否构成商标侵权的判定标准

——徐州好利维尔科技发展有限公司诉北京农管家科技有限公司侵害商标权纠纷案

【案号】

一审：(2015) 徐知民初字第 337 号

二审：(2017) 苏民终 1982 号

【裁判要旨】

在 APP 使用的标识与他人注册商标构成近似的情况下，是否侵害他人注册商标专用权，应当综合考虑以下因素加以认定：1. 二者使用的商品或服务类别是否相同或类似；2. 涉案注册商标的显著性和知名度；3. 被告是否具有攀附他人注册商标商誉的主观恶意。

【案情介绍】

徐州好利维尔科技发展有限公司（简称好利维尔公司）成立于 2006 年 6 月 5 日，于 2009 年 10 月申请并于 2011 年 3 月取得第 7770826 号注册商标，核定使用商品为第 9 类，即已录制的计算机操作程序。注册有效期至 2021 年 3 月 20 日。

2009 年至 2015 年，好利维尔公司的“农管家”智能化大棚项目获得三项政府补贴。2012 年，其委托案外人生产“农管家”牌单模光纤收发器、切换器、智能卡。至 2015 年 3 月，徐州地区有三个工程安装“农管家”品牌智能小区系统管理软件及配件。

2014 年 6 月 18 日，北京农管家科技有限公司（简称北京农管家公司）确定作为其 LOGO。6 月 23 日，北京农管家公司成立，注册资本 1500 万元。2015 年 6 月 29 日，其以无正当理由连续三年不使用为由申请撤销好利维尔公司涉案注册商标，2016 年 3 月 31 日，该撤销申请被商标局驳回。

2015 年 1 月至 10 月，北京农管家公司在第 35、36、41、42、44、9 类商品上申请注册商标，后在第 36、41、44、42 类上获准注册，因好利维尔公司提出异议，均在申请无效宣告中。

2014 年 12 月 18 日，北京农管家公司开始开发“农管家”APP。2015 年 7 月 3 日，该公司员工朱昌霖开发完成“农管家软件（简称：农管家）V2.0”，后取得计算机软件著作权登记证书。

2015 年，北京农管家公司与哈尔滨某公司就共建肥料供应链金融体系事项合作，参加了央视金桥公司举办的“2015 农产品与农业产业发展论坛”，与百度公司签订《百度推广服务合同》，与某广告公司签订《公关服务合同》；数家报纸杂志对其宣传报道。

2015 年 10 月 27 日，好利维尔公司申请证据保全，公证书载明：在百度页面搜索栏中输入“农管家”，点击“农管家 - 创新农业互联网”链接，进入“APP 下载”页面，可见以及“创新农业供应链互联网服务平台”等。在百度百科搜索“农管家”词条，显示：“软件名称 农管家”、“开发商 北京农管家科技有限公司”“软件平台 Android 软件版本 V2.1”，并载明：“农管家 APP 是服务现代农业生产 APP，它把传统的农技服务与移动互联网结合起来，建立了种植户与专家对话的平台。专家和普通的种植户可以在 APP 上自由问答，搭建自己的交流圈子，后期还可以帮助经营主体管理社员，组织农业生产活动等等”，“主要功能”为“课程功能：用户可观看南北方多种农作物，农药、种子和施肥技术指导，以及政策资讯解读视频；群组功能：用户可自由创建、添加群组，组建自己的交流圈子；问答功能：用户可实时在线解答平台里的各种问题，并可以提问问题”。在百度图片中搜索“农管家”，显示和。

好利维尔公司以北京农管家公司在APP名称以及企业名称中使用“农管家”侵犯其注册商标专用权为由，向江苏省徐州市中级人民法院提起诉讼，请求判令北京农管家公司停止侵权行为并赔偿经济损失50万元。

【裁判结果】

一审法院经审理认为：一、北京农管家公司的APP名称为公司LOGO+中文名称“农管家”的组合，能够清晰地表达农业服务互联网平台的含义，具有较强的显著性，虽与涉案商标呼叫相同，但二者本身区别明显。好利维尔公司主营计算机软件设计、智能化成套控制装置系统设计等业务，服务对象为有软件或者中控系统开发及安装需求的客户，与涉案商标核定使用商品类别一致。“农管家”APP服务现代农业生产，建立种植户与专家对话平台。二者属不同的商品或服务的类别。好利维尔公司收益来自销售及安装“农管家”品牌的软件及系统，北京农管家公司以向农户提供金融贷款、农技培训及产品销售等获利。综上，北京农管家公司的APP在服务方式、对象及内容上均与涉案商标核定使用的商品类别不相同或类似，故其在APP名称上使用“农管家”不侵害涉案注册商标专用权。

二、北京农管家公司对企业名称的使用规范、合理，并非商标性使用，且其在第36类等类别上有农管家商标。好利维尔公司主张北京农管家公司的企业字号侵犯其涉案注册商标专用权无事实和法律依据。

据此，一审法院判决：驳回好利维尔公司的诉讼请求。

好利维尔公司不服一审判决，向江苏省高级人民法院提起上诉，认为：1. 北京农管家公司在APP上使用的图标显著性不强、知名度不高，文字标识“农管家”与涉案商标文字相同，而起到识别商品来源作用的恰恰为“农管家”，二者构成近似。2. APP为应用程序，涉案商标为第9类01组“计算机软件”，二者属同一类别。3. 北京农管家公司购买涉案商标不成，申请“撤三”后，又在APP上使用“农管家”标识，主观存在恶意。

二审法院认为：一、根据《商标法》规定，认定北京农管家公司在

APP 上使用“农管家”标识是否侵害好利维尔公司涉案注册商标专用权，应从以下几个方面考虑：

首先，从标识本身来看。被控 APP 标识为即+“农管家”的组合，其文字部分“农管家”与好利维尔公司的商标文字部分完全相同，而起到识别商品来源作用正是“农管家”文字标识，故该标识与涉案商标构成近似。

其次，从商品或服务类别的相似性来看。APP 根据用途可分为两类，一类是软件企业向相关公众提供的计算机程序，用户下载、安装后通过使用其作为计算机程序所具有的功能性特征来解决某一方面的使用需求，此类 APP 应归入第 9 类商品。另一类 APP 是相关企业向用户提供商品、服务的平台或工具，跨越了第 9 类，与其所提供的商品或服务类别发生重合，“农管家”APP 属第二类。对此类 APP 与涉案商标核定使用的商品或类别是否相同或类似作出判断时，主要应考虑经营者通过其向相关公众提供的商品或服务的类别。

本案中，涉案商标核定使用的商品类别为第 9 类。北京农管家公司虽然开发并在手机应用商店上架了“农管家”APP，但其并未将 APP 作为一种软件产品向用户出售，用户下载安装无需支付任何对价，其也不通过该 APP 向相关公众销售计算机软件或提供软件系统的开发及安装等服务，而是通过该 APP 提供农业金融、农业技术咨询等方面服务，且北京农管家公司在第 36 类金融服务等、第 44 类动物养殖、植物养护等服务类别上已分别注册了“农管家”商标。故不能仅因北京农管家公司使用了 APP 移动应用程序，就将其归入第 9 类商品，该 APP 系北京农管家公司为农民提供农业金融、技术等相关服务的工具，其所属的服务的类别与好利维尔公司涉案注册商标核定使用的商品类别具有明显区别，并不属于类似商品或服务。

再次，从涉案注册商标的显著性和知名度的角度来看。涉案商标知名度较低，影响力主要及于徐州地区，也未积累较高的商誉。北京农管家公司在 APP 上使用“农管家”标识与涉案注册商标造成混淆的可能性极低。

最后，从北京农管家公司的主观故意方面考虑。北京农管家公司使用“农管家”标识，主要是因该词直接描述、指示了该款APP的功能用途和服务内容，并非为了攀附涉案商标的商誉，攫取不正当利益。

综上，北京农管家公司在APP上使用的标识虽与好利维尔公司的涉案注册商标构成近似，但因其提供的服务与涉案注册商标核定使用的商品类别并不类似，不会造成相关公众的混淆和误认，故并不侵害涉案注册商标专用权。

二、关于北京农管家公司在企业名称中使用“农管家”是否侵害好利维尔公司注册商标专用权的问题。

根据《最高人民法院关于审理商标民事纠纷案件适用法律若干问题的解释》第一条第（一）项规定：将与他人注册商标相同或者相近似的文字作为企业的字号在相同或者类似商品上突出使用，容易使相关公众产生误认的，属于给他人注册商标专用权造成其他损害的行为。好利维尔公司主张北京农管家公司在企业名称中使用“农管家”侵犯其涉案商标专用权，根据前述分析，北京农管家公司在APP上使用“农管家”标识并不侵害好利维尔公司涉案注册商标专用权，且除该行为外，好利维尔公司并未举证证明北京农管家还存在其他将与好利维尔公司注册商标相同的文字作为企业的字号在其他相同或者类似商品上突出使用的行为。因此，好利维尔公司的该主张缺乏事实和法律依据，不能成立。同时，二审法院指出，在北京农管家公司已开发、运营“农管家”APP的情况下，好利维尔公司亦可开发、运营以“农管家”命名的APP，好利维尔公司使用其注册商标的权利不受影响或限制。

综上，二审法院认为好利维尔公司的上诉理由不能成立，故判决：驳回上诉，维持原判。

【法官评析】

互联网经济下，越来越多的经营者开始借助 APP 等移动应用程序作为对接通信技术、拓展销售渠道、实现资源整合的工具，用于发展不同于传统行业的新型产业模式。在处理此类涉及新技术与新商业模式融合的知识产权纠纷时，要以有利于促进创新、有利于公平竞争、有利于消费者长远利益为指引，慎重对待，妥善运用法律制度中的保护限制和例外，合理确定法律权利和责任的边界，依法维护善意使用者的市场交易安全，降低创新者的法律风险。

根据《商标法》规定，确认是否侵犯注册商标专用权，应考虑被控侵权商品使用的商标或标识与注册商标的相似度，二者使用商品或服务的相似度，以及二者共存是否容易引起相关公众主观上对来源的混淆误认。本案不同于一般的商标侵权案件，争议焦点是 APP 上使用的标识是否侵害他人注册商标专用权。为此，二审法院在审理过程中对以下问题进行了探讨。

首先对 APP 的性质、APP 标识的性质进行了分析。APP 是 APPlication 的简称，指能够下载、安装、使用在电脑及智能手机里的应用程序软件，用于完善原始程序的不足与个性化，故从 APP 本身来说其应属于《类似商品和服务区分表》0901 群组“计算机程序、可下载软件”商品。APP 标识通常由文字、图形或二者组合而成，代表不同的开发商和所提供的商品或服务。APP 被开发者上传至应用商店，用户通过 APP 标识来区分其来源及所提供商品或服务，下载后手机中会显示相应标识。故 APP 标识从构成要素、使用形式及展现位置来看，具有能够区分商品或服务来源的作用，可认定为《商标法》第八条中区分商品或服务来源的标志。

二审法院根据 APP 具体用途将其分为两类，一类是软件企业向相关公众提供的计算机操作程序，用户下载、安装此类 APP 的目的是通过使用其作为计算机程序所具有的功能性特征来解决某一方面的使用需求，如输入法、浏览器、图片编辑、文字处理等功能，此类 APP 在商品类别上可归入第 9 类计算机操作程序。另一类 APP 则是企业向相关公众提供商品或服务的平台或工具，对于相关公众来说，其下载、安装、使用 APP 的目的在于以 APP 作为平台或媒介来接受相关经营者提供的商品或服务，是互联网环境下新的商业模式。因此，与传统商品或服务类别的区分不同，APP 兼具商品和服务的双重属性。尤其是前述的第二类 APP 跨越了第 9 类计算机操作程序，又与其具体用途所提供的商品或服务类别发生重合。故在划分 APP 商品和服务的类别时，既要考虑计算机应用程序的性质，还要考虑其提供的商品或服务的类别，才能对其所属商品或服务的类别作出科学、合理的判断。

同时，二审法院也注意到，在认定商标侵权时请求保护的注册商标本身的显著性和知名度是必须要考虑的因素。注册商标的显著性越高，造成混淆的可能性就越大。反之，造成混淆的可能性就越小。涉案注册商标应受保护的商品和服务范围及强度应与其商标的知名度大小相适应，不能无限制扩大。此外，还必须考虑 APP 运营者的使用意图，有无攀附注册商标的商誉，攫取不正当利益的目的，既要保护因对商标的使用而积累了较高商誉的经营者利益，同时，也要防止商标抢注行为和搁置、浪费商标资源的情况发生。

本案有一个值得关注的细节，北京农管家公司在与好利维尔公司商谈购买涉案注册商标不成的情况下，对涉案注册商标提起“撤三”申请。好利维尔公司主张，该行为恰恰体现了北京农管家公司主观上具有侵权的恶意。对于该行为是否影响商标侵权的认定，存在两种观点。观点一：在北京农管家公司不侵权的前提下，对“撤三”行为不应作负面评价。主要理由是：北京农管家公司在不确定其是否有权使用涉案 APP 标识的情况下，针对涉案注册商标商谈购买、提起“撤三”，均系市场行为，并无不当。观点二：北京农管家公司申请“撤三”行为反映其主观上具有商标侵权的恶意。这种观点认为，相较于此前北京法院审理的滴滴商标侵权纠纷案，小桔公司“滴滴打车”APP 上线时间早于睿驰公司涉案商标注册时间，小桔公司系在先使用“滴滴打车”图文标识，故法院判决其不构成侵权具有正当性。而本案情形不同，北京农管家公司明知“农管家”系好利维尔公司注册商标，为达到使用目的，先对该商标申请“撤三”，后在 APP 上直接使用，还在第 9 类上申请注册，反映其存在侵权的主观恶意。最终，二审法院采纳了第一种观点，认为好利维尔公司的涉案商标虽然注册在先，但因该公司规模较小，商标使用范围有限，显著性和知名度均不高，也无证据证明其已积累较高的商誉。而北京农管家公司虽是在好利维尔公司注册涉案商标后，开发、运行“农管家”APP，但其通过自己的经营，也获得了一定范围内相关公众的认可，且相关公众也不会误认为“农管家”APP 系来源于好利维尔公司，北京农管家主观上不具有攀附好利维尔公司商誉、攫取不正当商业利益的意图。故北京农管家公司申请“撤三”行为虽有不妥，但尚不足以影响本案关于不侵犯商标权的认定，故不能以此事实认定其具有侵权的主观恶意。

此外，好利维尔公司提起本案诉讼亦有以下担心，即北京农管家公司已在 APP 上使用了“农管家”标识，可能导致其作为注册商标专用权人今后无法使用“农管家”名称来开发、运营自己的 APP。对此，二审法院认为，在当前“互联网 +”的时代背景下，各行各业均借助互联网平台开发移动应用程序，进行资源整合和业务扩展，故对相关企业的发展均应预留一定的空间。具体而言，即使某一企业在第 9 类“计算机操作程序”商品上完成了商标注册，并不能当然排除他人借助移动应用软件使用与该商标相同或近似名称进行与该商标核定使用的商品或服务不同类别的经营。同理，某一企业通过使用某一名称的 APP 向相关公众提供某类商品或服务后，亦不能当然排除其他在第 9 类“计算机操作程序”商品上享有注册商标专用权的企业开发使用相同名称的 APP 延伸自己的服务范围。故好利维尔公司亦同样可以开发使用以“农管家”命名的 APP，其合理延伸使用自身在第 9 类“计算机操作程序”商品上的注册商标权利，不受影响或限制。

（史蕾　作者单位：江苏省高级人民法院）

14

平面商标立体化使用后商标使用的判断

——全星公司诉福源诺诚公司侵犯商标权案

【案情介绍】

原告全星公司在中国对图形商标享有注册商标专用权。原告是一家依据荷兰法律成立并有效存续的有限合伙公司，隶属于全球最大的运动产品供应商和销售商耐克集团，是CONVERSE/匡威品牌在中国的合法商标持有人，其产品涉及运动休闲服装、鞋、帽、袜等。原告所有的CONVERSE/匡威品牌拥有100多年历史，于1993年正式登陆中国大陆。截至2016年12月，原告在全国31个省、自治区、直辖市开设的CONVERSE/匡威专卖店已达到上千家。该款鞋产品图形已经由康沃斯公司于2009年1月23日申请商标注册，于2011年4月14日核准注册在国际分类第25类“服装，鞋，游泳衣，防水服，足球鞋，袜，围巾”等商品上，注册号为第7182194号，后于2014年2月6日转让至原告。原告对第7182194号图形商标（以下简称涉案商标）依法享有注册商标专用权，受中国法律保护。未经原告许可，被告在其天猫商城网店销售、宣传推广与原告注册商标近似的鞋产品，极易造成消费者的混淆和误认，侵犯了原告的注册商标专用权。原告发现，被告在其经营的名为“香堤嘉妮旗舰店”的天猫商城网店（http：//xiangdijiani. tmall. com）上销售的鞋产品（以下简称被控侵权产品）与原告享有注册商标专用权的第7182194号图形商标在构成元素、细节造型设计特征以及整体视觉效果上极为近似，极易造成消费者的混淆和误认，构成对原告第7182194号图形注册商标专用权的侵犯。被告还在对其销售的被控侵权产品宣传中，使用诸如“本款为最经典的帆布鞋，俗称‘赛匡威’”“可媲美知名品牌某威的品质，众多买家的选择，证明一切!”“3 次硫化技术，多次刷将工艺，全面提升质量！正品保障，假一罚十!”等宣传语，意欲搭借原告 Converse Chuck Taylor All Star 鞋产品的高知名度和影响力，诱导消费者进行购买，侵权故意明显。全星公司向法院起诉，请求判令被告立即停止侵权、消除影响并赔偿原告经济损失及调查费、公证费、翻译费等合理费用共计 50 万元。

【裁判结果】

本案中，原告全星公司于 2014 年经受让取得了涉案第 7182194 号“”图形商标的注册商标专用权，核定使用在国际分类第 25 类鞋等商品中，该商标在有效期内，原告对该商标享有的注册商标专用权受到法律保护。《中华人民共和国商标法》第五十七条规定，未经商标注册人的许可，在同一种商品上使用与其注册商标近似的商标，或者在类似商品上使用与其注册商标相同或者近似的商标，容易导致混淆的，属于侵犯注册商标专用权的行为。福源诺诚公司在相同类别上使用与全星公司近似商标的行为，极易导致消费者对商品的来源产生混淆或误认，该行为侵害了全星公司涉案注册商标专用权，法院最终判决被告停止侵权并赔偿原告全星有限合伙公司（ALL STAR C. V.）经济损失及合理开支合计 398430. 4 元。

【法官评析】

本案的主要争议焦点为平面商标立体化使用时商标意义上的使用的判断。

商标权人获取的是对其依法享有的注册商标使用在特定商品或者类别上的专有权，即在核准商品或者服务上的专有使用权以及排除他人在相同或者类似商品上使用的禁止性权利，商标权人无权禁止非商标意义上的使用行为。因此，判断商标侵权行为应当以在商标意义上使用相同或者近似商标为条件。

一、商标意义上使用的判断

从通常情况下，商标用于商品体现为商标贴附于商品之上，从而将商品与商标进行了物理上的分离，而本案的特殊之处在于鞋形商标覆盖了鞋商品一个侧面，使鞋形商标看似与鞋商品本身难以分离。因此本案并非简单判定某种标识是否为商标，而是判断将他人的平面注册商标用作商品外形的立体化使用行为是否为商标意义上的使用行为。

首先，从商标的本质理解商标意义上的使用。商标是商品或服务的提供者为了将自己的商品或服务与他人提供的同种或类似商品或服务相区别而使用的标记，即商标是标识和区分商品来源的符号。《中华人民共和国商标法》第八条规定："任何能够将自然人、法人或者其他组织的商品与他人的商品区别开的标志，包括文字、图形、字母、数字、三维标志、颜色组合和声音等，以及上述要素的组合，均可以作为商标申请注册。"从该条规定来看，我国商标法对能够作为商标申请注册的标识，着眼于能够"与他人的商品区别开"这一特征，无论是文字商标、图形商标、三维标志、颜色等商标，其价值体现于对商品或者服务的区分和识别所起到的功能。因此，商标是一种能够指示商品或者服务来源，起到区分作用的符号。该"符号"应是其能指、所指和对象的三元结构总和，即应使相关公众在视觉上感知到某一"符号"时能产生对相应商品或服务的联想。商标的最终价值来源于商业活动，故不应将商标这一"标识"单纯理解为"贴附之物"，应抽象地理解法律保护的是商标作为符号的识别来源之功能。

其次，在商标标识与商品难以物理分离的情况下，应以能够识别商品来源判定某种标识的使用行为系商标性使用。《中华人民共和国商标法》第四十八条规定，商标的使用是指将商标用于商品、商品包装或者容器以及商品交易文书上，或者将商标用于广告宣传、展览以及其他商业活动中，用于识别商品来源的行为。该款所称的"使用"行为将商标限定为"用于"商品中，而非要求必须物理分离，因此商标的使用不以商标标识和商品能否物理分离为必要条件。将平面商标立体化使用在某种商品上时，其本质上是将商标标识包含的二维形状、主要要素及其结合完整呈现在该商品上，并未改变商标标识本身，也未改变商标标识所起到的识别来源之功能。该商标标识所承载的识别来源的功能价值，扩展至该商标标识所覆盖的商品之中，从而使消费者在购买相关商品或享受相关服务时，能够自然联想至该商品或者服务的来源，即已实现了上述条款中所规定的商标使用的目的。可见，“贴附”只是商标使用的一种形式，并不是唯一形式，商标标识的使用应以能否达到识别商品或者服务来源的功能为准。只要能够实现商标之功能价值，即使看似无法从物理上对商标标识与商品进行区分，亦不影响对商标使用之判断。

再次，商标的使用人主观意图是发挥商标标识的识别功能。某种标识可能具有美学功能、实用功能、识别功能等，不能因某一标识具有美学功能、实用功能即作出否定其识别功能的结论，应当从商标使用人的主观意图判定，即商标的使用人有将该标识作为商标使用的意图，其主动地体现该标识识别来源的作用，具有发挥该标识识别来源、区分商品或者服务之意思表示。反之，如使用人仅为一般功能性或者为表现美感而使用某一标识，相关公众难以据此知晓该商品或者服务的来源，也就无法体现该标识的商标功能，此种使用方式不应认定为商标意义上的使用。

第四，相关公众认知其为商标标识的使用。相关公众在看到某一标识时，能够将该标识与商品或服务及其来源进行联想，也就是说对商标标识的该种使用方式已经将商标标识、商品或服务、商品或服务的来源方有机联系在一起，发挥了商标的功能性作用，该“使用”为商标意义上的使用。

最后，排除商标的合理使用。判定商标意义上的使用，还应当排除商标的合理使用行为，具体包含如下情况：1. 指示性使用，即在商业活动中，使用者为了说明有关的真实信息，在商品或服务上使用他人的商标的行为；2. 描述性使用，我国商标法中规定的注册商标中含有的本商品的通用名称、图形、型号，或者直接表示商品的质量、主要原料、功能、用途、重量、数量及其他特点，或者含有的地名，注册商标专用权人无权禁止他人正当使用，以及对于三维标志注册商标中含有的商品自身的性质产生的形状、为获得技术效果而需有的商品形状或者使商品具有实质性价值的形状，注册商标专用权人无权禁止他人正当使用；3. 其他合理使用的情况。前述商标的使用体现了商标的功能价值，商标的合理使用与之相对，因此合理使用人的主观意图应为“正当”，而非体现商标功能价值之使用。

综上，将平面商标立体化的使用在商品上的行为是否为商标意义上的使用行为，不应一概而论，应当从商标的功能价值上考量，结合商标使用人的主观意图、相关公众对此的认知综合判定，还应当排除商标的正当使用的情况。值得注意的是虽然本案中平面鞋形商标立体化地使用在相关鞋产品上，但是该种使用并不是将平面商标作为商品整体进行使用，该种使用方式并不等同于立体商标在立体商品上的使用。

二、被告对涉案商标的使用行为是否为商标意义上的使用行为

结合前述对商标意义上使用的判断，具体到本案，在判定被告对涉案商标的使用行为是否为商标意义上的使用行为时应当综合考虑如下因素：第一，原告在涉案商品上使用涉案商标的行为是否为商标意义上的使用；第二，被告的主观因素；第三，消费者对涉案商标使用行为的认知。法院对此逐条评判：第一，本案中，全星公司 chuck taylor ALL STAR 鞋产品的侧面与涉案商标的表现形式一致，据此主张自己对涉案商标进行了商标意义上的使用。该问题分为两个层面，首先，全星公司对涉案商标使用上的主观意图，从全星公司提交的证据来看，其在宣传、推广中将该鞋款的侧面拍照进行突出的展示，使涉案鞋款自其产生之日起就具有了较高的指示来源之用途，全星公司在多个广告宣传中对该侧面的产生、圆形图标的来源等进行了介绍，其目的在于使涉案鞋款的该侧面产生与其他商品进行区分的作用，因此其主观意图是作为商标使用；其次，如果商品自身性质决定了其必须使用涉案鞋款的侧面、或者涉案鞋款的侧面为必须达到的技术效果、或者该侧面使涉案鞋款具有实质性的功能性价值，那么为了避免某一权利人对某功能的专有造成的垄断，商标法将不再对其进行保护。但是，本案中，涉案鞋款为帆布鞋，涉案鞋款的该侧面并非使帆布鞋具有实质性价值的基本技术特征，同行业竞争者亦不是必须使用该侧面才能进行自由平等的竞争，原告对涉案鞋款的宣传中，尤其是对涉案侧面的宣传展示中，也只是围绕着该侧面的指示其鞋款发展历史进而指示商品来源的作用，未对涉案鞋款的该侧面进行功能性或者美学意义上的宣传和使用。因此，原告对涉案商标的使用构成商标意义上的使用，且涉案商标是原告涉案鞋款自生产以来最能起到识别来源作用的商标之一。

第二，原告的公证保全证据中，被告在其销售被控侵权商品的网页中使用了“赛匡威”“可媲美知名品牌某威的品质”等宣传语，可见，被告在销售涉案被控侵权商品时应当知晓原告的涉案鞋款，更应当对涉案鞋款起到明显指示和识别来源作用的商标知晓，被告的使用行为主观上具有恶意，不符合商标法中规定的商标的正当使用行为。

第三，涉案商标由鞋脚踝处的圆形图案环绕的英文字母“CONVERSE chuck taylor ALL STAR”及中心的星形图案、鞋底帮外侧足弓中央部分的上方有两个圆孔状图案及鞋中底部的两条特征线条组合而成，上述各种要素组合在一起给消费者创造了整体视觉形象。且经生效判决确认其并非其核定使用的“鞋”等商品的通用形状，可以起到区分商品来源的作用，具有商标的显著特征。从原告提交的其在《ELLE 世界时装之苑》等报刊、杂志、其官方网站、微博、微信等平台进行广告宣传以及在官方网站、天猫旗舰店和京东旗舰店中实际销售 Chuck Taylor All Star 鞋产品且销售量较大的证据中可以看出，涉案商标与涉案鞋产品相结合并在市场上进行了大量的使用，使消费者将涉案商标与指定商品的来源相联系。因此，消费者已经对涉案鞋款的该侧面认知为商标意义上的使用行为。

综上，法院确认被告使用被控侵权标识的行为构成商标意义上的使用行为。

附图 1：原告的注册商标

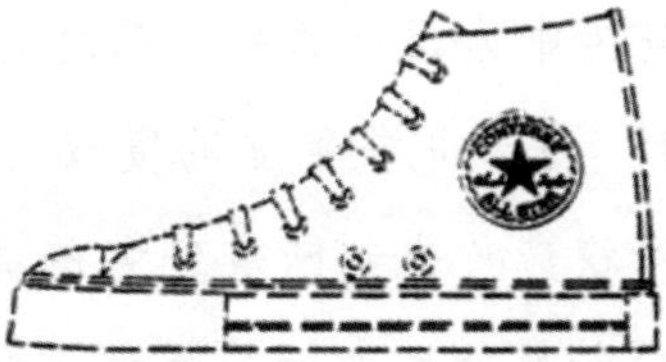

附图 2：原告对涉案商标的使用

附图 3：被告对侵权标识的使用

（刘佳欣　作者单位：北京市海淀区人民法院）

15

商标侵权案件中“许诺销售”概念的证伪

——雷莫公司诉埃弗矣公司侵害商标权纠纷案

【案号】

一审：（2017）沪 0115 民初 29805 号

二审：（2017）沪 73 民终 244 号

【裁判要旨】

销售商在产品推广宣传中为识别商品来源使用商标的行为属于“商标使用”行为，“许诺销售”行为并非独立的侵权行为。销售商的“许诺销售”行为是否构成商标侵权应首先判断其销售的商品是否系“正品”，如是“正品”则应进一步判断其使用商标的行为是否构成正当使用；如是侵权产品则构成商标侵权。对于销售商所售商品是否系侵权产品，应由权利人进行举证，并在个案中基于高度盖然性的证明标准进行认定。

【案情介绍】

原告（被上诉人）：雷莫电子（上海）有限公司

被告（上诉人）：深圳市埃弗矣科技有限公司

雷莫电子（上海）有限公司（以下简称雷莫公司）是“LEMO”和“雷莫”两个商标的独占被许可人，两商标核定使用范围为第 9 类接线盒、电器联接器、光纤联接器、电器插头、电器接插件等商品。深圳市埃弗矣科技有限公司（以下简称埃弗矣公司）在第三方平台“中国制造网”上开设有网店，其在网店中销售“Lemo”品牌的连接器并进行了相应产品宣传。宣传内容如下：“埃弗矣公司是 Lemo 连接器、ODU 连接器的中国制造商/供应商，提供血氧饱和度探头的 Lemo/ODU 连接器……”雷莫公司认为，埃弗矣公司在上述网店使用“Lemo”商标进行宣传，以及销售产品的行为侵犯其商标专用权，向法院提起诉讼。在该案中，雷莫公司并未实际购买到埃弗矣公司在第三方平台上销售的产品。埃弗矣公司辩称：首先，被控侵权行为属于许诺销售的行为，不属于商标法所规制的行为；其次，埃弗矣公司所销售的产品系 Lemo 品牌正品，使用涉案商标的行为属于正当使用。

【裁判结果】

一审法院经审理认为，埃弗矣公司销售非雷莫公司商品时使用“LEMO”商标，会导致相关公众对商品来源的混淆，构成商标侵权，判决埃弗矣公司赔偿雷莫公司经济损失及合理费用共计 32600 元。二审法院认为，首先，埃弗矣公司在产品宣传中使用被控侵权标识是一种商标使用行为，其辩称此种行为属于“许诺销售”并无法律依据。其次，埃弗矣公司在产品宣传中使用被控侵权标识是否构成商标正当使用的前提是其销售的产品是“Lemo”品牌的正品。本案中，雷莫公司并未构成买到被控侵权产品实物，但埃弗矣公司声称其是 Lemo 连接器的中国制造商、供应商，所售 Lemo 连接器系其制造并供应。对此，埃弗矣公司并未提供证据予以证明。基于民事诉讼高度盖然性的证明标准，雷莫公司提供的证据足以证明埃弗矣公司销售的产品系侵权产品。二审判决驳回上诉，维持原判。

【法官评析】

对于销售商在宣传推广中使用他人商标的行为如何认定，涉及对“许诺销售”“商标使用”“商标权利用尽”以及“正当使用”等一系列理论的理解与适用。

一、“许诺销售”行为是否系独立的商标侵权行为

“许诺销售”概念在我国立法中见于专利法，专利法所称的许诺销售，是指以做广告、在商店橱窗中陈列或者在展销会上展出等方式作出销售商品的意思表示。为何专利法上规定了许诺销售行为，而商标法对此未作规定，这究竟是法律的漏洞还是立法者的有意为之？我国旧《商标法》对于“商标使用”未作规定，1992 年 WTO 对于我国实施 TRIPs 的立法进行审查时，中国代表指出：商标法没有像专利法规定“许诺销售”，这是因为“许诺销售”行为可以为商标法及其实施条例的相关条款所解决。对于“许诺销售”，如果当事人在商业活动中非法使用了他人商标（即使未将商标使用在商品上），将构成《商标法》第五十二条规定的商标侵权行为。[①]

---

① Nuno Pires de Carvalho，The TRIPs Regime of Trademarks and Designs，Kluwer Law International，PP. 260－261。转引自孔祥俊：《商标与不正当竞争法原理和判例》，法律出版社 2009 年版，第 176 页。

可见，立法者并非没有意识到有关商标许诺销售行为的意见，而是认为我国商标法的现有规定已经可以规制相关行为。

商标法之所以无需规定许诺销售行为，乃是因为商标与专利两者在保护内容上存在本质的不同。根据专利法的规定，发明和实用新型都是一种新的技术方案，外观设计是一种新的设计，也就是说专利实质上保护技术方案或设计。而许诺销售专利产品，实际上并没有使用专利的技术方案或设计，所以许诺销售行为不能被制造、使用专利产品的行为所涵盖，也不能被实际销售专利产品的行为所涵盖，其是一种独立的侵权行为。但商标与专利不同，商标是一种符号，如果销售商在广告宣传中为识别商品来源使用了他人的商标，这种行为就是一种“商标使用”行为，已经被《商标法》第五十七条第（一）项、第（二）项的规定所涵盖。理由如下：我国《商标法》第四十八条规定，商标的“使用”，是指将商标用于商品、商品包装或者容器以及商品交易文书上，或者将商标用于广告宣传、展览以及其他商业活动中，用于识别商品来源的行为。通过上述规定可以看出，在相同或类似商品上对商标的使用，不仅包括在商品本身或包装上贴附商标的行为，也包括在广告宣传、展览以及其他商业活动中使用的行为。该规定并没有对权利人和侵权人的商标使用行为进行区分。权利人在广告宣传中使用商标属于商标使用行为，侵权人在广告宣传中使用他人商标的行为同样如此，这种解释与对权利人商标使用行为范围的界定是一致的。在认定权利人有无在某类商品上使用商标时，也包含权利人在该类商品的广告宣传中的商标使用。同时，该规定也没有对侵权产品的生产商和销售商使用他人商标的行为进行区分。商标法也没有针对销售商在产品广告宣传中使用商标的行为作出特殊规定，那么在逻辑上即应适用《商标法》第五十七第（一）项、第（二）项规定。

有观点认为，商标侵权案件中销售商的许诺销售行为应纳入“销售”行为进行规制，适用《商标法》第五十七第（三）项规定。作者认为，这种观点值得商榷，如果将销售商所谓的“许诺销售”商品的行为纳入“销售”行为，那么意味着只要销售商可以证明销售的产品为权利人或其合法授权的公司生产的产品，其在广告宣传中使用他人商标的行为便一概不构成侵权。这显然忽视了销售商在销售产品时使用他人商标超越一定边界也可能构成商标侵权的问题。

二、销售商在广告宣传中使用他人商标是否构成商标侵权的认定

销售商在广告宣传中使用他人商标是否构成商标侵权，首先需要判断其销售的产品是否为权利人或其合法授权的公司生产的产品，即通常所说的“正品”。如果销售的商品是“正品”，基于商标权利用尽原则，销售商的销售行为不构成商标侵权。那么，销售商在广告宣传中为了指示其所销售的产品，在善意、合理的情况下使用商标构成商标指示性使用，该商标使用行为亦并不构成商标侵权。但是，如果销售商使用商品的商标超出合理范围，使得相关公众对销售商与商标权人间的关系产生误认时，仍可能构成商标侵权。

商标侵权案件中涉及所谓“许诺销售”问题，多数情况下是因为权利人未能提供侵权产品实物，而销售商则辩称其销售的产品是“正品”，如何分配举证责任不无争议。有观点认为，在权利人已举证证明销售商在销售过程中存在使用涉案商标的情况下，应由销售商承担所售产品是正品的举证责任。作者认为，此种情形下，仍应由权利人举证证明销售商所售商品系侵权产品，且原则上不得降低证明标准。首先，证明责任的分配应由实体法明确规定，司法中不应对此进行突破。其次，在权利人不提交侵权产品实物，也无其他证据证明销售商所售产品是侵权产品的情况下，仅凭有关产品推广信息尚不足以证明销售商所售产品为侵权产品具有高度可能性。再次，对于公开销售的产品，通常情况下权利人购买侵权产品并不存在障碍，除非有特殊情况需要在个案中予以考虑，现实中亦无必要要求销售商自证其销售产品是“正品”。

需说明的是，权利人未提供侵权产品实物并不必然意味着需要承担败诉责任。对于销售商所售产品是否为“正品”这一待证事实，仍需根据民事诉讼高度盖然性的证明标准予以认定。在该案中，埃弗矣公司网店上介绍其是雷莫公司产品的制造商和供应商，上述介绍内容说明其销售的涉案产品是经雷莫公司授权制造的或雷莫公司提供的，但埃弗矣公司并未对此提供任何证据证明，在此情况下可以证明埃弗矣公司所售产品为侵权产品具有高度的可能性。如果埃弗矣公司并无上述介绍内容，雷莫公司则应就埃弗矣公司销售的产品是否为侵权产品做进一步的证明。

（范静波　作者单位：上海知识产权法院）

16

商标在先使用抗辩之认定

——杭州琴侣高新技术有限公司诉深圳西为进出口有限公司等侵害商标权纠纷案

【案号】

一审：(2017) 京 0102 民初 1263 号

二审：(2017) 京 73 民终 1992 号

申诉：(2018) 京民申 3688 号

【裁判要旨】

贴附在进口商品上的中文商标，往往需要根据个案情况加以具体分析，方能确定其权益归属；在当事人没有明确约定的情况下，相关权益通常应当归属于其识别作用所指向的市场主体。新的代理人按照原有方式继续使用该中文商标的行为，可以视为被代理人自己的使用行为，因而不属于商标侵权行为。

【案情介绍】

原告（二审上诉人、再审申请人）：杭州琴侣高新技术有限公司（简称杭州琴侣公司)。

被告(二审被上诉人、被申请人):深圳西为进出口有限公司(简称深圳西为公司)、北京京东叁佰陆拾度电子商务有限公司(简称京东公司)。

2005 年 3 月至 2014 年 11 月,杭州琴侣公司是 RECARO 公司儿童安全座椅的中国总代理商。在代理期间,杭州琴侣公司在京东平台开设了"德国斯迪姆官方旗舰店",销售儿童安全座椅,在网页中的产品描述有"斯迪姆 STM 汽车儿童安全座椅德国原装进口阳光超人带 SOFIX3 到 12 岁……"等内容。

2014 年 11 月,杭州琴侣公司与 RECARO 公司解除了总代理关系。

2014 年 11 月 24 日,杭州琴侣公司申请注册"阳光超人"商标,2016 年 1 月 21 日杭州琴侣公司取得了第 15779283 号"阳光超人"商标注册证,有效期至 2026 年 1 月 20 日。核定使用在第 12 类"儿童安全椅(运载工具用)"等商品上。

此后,深圳西为公司经 RECARO 公司授权,作为 storchenmuhle 斯迪姆儿童安全座椅中国总代理,全权负责该全线产品的独家销售及服务。深圳西为公司在京东公司开设的电子商务网站"京东平台"上开设了"storchenmuhle 旗舰店"。销售儿童安全座椅的网页页面中的产品描述为:"德国 STM 阳光超人原装进口汽车用儿童安全座椅……"在商品宣传的网页图片中标有"阳光超人"。进口的儿童安全座椅产品包装及产品本身上没有中文,出售的实物商品包装箱上贴有深圳西为公司印制的带有"阳光超人"字样的贴纸。2016 年 11 月 7 日,杭州琴侣公司在该旗舰店上公证购买了名称为"德国 STM 阳光超人原装进口汽车用儿童安全座椅 3 - 12 岁"的商品 1 件,北京市国信公证处出具了(2016)京国信内经证字第 07054 号公证书;2016 年 11 月 11 日,杭州琴侣公司公证购买了深圳西为公司销售的"儿童安全座椅 - 阳光超人带接口,型号:公主粉"商品一件,合计:2280 元。北京市国信公证处出具了(2016)京国信内经证字第 07055 号公证书。

随后,杭州琴侣公司将深圳西为公司和京东公司诉至法院,请求:1.

判令深圳西为公司立即停止侵权行为，即停止在儿童安全座椅的销售和宣传上使用“阳光超人”标志；2. 判令京东公司立即断开深圳西为公司网店中带有“阳光超人”标志的销售链接；3. 判令深圳西为公司和京东公司共同赔偿其经济损失 50 万元；4. 判令深圳西为公司和京东公司承担其为制止侵权行为支出的合理费用 35 513 元。

【裁判结果】

北京市西城区人民法院一审认为：杭州琴侣公司在代理 RECARO 公司销售儿童安全座椅期间，在产品描述中使用“阳光超人”行为属于商标意义上的使用行为。根据在案证据，可以认定 RECARO 公司的儿童安全座椅产品上使用“阳光超人”先于杭州琴侣公司使用。深圳西为公司经 RECARO 公司授权，作为 storchenmuhle 斯迪姆儿童安全座椅中国总代理，但深圳西为公司并未举证证明 RECARO 公司授权其使用“阳光超人”作为 storchenmuhle 斯迪姆儿童安全座椅的名称或商标。即使“阳光超人”的标志存在在先使用的问题，也是使用在 RECARO 公司的儿童安全座椅产品上，而涉案产品上并无任何中文标志，深圳西为公司作为代理公司并无“阳光超人”的在先使用权，故深圳西为公司应停止对“阳光超人”的使用。京东公司设置的深圳西为公司网店中带有“阳光超人”标志的销售链接是为相关公众查找相关商品提供便利，并非为深圳西为公司销售侵权商品而设置，不构成涉案侵权商品信息的发布和推荐，故不能认定京东公司存在侵权的主观故意，该行为不构成商标侵权。杭州琴侣公司未举证证明深圳西为公司的侵权获利，或深圳西为公司使用“阳光超人”的行为给其造成的实际损失，一审法院综合考虑第 15779283 号“阳光超人”商标的注册时间和知名度，深圳西为公司的代理规模、侵权行为的性质，原、被告所经营的产品在销售平台上的关联程度，RECARO 公司的儿童安全座椅先于杭州琴侣公司使用“阳光超人”标志经营的事实，原、被告在经营过程中同时使用的“阳光超人”标志的联系，该联系与杭州琴侣公司“阳光超人”商标产生误认混淆的程度等因素，酌情确定深圳西为公司应承担的损害赔偿数额。综上，一审法院依照《中华人民共和国商标法》（简称《商标法》）第四十八条，第五十七条第（一）项，第（二）项，第（三）项、第五十九条第三款，《最高人民法院关于审理商标民事纠纷案件适用法律若干问题的解释》第十六条第二款、第十七条的相关规定，判决：一、深圳西为公司立即停止在儿童安全座椅的销售和宣传上使用“阳光超人”标志；二、京东公司立即断开深圳西为公司在京东商城开设的“storchenmuhle 旗舰店”中带有“阳光超人”标志的销售链接；三、深圳西为公司于判决生效之日起十日内，赔偿杭州琴侣公司经济损失 10 万元；四、深圳西为公司于判决生效之日起十日内，赔偿杭州琴侣公司律师费 1 万元、公证费及购买涉案商品支出 5500 元；五、驳回杭州琴侣公司的其他诉讼请求。①

杭州琴侣公司和深圳西为公司均不服一审判决，在法定期间提起上诉。

北京知识产权法院二审认为：杭州琴侣公司代理 RECARO 公司的 storchenmuhle 品牌儿童安全座椅期间，基于认读、宣传便利等方面的考虑，将“阳光超人”中文标志与原有外文标识共同使用在上述产品的宣传、销售等环节，起到了标识商品来源的作用，属于商标性使用。在双方解除代理关系之时，“阳光超人”属于经过长期使用的未注册商标。“阳光超人”所标识的产品来源指向 RECARO 公司，而非杭州琴侣公司。在双方代理关系结束之时，“阳光超人”标志代表的声誉和品质，亦源于 RECARO 公司的产品。因此，“阳光超人”属于 RECARO 公司具有一定影响的未注册商标。

在杭州琴侣公司代理 RECARO 公司的产品期间，无论其支出的推广费用还是销售费用，均是服务于双方签订的合作协议，属于双方协议中的固有内容。相关权利、义务均是通过合作协议予以规制，其投入、回报以及商业上的考量均在协议中体现，应由合同法律关系调整，不能以是否支付宣传、销售费用作为判断“阳光超人”标志利益归属的依据。

---

① 参见北京市西城区人民法院（2017）京 0102 民初 1263 号民事判决书。

深圳西为公司经 RECARO 公司授权，获得了使用“阳光超人”标志的许可，深圳西为公司使用“阳光超人”标志的方式亦系沿袭之前杭州琴侣公司在京东网络销售平台的使用方式，故根据《商标法》第五十九条第三款之规定，深圳西为公司有权在原使用范围内继续使用，并不构成侵权。

综上，二审法院依照《商标法》第五十九条第三款、《中华人民共和国民事诉讼法》第一百四十四条、第一百七十条第一款第（二）项、第一百七十四条之规定，判决：一、撤销一审判决。二、驳回杭州琴侣公司的全部诉讼请求。[①]

杭州琴侣公司不服二审判决，提出再审申请。北京市高级人民法院经审查，认为杭州琴侣公司的再审申请理由缺乏事实和法律依据，因此裁定驳回了该再审申请。[②]

【法官评析】

在世界经济一体化日益深入的今天，商品在不同国家之间的流动更加频繁。由于语言差异、法规要求等方面的原因，特定商品跨越国境进入他国市场后，通常会贴附使用当地语言文字的商标进行销售。但是，由于包括商标在内的知识产权具有地域性，这种在进口商品上贴附的使用所在国语言文字标志而产生的商标权益，究竟归属于进口商品的代理商还是国外的被代理商，往往会成为当事人争议的焦点。本案看似仅仅是作为国内商标注册人的杭州琴侣公司与更换后的代理商深圳西为公司之间的商标侵权纠纷，但实际上总是绕不开处在本案诉讼之外的被代理人德国 RECARO 公司。因此，解决此类问题的关键，在于确定这种在进口过程中贴附的中文商标的权利归属问题，之后才会涉及更换后的代理商继续使用该中文商标是否侵权的问题。

---

① 参见北京知识产权法院（2017）京 73 民终 1992 号民事判决书。

② 参见北京市高级人民法院（2018）京民申 3688 号民事裁定书。

一、进口商品中文商标的权利归属

《中华人民共和国民法总则》（简称《民法总则》）第一百二十三条第一款规定了“民事主体依法享有知识产权”，其第二款则明确列举了包括商标在内的知识产权权利客体。《中华人民共和国专利法》（简称《专利法》）第八条规定：“两个以上单位或者个人合作完成的发明创造、一个单位或者个人接受其他单位或者个人委托所完成的发明创造，除另有协议的以外，申请专利的权利属于完成或者共同完成的单位或者个人；申请被批准后，申请的单位或者个人为专利权人。”《中华人民共和国著作权法》（简称《著作权法》）第二章第二节更是用第十一条到第十九条共九条的篇幅详细规定了不同情况下作品的著作权归属。但是，从现有条文看，《商标法》主要是对商标如何注册以及已经注册的商标其专用权如何保护作出的规定；除商标注册外，《商标法》并未明确商标权权利归属的一般原则。由此看来，商标权的归属似乎不是立法者关注的焦点，或者说立法者认为现有的法律规范已经足以解决商标权的权利归属问题。但在司法实践中，商标权的归属问题还是颇有争议的。

一种观点认为，既然商标权与专利权、著作权同属于知识产权，在权利归属的认定上当然也可以参照适用《专利法》和《著作权法》的规定，即“有约定从约定，无约定归作出贡献者所有”。在广东加多宝饮料食品有限公司（简称加多宝公司）与广州医药集团有限公司（简称广药集团）、广州王老吉大健康产业有限公司擅自使用知名商品特有包装装潢纠纷上诉两案中，最高人民法院亦曾指出，结合红罐王老吉凉茶的历史发展过程、双方合作背景、消费者的认知及公平原则的考量，因广药集团及其前身、加多宝公司及其关联企业，均对涉案包装装潢权益的形成、发展和商誉建树，各自发挥了积极的作用，故在遵循诚实信用原则和尊重消费者认知并不损害他人合法权益的前提下，涉案知名商品特有包装装潢权益，可由广药集团和加多宝公司共同享有。[①] 这种观点不妨称之为“贡献论”，

---

① 参见最高人民法院（2015）民三终字第2号、第3号民事判决书。

杭州琴侣公司在申请再审的过程中即坚持此种观点，认为其对“阳光超人”商标的选择和使用均作出了突出的贡献，因此，相关的商标权益亦应由其享有。[①] 但是，红罐王老吉凉茶知名商品特有包装装潢权益归属纠纷，与本案所要讨论的在进口的他人商品上贴附中文商标后相关权益的归属问题，还是存在本质上的区别的，二者不具有可比性，因此，前述案例的逻辑推理不能当然地适用于本案。从本案裁判的结果看，“贡献论”的观点显然也没有被法院采纳。

另一种观点认为，在商标权权利的产生及其归属问题上，应当以“注册主义”作为权利发生的要件，即商标权仅因注册而产生。理由在于“相比追求文化多样性的著作权，商标权对他人经营活动中的行动自由妨碍作用更大，与消费者利益以及其他公共利益关系更为密切”，因此，“采取注册主义作为权利发生要件，既便于考察商标标志的识别力，又便于考察商标标志的独占适格性，可以更好地平衡各种相互冲突的利益关系”[②]。这种观点具有一定的合理性，但却对未注册商标所承载的各种权益避而不谈，难以解决实践中因未注册商标权益归属而产生的纠纷，所以在本文看来是不全面的。

要对商标权尤其是未注册商标的权利归属提炼出一个抽象的规则，或许还需要更多深入的分析研究，本文的目标亦仅在于如何确定进口商品中文商标的权利归属问题。因此，此处仅仅提出这样一个问题供大家研究思考，暂时无法给出结论。

就进口商品上贴附的中文商标的权利归属而言，或许可以分为两种情形：其一，作为进口商的代理人和国外的被代理人有明确约定，此时，即便该中文商标没有在中国注册，因该中文商标的使用而产生的权利，其归属也是明确的，由此而产生的纠纷更多的是双方当事人之间的合同纠纷，这种情形不属于本文讨论的范畴。其二，作为进口商的代理人和国外的被

---

① 参见北京市高级人民法院（2018）京民申 3688 号民事裁定书。

② 李扬：《商标法基本原理》，法律出版社 2018 年版，第 96 页。

代理人没有明确约定，代理人未经被代理人同意而自行决定在该进口商品上使用特定的中文标志，被代理人亦未明确提出反对，此时因当事人之间无约定，所以容易就该中文商标的权利归属产生纠纷，而这正是本文所关注的问题。

在南社布兰兹有限公司与国家工商行政管理总局商标评审委员会、李琛商标权撤销复审行政纠纷上诉一案中，二审判决强调指出，"商标是使用在商品或服务上的标志，无论是注册商标还是未注册商标，其最基本的特征是区分商品或服务的来源，具有区分性。商标区分性所指向的主体应为商标的权利人，即相关公众能够将商品或服务与诉争商标的权利人建立唯一的对应关系，相关公众见到标有诉争商标的商品或服务时能够识别该商品或服务的提供者应为诉争商标的相关权利人。"[①] 虽然该案属于商标连续三年不使用撤销复审行政案件，但它却提出了包括未注册商标在内的商标权权利归属认定的一般原则，即"商标权归属于其识别作用所指向的对象"，这一规则完全可以在包括商标权权属纠纷、商标侵权纠纷等民事案件中予以适用。其实，这种商标权权属认定规则所建立的基础，并不仅仅是商标的识别功能，在很多时候，其基础更在于商标的存储投资功能[②]。这也就能够解释为什么有观点认为"商标的规定性是商誉，商标是商誉的载体或者表现形式，商誉是商标的内容"[③] 了。

基于上述"商标权归属于其识别作用所指向的对象"这一商标权归属认定规则，即使进口商品上使用的中文商标未经被代理人同意，甚至不是被代理人选定的，被代理人没有使用该中文商标的使用意图，但当其客观上已经能够使相关公众将使用该商标的商品与被代理人建立其稳定的对应关系时，因该中文商标使用而产生的合法权益就应当归属于该被代理人。

本案中，虽然杭州琴侣公司申请注册了"阳光超人"商标，但在其申

---

① 参见北京市高级人民法院（2016）京行终2263号行政判决书。

② 参见徐春成：《论商标的存储投资功能》，载《西南民族大学学报（人文社会科学版）》2016年第7期。

③ 崔立红：《商标权及其私益之扩张》，山东人民出版社2003年版，第18页。

请注册该商标前，杭州琴侣公司是作为德国 RECARO 公司儿童安全座椅商品的中国代理商在 RECARO 公司的商品上使用该标志的，相关商品的广告宣传中也突出了“德国原装进口”的内容，因此，相关公众对使用该商标的商品来源的认知是指向德国 RECARO 公司的。上述标志的选定和使用行为虽然从表面上看是由杭州琴侣公司实施的，但因其进口代理关系的存在，相关的商标权益从本质上应当归属于 RECARO 公司。在杭州琴侣公司已经在儿童安全座椅商品上注册了“阳光超人”商标的情况下，RECARO 公司实际上属于该标志的在先使用人，而且按照商标法的规定，RECARO 公司针对杭州琴侣公司是可以通过行使在先使用抗辩而不被认定为侵害注册商标专用权的。

二、商标法中在先使用抗辩的适用

《商标法》第五十九条第二款规定：“商标注册人申请商标注册前，他人已经在同一种商品或者类似商品上先于商标注册人使用与注册商标相同或者近似并有一定影响的商标的，注册商标专用权人无权禁止该使用人在原使用范围内继续使用该商标，但可以要求其附加适当区别标识。”

关于在先使用抗辩的法律适用问题，就法条的字面规定看，必须满足两个“在先”的要求，即先于商标注册人申请注册该商标的时间，且同时满足先于商标注册人使用该商标的时间。此外，还要求该在先使用达到“有一定影响”的程度。在此情形下，才可以在原有的使用范围内就继续使用该商标而提出抗辩，但商标注册人可以要求该在先使用人附加适当的区分标识。不得不说，先使用抗辩制度的建立，是 2013 年《商标法》修改时为了平衡商标使用和商标注册两种制度各自蕴含的价值追求之间的矛盾冲突而作出的一种妥协，既是一种进步，又是一种无奈。因此，无论是在文字表述上，还是在实际操作上，在先使用抗辩制度的建立都是极其复杂的。

实践中，商品从生产到销售直至到达最终消费者手中，可能需要经过总代理商、批发商、零售商等多个环节，那么，在最初的商品提供者可以提出在先使用抗辩的前提下，从该商品提供者那里进货的中间商能否同样依据先使用抗辩而免除商标侵权责任呢？北京知识产权法院在“启航”商标案[①]、上海知识产权法院在“博格·西尼”商标案[②]中可以援引商标在先使用抗辩的主体问题都作出了很好的探索。对此问题，本文也赞同学界的多数意见：从性质上看，基于在先使用所产生的仅仅是一种对抗注册商标权人侵权指控的抗辩权，而非请求权；[③] 此种抗辩权“只是一个消极性的权利，不具有积极意义的权能，不能转让或许可他人行使，不能禁止第三人使用相同或类似商标，无权因此要求第三人进行损害赔偿”[④]。

本案中，能够提出在先使用抗辩的只能是RECARO公司，深圳西为公司作为代替杭州琴侣公司代理进口RECARO公司儿童安全座椅商品的代理人，是无法通过授权的方式提出仅有RECARO公司才可以提出的在先使用抗辩的。虽然二审判决相较于一审判决，正确地指出了在本案中可以提出在先使用抗辩的是RECARO公司而非深圳西为公司，但二审判决却认为深圳西为公司不需承担商标侵权责任的原因在于其经RECARO公司授权获得了使用“阳光超人”商标的许可并以原方式使用该商标，因而属于《商标法》第五十九条第三款规定的不构成侵权行为的情形，则又在在先使用抗辩的主体问题上与一审判决犯了同样的错误：一审判决认为深圳西为公司应当承担侵权责任的根本原因，不在于“深圳西为公司作为代理公司没有‘阳光超人’的在先使用权”[⑤]，而是在于一审法院认为深圳西为公司未举证证明RECARO公司授权其使用“阳光超人”商标。

三、新代理人使用原商标是否侵权

在上述分析之后不难发现，贴附在进口商品上的中文商标其权益往往需要根据个案情况加以具体分析其权益归属，但若根据个案情况确定了该权益归属于作为被代理人的外国公司后，其所享有的先用权抗辩却是确定

---

① 参见北京知识产权法院（2015）京知民终字第588号民事判决书。

② 参见上海知识产权法院（2017）沪73民终65号民事判决书。

③ 李扬：《商标法基本原理》，法律出版社2018年版，第169页。

④ 杜颖：《商标先使用权解读——〈商标法〉第59条第3款的理解与适用》，载《中外法学》2014年第5期，第1367页。

⑤ 参见北京市西城区人民法院（2017）京0102民初1263号民事判决书。

的不能授权新的代理人行使的。那么，新的代理人以原有方式在其进口的商品上继续使用原有的中文商标是否构成商标侵权呢?

从本案再审申请的审查结论看，法院认为新的代理人以原有方式继续在进口商品上使用由原代理人创设的中文商标，是不构成对原代理人已经注册的中文商标的侵权的。推究其中的原因，似乎与第一个问题即进口商品中文商标的权利归属认定是密不可分的。如果在进口商品上贴附的中文商标在识别作用的发挥上指向的是被代理人的外国公司，相关的商标权益归属于该外国公司的观点能够被接受，那么，在该中文商标的使用方式不变、使用的商品也不变即仍然是在进口的商品上使用该中文商标、商品来源也仍然指向该外国公司，那么，无论具体的代理人是谁则均非问题的关键。代理人的行为终究要归属于被代理人，代理人的变动不会对“代理行为的法律效果直接归属于被代理人”① 这一法律规则产生根本性影响。也正是基于这样的原因，审查再审申请的法院虽然认为二审判决在某些问题上的认定并不准确，但在二审判决裁判结论正确的情况下，本案亦无提审之必要了。

无独有偶，田村善之教授在讨论先用权抗辩问题时亦曾指出，从相关公众的角度看，在先使用的商标并非指代总代理商、批发商或者零售商，而是指代商品生产销售源头的在先使用人，因而总代理商等中间商无需进行商标在先使用抗辩，只要作为生产销售源头的商标在先使用人在先使用抗辩成立，总代理商等中间商也应当免除侵害商标权的责任。②

综上，正是因为新的代理人按照原有方式继续使用该中文商标的行为，可以视为被代理人自己的使用行为，也正因如此，新的代理人才可以不承担商标侵权的民事责任。

（周波　作者单位：北京市高级人民法院知识产权庭）

① 佟柔主编:《民法原理》，法律出版社 1987 年版，第 113 页。

② ［日］田村山之著:《商标法概说》，弘文堂 2000 年版，第 86 页。转引自李扬:《商标法基本原理》，法律出版社 2018 年版，第 171 页。

17

在后注册商标被撤销后商标使用行为的侵权判断

——无锡济民可信山禾药业股份有限公司诉南京亿华药业有限公司侵害商标权纠纷案

【案号】

一审：(2015）徐民三（知）初字第1321号

二审：(2017）沪73民终299号

【裁判要旨】

商标局或商评委关于准予商标注册的决定对于商标权人在内的社会公众均具有一定的公信力，因信赖商标注册部门的决定而实施的相关商标使用、许可、转让或者保护等行为应当受到保护。因此，两个注册商标冲突案件中，在后注册商标被撤销或无效的决定对于之前的使用行为原则上没有溯及力，但在后注册商标权人申请注册时存在恶意的，在先商标权人可以主张相关使用行为构成侵权。行政授权确权案件与民事侵权诉讼中对混淆可能性的认定存在区别。前者应当考虑被异议商标核定使用的所有商品类别，只要在任一商品上存在混淆可能性，被异议商标便不应准予注册；后者则仅考虑被诉标识实际使用的商品类别。

【案情介绍】

原告（被上诉人）：无锡济民可信山禾药业股份有限公司（以下简称济民公司）

被告（上诉人）：南京亿华药业有限公司（以下简称亿华公司）

商标局于 1998 年 9 月 28 日核准注册权利商标，核定使用商品为第 5 类的化学医药制剂，注册人为无锡市第一制药厂。经续展，该商标有效期至 2018 年 9 月 27 日。2008 年 3 月 26 日，经商标局核准，注册人名义变更为济民公司。

权利商标

被诉标识

亿华公司于 2004 年 5 月 20 日向商标局提出被诉标识的注册申请，指定使用在第 5 类医药制剂、人用药、针剂、片剂、水剂等商品上。法定异议期内，济民公司以权利商标作为引证商标提出异议。2010 年 7 月 21 日，商标局裁定被诉标识不予核准注册。亿华公司不服，于 2010 年 8 月 20 日向商评委申请复审。商评委经审理于 2011 年 12 月 22 日决定对被诉标识予以核准注册。该裁决结果由商标局于 2012 年 5 月 27 日颁布的总第 1313 期异议复审裁定公告中予以刊载。济民公司不服提起行政诉讼。该纠纷先后经历北京市第一中级人民法院一审［（2012）一中知行初字第 1679 号行政判决，于 2012 年 12 月 13 日作出］及北京市高级人民法院二审［（2013）高行终字第 561 号行政判决，于 2013 年 4 月 12 日作出］，判决结果均维持了商评委对被诉标识予以核准注册的行政行为。

济民公司仍不服，向最高人民法院申请再审。最高人民法院于 2014 年 12 月 26 日作出（2014）知行字第 47 号行政裁定，提审该案，并同时裁定中止原判决执行。亿华公司于 2015 年 1 月 4 日收讫前述行政裁定。最高人民法院经审理认为，被诉标识指定使用在第 5 类医药制剂、人用药、针剂、片剂、水剂等商品上，权利商标核定使用在第 5 类化学医药制剂商品上。前述商品均为用于疾病预防、诊断和治疗的药品，故相关公众包括可能或实际使用前述类别药品进行病患预防、诊断和治疗的医护、药剂、病患人员，以及经营销售前述类别药品的相关经营人员。被诉标识与权利商标所使用商品均为医药制剂类，商品类别高度重合，属于相同或类似商品。被诉标识与权利商标同有一个“能”字，商标呼叫标准发音没有差异，二者运用文字的方式和风格非常接近，相关公众施以一般注意力，难以借助商标对商品来源作出准确区分，容易导致混淆或误认。因此，被诉标识与权利商标构成《中华人民共和国商标法》（以下简称商标法）第三十条规定的近似商标，依法不应予以核准注册。商评委关于本案相关公众具有较高辨别能力，相关消费者通常在专业医师或药店销售人员指导下购买，不会对被诉标识产生混淆或误认的意见，系对最高人民法院相关公众范围的界定理解过窄，缺乏事实和法律依据。被诉标识与权利商标使用的商品类别并不限于处方药品，不能仅基于处方药品使用管理严格的理由，就得出被诉标识不会导致混淆或误认的结论。综上，最高人民法院于2015年7月1日作出（2015）行提字第9号行政判决：一、撤销北京市高级人民法院（2013）高行终字第561号行政判决、北京市第一中级人民法院（2012）一中知行初字第1679号行政判决；二、撤销商评委商评字（2011）第34479号《关于第4074308号“希能”商标异议复审裁定书》；三、责令商评委重新作出裁定。最高人民法院于2015年10月14日将判决书寄交亿华公司。

2015年10月28日，商评委作出商评字［2011］第34479号重审第0000001223号《关于第4074308号“希能”商标异议复审裁定书》，裁定对被诉标识不予核准注册。亿华公司对商评委作出的前述裁定不服，向北京知识产权法院提起行政诉讼。2015年12月28日，北京知识产权法院受理该案。

2016年5月23日，济民公司派员至门头为仙草堂大药房（盘胥路店）的药房内，购买头孢丙烯干混悬剂两盒，并取得均加盖有苏州仙草堂大药房有限公司发票专用章的购药小票及发票各一张。经勘验，该两盒头孢丙烯干混悬剂的规格均为0.125g×6包每盒，外包装标有亿华公司全称及被诉标识，生产日期均为2015年7月22日，有效期均至2017年7月21日。

同日，济民公司人员还在位于苏州市碧波街113号，门头为碧波大药房的药店内，购买头孢丙烯干混悬剂两盒，并取得加盖有苏州碧波大药房发票章的发票一张。经勘验，该两盒头孢丙烯干混悬剂的规格亦均为0.125g×6包每盒，外包装标有亿华公司全称及被诉标识，生产日期均为2015年10月14日，有效期均至2017年10月13日。

原告认为，被告在未获得核准注册的情况下，自2005年起即将被诉标识大规模使用在其生产的涉案药品上，涉案药品产量巨大，销售范围遍及全国各地，尤其是被告恶意侵权、重复侵权、规模化侵权等行为，对原告造成的损害后果十分严重，宜依法加重其赔偿责任。故起诉要求法院判令被告停止侵权、消除影响并赔偿损失。

被告辩称，被诉标识系其依法申请并经商标局核准注册的商标，即便法院认定权利商标确与被诉标识存在现实冲突，亦属于注册商标间的纠纷，依法不属人民法院的受案范围。基于商标注册制度的公示、公信原则及法不溯及既往的裁判规则，北京市高级人民法院作出维持商评委准予被诉标识核准注册决定的二审判决后至最高人民法院作出提审判决前，亿华公司是在享有注册商标专用权的前提下，合法、正当地使用被诉标识。故请求驳回其全部诉讼请求。

【裁判结果】

上海市徐汇区人民法院经审理认为，最高人民法院的提审判决应为终局性裁判。鉴于该判决明确撤销了商评委商作出的准予被诉标识核准注册的复审裁定，故被诉标识应视为至今未获准注册，自始不具有注册商标专用权。鉴于亿华公司已在其生产的涉案药品上使用被诉标识，足以导致相关公众误认、混淆，其行为已构成对济民公司所享权利商标注册专用权的侵害。故判令被告停止侵权、消除影响并赔偿包括合理费用在内的经济损失550万元。一审判决后，被告不服提起上诉。

上海市知识产权法院二审认为，注册商标被撤销或宣告无效的，对于撤销或无效之前的商标注册权人的使用行为原则上没有溯及力，但因商标注册人的恶意给他人造成的损失，应当给予赔偿。被告在相同商品上使用与权利商标近似的标识，主观上存在恶意，客观上容易导致混淆，构成对权利商标的侵害。故判决驳回上诉，维持原判。

【法官评析】

本案系典型的商标行政、民事交叉案件，被告于2004年申请并使用被控侵权标识，该标识虽然经国家商标局予以核准注册，但最终经行政诉讼被最高人民法院再审判决撤销。由此产生的问题是原告能否主张被告于商标撤销前的使用行为构成侵权，商标民事侵权诉讼与行政授权确权诉讼中关于混淆误认的判断是否存在区别。

一、本案是否属于两个注册商标的争议

首先，被告对于被诉标识在2007年3月28日起确曾取得注册商标专用权。根据商标法第三十六条第二款的规定，经审查异议不成立而准予注册的商标，商标注册申请人取得商标专用权的时间自初步审定公告三个月期满之日起计算。本案中，被诉标识初步审定公告后，原告提出异议，该异议经北京市高级人民法院二审判决后，商评委关于被诉标识准予注册的复审决定已经生效，故亿华公司自初步审定公告三个月期满之日起即2007年3月28日取得被诉标识商标专用权。其次，被告对于被诉标识的商标专用权因最高人民法院于2015年7月1日作出的行政判决而被撤销。2015年7月1日，最高人民法院再审撤销了相关被诉标识准予注册的行政判决以及商评委的复审裁定书，并责令商评委重新作出裁定，商评委重新裁定亦认为被诉标识不予核准注册，截至本案审理时，并无证据表明被诉标识已经获得注册。故被告不再享有被诉标识的注册商标专用权，本案不属于注册商标之间的争议，一审法院有权对本案进行审理。

二、注册商标被撤销后对之前使用行为的溯及力

商标法第四十七条第二款规定，宣告注册商标无效的决定或者裁定，对宣告无效前人民法院做出并已执行的商标侵权案件的判决、裁定、调解书和工商行政管理部门做出并已执行的商标侵权案件的处理决定以及已经履行的商标转让或者使用许可合同不具有追溯力。但是，因商标注册人的恶意给他人造成的损失，应当给予赔偿。该规定并未明确宣告注册商标无效的决定或裁定，对宣告无效前商标注册人自身使用商标的行为是否具有追溯力，即在先的注册商标权人是否可以据此主张在后注册商标无效前的使用行为构成侵权。我们认为，商标局或商评委关于准予商标注册的决定对于商标权人在内的社会公众均具有一定的公信力，因信赖商标注册部门的决定而实施的相关商标使用、许可、转让或者保护等行为应当受到保护，不能因为注册商标之后被撤销或无效而使得原本合法的行为转变为侵权行为，否则基于注册商标而进行的各种市场活动将缺乏稳定性和可预期性，不利于市场主体的交易安全。但是，商标法第七条规定，申请注册和使用商标，应当遵循诚实信用原则。如果商标注册人在申请商标注册时或者使用注册商标时，主观上存在恶意，即明知其申请注册或使用的商标侵害他人在先权利，那么上文提及的商标注册人值得保护的信赖利益便不复存在。不论注册商标是否被撤销或者宣告无效，在先的权利人均可以主张在后的商标使用行为构成侵权。因此，通常所理解的"两个注册商标之间的争议，人民法院不予处理"的规定，应当指两个合法有效注册商标之间的争议，如果在后注册商标的申请或使用存在恶意，人民法院应当予以处理。同理，商标不予注册、被撤销或无效的决定、裁定等对于注册商标撤销或宣告无效前的使用行为是否具有溯及力，也应取决于注册商标权利人申请或使用商标是否具有恶意。即注册商标被撤销或宣告无效的，对于撤销或无效之前的商标注册权人的使用行为原则上没有溯及力，但因商标注册人的恶意给他人造成的损失，应当给予赔偿。

三、行民交叉案件中混淆误认的区别与判断

被诉标识注册商标被撤销前的使用行为是否构成侵权，取决于两个方面的判断，一是被告主观上是否存在恶意；二是被告使用被诉标识的行为是否容易导致混淆误认。对于前者，行政授权确权诉讼和民事侵权诉讼的判断并无不同，本案中，被告与原告同处于江苏省，且生产、销售的产品

为疗效近似的抗生素药品。在原告使用权利商标多年后，被告在基本相同的商品上申请注册并使用与权利商标近似的标识，且不能对采用“希能”作出合理的解释，故主观上可以认定存在恶意。但需要引起注意的是混淆误认的判断。有观点认为，在商标授权确权行政诉讼中，相关法院已经做出了被诉标识的注册容易与原告商标产生混淆误认的判断，故民事诉讼中应当作出相同的认定。但我们认为，行政授权确权案件与民事侵权诉讼中对混淆可能性的认定存在区别。前者应当考虑被异议商标核定使用的所有商品类别，只要在任一商品上存在混淆可能性，被异议商标便不应准予注册；后者则仅考虑被诉标识实际使用的商品类别。因此，行政授权确权案件中对于混淆误认的判断要严于侵权民事诉讼。即存在行政诉讼中认定存在混淆误认，但民事侵权诉讼中认定实际使用的商品不会与原告混淆误认的可能性。本案中，被诉标识核定使用的商品包括医药制剂、人用药、针剂、片剂、水剂等，但实际使用的商品为“头孢丙烯干混悬剂”；故本案中不宜直接根据最高人民法院的再审判决认定被诉标识实际使用的商品也容易使相关公众产生混淆误认，在民事诉讼中仍应根据实际使用的情况判断被告的使用行为是否容易导致混淆误认。考虑到被诉标识与权利商标所使用的商品均为医药制剂类，属于相同商品；被诉标识与权利商标的发音相同，二者运用文字的方式和风格非常接近；而且涉及的商品属于药品，与人们的生命健康息息相关，在认定是否容易导致混淆误认时应当施加较为严格的标准。我们最终认定被告实际使用被诉标识的行为容易导致混淆误认，故被告的行为构成侵权。

（凌宗亮　作者单位：上海知识产权法院）

18

界定被控侵权商品生产者的证据标准

——陕西西凤酒公司与陕西西凤凰公司、衡水卧龙泉公司侵害商标权纠纷案

【案号】

（2018）陕 01 民初 512 号

【裁判要旨】

被控侵权商品标注的商标为被控侵权人曾申请注册，商品的正面瓶贴标注有企业名称，被控侵权人不存在竞争优势，冒用者既无法获得商业经营资源的优势，也不能搭车获得额外收益，且被控侵权人在权利人维权阶段仍能提供被控侵权商品，法院可以认定被控侵权人系涉案被控侵权商品的生产者和销售者；被控侵权商品注明的生产商虽系被控侵权人，因被控侵权人与被控侵权商品商标申请人曾合作生产白酒，被控侵权人在权利人维权取证时表示不销售被控侵权商品，同时证据也不足以证明涉案被控侵权商品系其生产，由此可以认定被控侵权人并非被控侵权商品的生产者。

【案情介绍】

1987 年 4 月 20 日西凤酒厂取得第 284524 号注册商标，商标上部为白色凤凰图案，中心为花朵，下部有金色“西鳳酒”字样，底部有厂名，背景颜色上部红色，下部绿色，红色占比大；核定使用商品酒；该商标转让给陕西西凤酒股份有限公司（简称西凤酒公司），有效期至 2027 年 4 月 19 日。1999 年 6 月 28 日西凤酒厂取得第 1289164 号“西鳳”注册商标，核

定使用商品为含酒精饮料等，后该商标转让给西凤酒公司，续展至2019年6月27日。2016年8月20日西凤酒公司取得“西鳳375”注册商标，核定使用商品为白酒等，有效期至2026年6月20日。2016年8月23日陕西西凤凰酒业股份有限公司（简称西凤凰公司）在白酒等商品上申请“西夙”商标未获注册。2017年12月7日西凤酒公司以公证方式到崇尚烟酒店购买的“西夙酒”瓶正面有两个瓶贴，上部为红色，注有“西夙酒”，下部底色为红、绿色，红色比例较大，瓶贴有一白色凤凰，凤凰左下角有一花朵，写有金色“西夙酒”，酒字右下角标有“375”；瓶底有西凤凰公司的企业名称。该酒背面注明委托商西凤凰公司及地址、电话；生产商衡水卧龙泉酒业有限公司（简称卧龙泉公司）、地址、电话。西凤酒公司认为西凤凰公司委托卧龙泉公司生产、崇尚烟酒店经销的“西夙375”酒，包装及标牌与西凤酒公司的“西凤375”酒相似，侵犯其商标权，诉至法院，请求判令西凤凰公司、卧龙泉公司、崇尚烟酒店：1. 停止包括生产、销售西夙375酒等侵犯商标权的行为；2. 连带赔偿西凤酒公司损失300万元；3. 连带承担西凤酒公司为制止侵权行为支付的公证、律师费等合理费用20万元。西凤凰公司辩称，其从未生产销售“西夙酒”，也未委托他人生产销售，该酒是他人假冒其名义生产，请求驳回西凤酒公司的诉讼请求。

庭审中经拨打公证购买商品标注的电话后，接话人表示是西凤凰公司的门市电话，公司卖西夙酒。卧龙泉公司称其不销售西夙酒，只卖卧龙泉衡水老白干。西凤凰公司、卧龙泉公司在彩凤飞酒生产上有合作，西凤凰公司称合作时卧龙泉公司只生产酒，外包装系其委托他方生产。

【裁判结果】

陕西省西安市中级人民法院经审理认为，西凤酒公司系从“崇尚烟酒”购买商品，崇尚烟酒店销售了被控侵权商品。被控侵权商品商标为“西夙”、厂家西凤凰公司，西夙酒在市场上不存在竞争优势，冒用者既无法获得经营资源的积累，也不能获得额外收益，可以认定西凤凰公司系涉案被控侵权商品的生产、销售者。被控侵权商品注明的生产商虽是卧龙泉公司，但不足以证明商标侵权行为与卧龙泉公司存在关联。被控侵权商品与涉案注册商标核定使用的商品种类相同，凤凰图案的瓶贴与西凤酒公司注册商标整体近似，会对商品的来源产生误认，可以认定被控侵权商品侵犯了西凤酒公司注册商标权。被控侵权商品使用的西夙酒、西夙酒 375 字样，易使相关公众产生混淆，侵犯了西凤酒公司第 1289164 号、第 16473407 号注册商标专用权。考虑涉案商标的知名度、侵权性质、后果等确定赔偿数额。遂判决：西凤凰公司、崇尚烟酒店立即停止侵犯西凤酒公司第 284524 号、第 1289164 号、第 16473407 号注册商标专用权的行为；西凤凰公司赔偿西凤酒公司损失（含合理费用）30 万元；崇尚烟酒店赔偿西凤酒公司经济损失（含合理费用）2 万元。

宣判后，当事人均未上诉，本案判决已经发生法律效力。

【法官评析】

一、被控侵权商品生产者的界定标准

对于被控侵权商品生产者的界定涉及举证证明责任及证据的证明标准等问题。《最高人民法院关于适用〈中华人民共和国民事诉讼法〉的解释》第一百零五条规定：人民法院应当按照法定程序，全面、客观地审核证据，依照法律规定，运用逻辑推理和日常生活经验法则，对证据有无证明力和证明力大小进行判断，并公开判断的理由和结果。此外该解释第一百零八条规定：对负有举证证明责任的当事人提供的证据，人民法院经审查并结合相关事实，确信待证事实的存在具有高度可能性的，应当认定该事实存在。基于此在民事诉讼中，对被控侵权商品生产者的界定应当遵循“高度盖然性”的证明标准，尽量借助证据媒介使法律事实与客观事实相符，最终以法律事实为准。

1. 被控侵权商品上公示的信息具有信赖力。实践中侵犯注册商标专用权大体可分为假冒和仿冒两种，其中“假冒”是指使用了与注册商标一致的标识，也包括完全冒充真品，具体讲就是假冒品所使用的商标、款式、品牌人名义等与真品完全一致，这也就是消费者所称的 A 货；“仿冒”是指使用了与注册商标近似的标识，该被控侵权商品系由被控侵权人提供，被控侵权人将其信息（企业名称、地址、电话、网址等）印制在被控侵权商品外包装上。仿冒又分两种情形，一是被控侵权人为了更加以假乱真，注册登记了与知名商标相同或近似的字号，被控侵权人将包括该字号在内的企业名称、与知名商标近似的标识一并使用在被控侵权商品上；二是被控侵权人注册登记的字号与知名商标不相同、不近似，其将包括该字号在内的企业名称、与知名商标近似的标识一并使用在被控侵权产品上。上述“假冒”情形中冒充真品，因被控侵权商品使用了与真品完全一致的信息，故这种情形下只能查找其背后真正的被控侵权人，并由其承担法律责任。对“假冒”和“仿冒”，明确地使用了被控侵权人自有名义，可以据此公示信息信赖被控侵权商品来自该被控侵权人，可以认定被控侵权人是适格被告，除非反证可以推翻以上事实。当然，原告应当承担举证证明责任，即应当由其提供证据证明被控侵权商品来自被控侵权人，且以上证明须使得法官确信其拟证明的事实存在具有高度可能性。事实上使人确信的媒介载体是指印制在被控侵权商品上的被控侵权人信息，如企业名称、地址、电话、邮件，有的还有企业网址、生产许可证等公示信息。实践中绝大部分被控侵权人对于被控侵权商品由其提供不持异议，其主要抗辩认为被控侵权商标的使用并未造成相关公众的混淆误认，并未侵害原告注册商标权。但有些案件被控侵权人辩称被控侵权商品并非其提供，是有人冒用了被控侵权人的名义生产、销售的，故被告并不适格。笔者认为，在原告为其主张提供了证据，且运用逻辑推理和日常生活经验法则能够使人信赖以上证据可以证明被控侵权商品系被控侵权人提供，被告应当为其抗辩提供反驳证据。《最高人民法院关于民事诉讼证据的若干规定》第二条规定，当事人对自己提出的诉讼请求所依据的事实或者反驳对方诉讼请求所依据的事实有责任提供证据加以证明。由此可见，针对以上情形，如被控侵权人仅口头反驳，则其反驳意见不应采信。

2. 被控侵权人应提供合法有效的反驳证据证明被控侵权商品并非由其提供。在原告提供有效证据后，作为反驳该事实存在的一方应当提供反驳证据，例如假冒他人企业名义从事生产经营活动涉嫌犯罪的，被控侵权人作为受害人至少应当向公安机关报案；如被控侵权人知晓他人假冒其名义，也可针对该人提起民事诉讼，以上所形成的证据都可成为被控侵权人提出反驳主张的有效证据。实践中还有一种情况是被控侵权人找案外人并与其串通，指使该案外人出具证明自认被控侵权商品系其假冒被控侵权人名义生产和销售，以此逃避法律责任。对此需要被控侵权人提供案外人具备生产条件和生产能力的证据，以及其他必要证据来识别该案外人所述事实是否真实。如被控侵权人仅提供了案外人的以上自述而无其他证据，那也不应当认定被控侵权人的反驳主张。具体到本案中，在案证据已使人确信被控侵权商品由西凤凰公司生产、崇尚烟酒店销售，虽然西凤凰公司辩称被控侵权商品与其无关，但其也未提供反驳证据，故其辩称不能成立。

二、判断商标近似的标准

《最高人民法院关于审理商标民事纠纷案件适用法律若干问题的解释》（简称司法解释）第九条规定：商标近似是指被控侵权的商标与原告的注册商标相比较，其文字的字形、读音、含义或者图形的构图及颜色，或者其各要素组合后的整体结构相似，或者其立体形状、颜色组合近似，易使相关公众对商品的来源产生误认或者认为其来源与原告注册商标的商品有特定的联系。由此商标近似是判断商标侵权的必要条件，使用与在先注册商标近似的标识，可能构成侵权。“易使相关公众对商品的来源产生误认或者认为其来源与原告注册商标的商品有特定的联系”是判断是否构成商标侵权的“充分必要条件”，如果缺乏“混淆误认”，即使商标近似也不会构成商标侵权。最高人民法院在杭州奥普卫厨科技有限公司、浙江现代新能源有限公司等与杭州奥普卫厨科技有限公司、浙江现代新能源有限公司等侵害商标权纠纷申请再审民事判决中认定：商标法所要保护的，是商标所具有的识别和区分商品及服务来源的功能，而并非仅以注册行为所固化的商标标识本身。因此，商标标识本身的近似不是认定侵权行为是否成立的决定性因素，如果使用行为并未损害涉案商标的识别和区分功能，亦未因此而导致市场混淆的后果，该使用行为即不在商标法所禁止的范围之中。这显然是将“商标近似”分解为“商标标识近似 + 混淆误认”两个层面，只有达到这两个层面的标准时，才能认定商标侵权成立。

1. 商标标识近似。标识近似指商标标识的字形、读音、含义或者图形的构图及颜色，或其各要素组合后的整体结构相似，或其立体形状、颜色组合近似。最高人民法院司法解释规定对“商标标识”本身的近似进行了界定。实践中出现的情况可能千差万别，但需注意的是在判断标识近似时，“字形”呈现在相关公众眼前的视觉效果应排第一位，读音排第二位，含义排第三位，且视觉效果应占有较大权重，假设两商标字形近似，但读音和含义不同，也可认定二者在标识层面构成近似。典型的例证就是繁体字和简体字商标，如賓利（宾利）和寶利（宝利），宾利的繁体字“賓”与宝利的繁体字“寶”的发音和含义不同，但二者呈现出来的视觉效果近似，在这种情况下賓利和寶利可构成近似标识。本案中，被控侵权商标“西夙酒”与注册商标“西凤酒”从发音和含义看有差异，但“夙”与“凤”在字形、外观视觉效果上则近似，故“西夙酒”与“西凤酒”构成标识意义上的近似。

2. 混淆误认。混淆误认既包括来源的混淆误认，也包括联想式的混淆误认以及反淡化等。实践中多见的是联想式混淆误认，是使相关公众误以为被控侵权商品提供者与原告存在合作合营、授权许可等关系。判断是否造成混淆误认时，原告注册商标的知名度、显著性是重要的考虑因素。前述最高人民法院审理的奥普再审民事判决认为基于知识产权保护激励创新的目的和比例原则，知识产权的保护范围和强度要与特定知识产权的创新和贡献程度相适应。只有使保护范围、强度与创新贡献相适应、相匹配，才能激励创新、鼓励创造，符合比例原则的要求。对商标权的保护强度，与其应有的显著性和知名度相适应。知名度高、显著性强的注册商标，其禁用权的范围就较大，可享受更强的保护。本案中，因“西凤酒”经过长期使用在相关公众中具有很高的知名度，且西凤酒自身的显著性和识别力较强，故被告使用与之近似的“西夙酒”容易使相关公众误以为“西夙酒”与“西凤酒”存在某种联系，该行为属于侵害西凤酒注册商标专用权的行为，应予以禁止。

三、生产者与销售者分别承担损失的考量标准

商标侵权案件中，生产者的被控侵权行为被认定，则其应赔偿原告的损失。对于销售者而言，根据《商标法》第六十四条规定，如销售者不知其所售商品是侵权产品，且能够证明商品是合法取得，并提供了证据，则该销售者可不承担赔偿责任。

1. 生产者是侵权行为的始作俑者，其应承担赔偿责任。根据《商标法》第六十三条规定，计算损害赔偿时应先行计算原告因此遭受的损失；在损失难以计算时，再计算被告因此获得的利益；如被告获益也难以计算，可参照原告注册商标许可使用费的倍数合理确定；如该项仍难以计算，则可适用法定赔偿，在 300 万元以下的由法庭酌定具体赔偿额度。此外，司法解释第十五条规定，原告受损的计算标准为权利人因侵权所造成商品销售减少量或侵权商品销售量与该注册商标商品的单位利润乘积计算。根据司法解释第十四条规定，被告获益的计算标准为侵权商品销售量与该商品单位利润乘积计算；该商品单位利润无法查明的，按注册商标商品的单位利润计算。最高人民法院审理的雅马哈发动机株式会社与浙江华田工业有限公司、台州华田摩托车销售有限公司等商标侵权纠纷案民事判决认定，侵权人违法所得的计算，一般涉及销售利润、营业利润和净利润。《最高人民法院关于审理专利纠纷案件适用法律问题的若干规定》第二十条规定，侵权人因侵权所获得的利益一般按照侵权人的营业利润计算，对于完全以侵权为业的侵权人，可以按照销售利润计算。该规定在计算单位利润时，可以作为参照。在商标侵权案件中，有证据证明被告系以侵权为业，在计算损害赔偿时如选择获益计算标准，可按“销售利润”计算损害赔偿额。

2. 销售者的销售行为客观上使得被控侵权商品得以在市场上流通，进而为相关消费者所知悉和购买。如有证据证明销售者明知侵权产品仍进行销售，那么其应当与生产者承担赔偿责任；如无证据证明以上事实，但销售者无法提供其销售被控侵权商品的合法来源，或其提供证明合法来源的证据不能使人确信其所证明的事实，则销售者应独立承担部分赔偿责任，该责任的计算标准与生产者应承担的赔偿责任的计算标准相同。

（姚建军　作者单位：陕西省西安市新城区人民法院）

19

变更经营地址但未超出原经营规模不应被认定为超出原使用范围

——穆某波与鸿顺德雅集（天津）商贸有限公司侵害商标权纠纷案

【案号】

一审：（2017）津0101民初7702号

二审：（2018）津01民终4710号

【裁判要旨】

天津市河北区鸿顺德饭庄在涉案商标申请注册之前使用“鸿顺德”标识的行为可以视为鸿顺德族民饭庄的在先使用行为，且该使用行为使鸿顺德标识具有一定的影响和商誉。被告变更经营地址的行为并未扩大鸿顺德标识的使用范围，不应被认定为超出了原使用范围，故被告使用鸿顺德标识构成在先使用。

【案情介绍】

穆某波于2014年10月申请注册了“鸿顺德”商标，并于2015年12

月核准注册，核定使用在饭店、快餐店等服务中。天津市红桥区鸿顺德族民饭庄（以下简称鸿顺德族民饭庄）的经营者张某于 2000 年 8 月在天津市河北区注册了天津市河北区鸿顺德饭庄，并于 2015 年 3 月在天津市红桥区注册了鸿顺德族民饭庄。鸿顺德族民饭庄在经营中使用了“鸿顺德”标志，且在相关公众范围内具有一定的知名度。穆某波认为鸿顺德族民饭庄未经许可，在企业名称、店面招牌及产品宣传资料中使用了“鸿顺德”标识，起诉请求判令鸿顺德族民饭庄停止侵权、赔偿损失等。

【裁判结果】

天津市和平区人民法院认为，鸿顺德族民饭庄及天津市河北区鸿顺德饭庄为同一经营主体即经营者张某，张某注册经营天津市河北区鸿顺德饭庄并使用“鸿顺德”标志的时间早于穆某波申请涉案注册商标的注册时间。鸿顺德族民饭庄使用的“鸿顺德”标志有一定的影响，且已经积累了一定的商誉。故鸿顺德族民饭庄的经营者张某使用“鸿顺德”标志具有在先使用权，穆某波无权禁止其在原使用范围内继续使用该商标。二审法院认为，天津市河北区鸿顺德饭庄在涉案商标申请注册之前使用“鸿顺德”标识的行为可以视为鸿顺德族民饭庄的在先使用行为，且该使用行为使“鸿顺德”标识具有一定的影响和商誉。鉴于天津市河北区鸿顺德饭庄已停止经营，其经营者张某继续经营鸿顺德族民饭庄，应认定为只是经营地址发生了变化，并未扩大“鸿顺德”标识的使用范围，故鸿顺德族民饭庄使用“鸿顺德”标识不应被认定为超出了原使用范围。鸿顺德族民饭庄使用“鸿顺德”标识符合商标在先使用的条件，构成在先使用。

【法官评析】

一、商标在先使用抗辩的法律构成要件。商标权注册主义是商标在先使用制度设立的重要原因，系为了保护在先使用人在先形成的商誉，赋予在先使用商标人在先使用抗辩，以对抗商标专用权人的侵权主张。我国商标法第五十九条第三款规定的在先使用抗辩构成要件有四：第一，在先使用时间早于商标注册人使用该商标的时间；第二，在先使用时间早于商标申请注册日；第三，在相同或者类似商品上先使用的相同或者近似商标已取得一定影响；第四，使用人继续使用该商标不得超出原使用范围。

二、关于商标在先使用抗辩适用于本案的分析。我国商标法规定的在先使用四要件可以归纳为三个要素：时间要素、使用要素及范围要素。时间要素要求在先使用行为早于注册商标人使用该商标的时间，且早于商标申请注册日。早于商标申请注册日实践中争议不大，但是早于注册商标人使用该商标的时间实践中认识不一。有意见认为，虽然晚于注册商标人使用，但是早于商标申请注册日也可以构成在先使用抗辩。单纯从商标法第五十九条第三款的规定分析，应当认定晚于注册商标人使用的行为不构成在先使用抗辩，但是实践中有些企业虽然商标使用行为晚于商标注册人，但是其系基于善意且无过失的自主使用，如果将其排除出在先使用范畴，难言合理。作者认为，在时间要素方面在先使用抗辩一般需满足两个先于的时间标准，但是如果在先使用人主观并无恶意，且有证据证明其并未接触到商标注册人使用在先的商标，则即便商标注册人使用在先，在先使用行为亦符合在先使用要件。

关于使用要素，在先使用要求先用行为应当满足在相同或者类似商品上先使用的相同或者近似商标已取得一定影响的要求。在同种或类似商品或服务上使用易于判断，但是司法实践中如何判断在先使用商标已取得一定影响，则稍显困难。《最高人民法院关于审理商标授权确权行政案件若干问题的规定》规定，在中国境内实际使用并为一定范围的相关公众所知晓的商标，即应认定属于已经使用并有一定影响的商标。有证据证明在先商标有一定的持续使用时间、区域、销售量或者广告宣传等的，可以认定其有一定影响。该条文界定的有一定影响指的应当是最低意义上的影响，也即在先使用人通过一定时间，在一定地域范围内的使用，使得特定地域范围内的消费者形成对该标识与营业之间的特定联系的固有认识，就可以认定为有一定影响。

本案被告使用“鸿顺德”标识的时间早于商标注册人使用时间，也早于涉案商标的申请注册日，在时间要素上符合在先使用抗辩的要求。且原告提交的其持续使用“鸿顺德”标识的时间、区域等证据及关于原告的新闻报道等证据，证明原告的“鸿顺德”标识已经积累了一定的商誉，具有一定的影响。因而被告使用鸿顺德标识是否构成在先使用，关键在于被告变更经营地址是否应当被认定为超出原使用范围。

三、原使用范围的界定。如何理解商标法第五十九条第三款规定的“原使用范围”，实践中较为混乱。在蒋玉友诉南京夫子庙饮食有限公司等侵害注册商标专用权纠纷案中，江苏省高级人民法院认为，具有历史渊源的商业标识使用在先，商标注册人注册该商标在后的，可以允许标识使用者在原有范围内，且不改变原有标识和扩大经营区域及规模的前提下，附加区别性标识继续使用。而在北京中创东方教育科技有限公司诉北京市海淀区启航考试培训学校等侵害商标权纠纷案中，北京知识产权法院法官认为，对“原有范围”的要求应结合该条款的立法目的、商标本身的特性以及经营活动的特点等因素综合分析。“后续使用”的“商标”及“商品或服务”应与在先使用的商标及商品或服务“相同”或“基本相同”，而不能延及未使用过的类似商品或服务上的近似商标。此处所称的“使用规模”是指在先使用人自身的经营规模，不包括许可他人使用的情形。《商标法》第五十九条第三款规定的目的在于保护那些已经在市场上具有一定影响但未注册的商标的所有人的权益，该保护应是实质性的，对在后使用行为的使用规模不应有所限制。

从上述案例可以看到，实践中关于原使用范围的争议主要表现在四个方面：首先，在先使用的商标标识是否必须限于原标识；其次，在先使用的注册经营范围是否能够扩大或者变更；再次，在先使用人的主体范围是否限于在先使用人本人；最后，在先使用的经营规模包括地域规模是否可以扩大。

“原使用范围”的界定应当基于具体案情，根据在先使用标识企业的经营范围、行业特点以及企业发展状态进行个案认定。首先，在先使用的商标标识并非必须限于原标识。为了保障企业的经营自主权，应当允许经营者基于经营的需要对商标的字体、颜色及构造进行适于经营的变更，但是该变更使用行为应当是善意的，不得不当攀附注册商标商誉，更不得引起消费者的混淆。

其次，在先使用行为的注册经营范围是否能够扩大或者变更。基于商标法第五十九条第三款的文义解释，在先使用行为不能扩大或者变更注册经营范围。但是从商标侵权角度分析，如果在先使用人改变原有注册的经营范围，会导致原、被告在不同商品或者服务上使用相同或近似商标，排除原告商标为驰名商标的情形，扩大或变更经营范围直接排除了侵权发生的可能。虽然在先使用制度不允许，但是商标侵权构成原理则排除了该种使用行为的侵权可能性，因而应当认定允许在先使用商标的企业扩大或变更其经营范围。

再次，在先使用的主体是否限于"在先使用人"本人，该问题主要涉及在先使用人的被许可人是否可以援引在先使用进行不侵权抗辩。对于该问题，应当以被许可人获得许可的时间为标准进行判断。符合在先使用抗辩法定构成要件的、已在先获得许可的"被许可使用人"，应当可以在不超出原有范围的情况下继续获得使用的许可，并援引在先使用对抗侵权的主张；如果在先使用人在商标注册申请日以前没有发放许可，则其继后不能再行许可他人使用该商标，否则在先使用人与被许可人均构成侵权。

最后，关于在先使用的经营规模包括地域规模是否可以扩大，变更经营地址但是未超出原经营规模是否应被认定为超出原使用范围。江苏省高院认为，在先使用商标的企业不得扩大经营区域及规模，而北京知识产权法院的观点则认为，不应对在后使用行为的使用规模有所限制。根据文义解释的方法，原使用范围应当将在先使用的范围限定于原有经营范围、地域和规模。但是从企业的经营现实考虑，任何一个正常经营的企业都有内生的扩大经营的冲动，且商标法的宗旨在于保护注册商标的商标专用权，利用商标积累下的商誉扩大商品知名度并进而促进企业发展，禁止企业扩大生产经营也不合商标法的本旨。然而如果允许未注册在先使用商标扩大生产经营，则势必会损害注册商标人的权利，甚至会造成反向混淆。商标权注册主义制度的宗旨在于商标权注册取得，如果允许未注册商标企业利用他人已注册商标任意扩大生产经营，势必会造成市场上两种商标并存的状态，并进而导致消费者混淆并扰乱市场秩序。未注册商标人在未注册的状态下，明知市场上存在着经营同种或类似商品或服务的商标，仍然不采取补救措施而放任未注册状态的存在，本身也难言存在善意。因而江苏省高级人民法院观点殊值赞同，在先使用商标的企业不得扩大经营区域及规模，而只能在原有地域范围、经营范围和原有生产规模的基础上进行生产。

而对于在先使用人变更经营地址但未超出原经营规模的使用行为，是否应被认定为超出原使用范围，是本案被告是否构成侵权的关键。原使用范围的规定意在避免在先使用人扩大生产经营后可能造成的混淆，保护商标注册人利用商标形成的市场利益，所以商标法严格限定在先使用人只能在原使用范围内使用商标。如果在先使用人只是变更经营地址，并无攀附被告商标商誉的主观恶意，且未扩大生产经营规模，也未侵害注册商标人的市场利益，则应当认定被告不构成侵权。本案原、被告均为提供餐饮服务的企业，并将鸿顺德作为企业字号的主要部分，且均不存在开设分店或者许可使用的情形。如果被告仍在原使用范围内使用鸿顺德标识，则可以认定被告的行为构成在先使用。餐饮店的经营特点决定其服务的地域范围是限定的，也即该餐饮店周边的特定区域。虽然鸿顺德族民饭庄的经营地址从天津市河北区变更为天津市红桥区，经营的地域范围发生变更，但是商标法在先使用制度禁止的是在先使用商标的企业扩大经营区域及规模，单纯经营地址的变更不应当认为扩大经营区域并构成超出“原使用范围”，因而应当认定本案被告构成在先使用。

（李国忠　刘剑腾　白俊勇　作者单位：天津市第一中级人民法院）

三、著作权案件

ZHU ZUO QUAN AN JIAN

20

网络游戏角色形象侵害动画片改编权的认定

——东映动画株式会社、株式会社万代南梦宫娱乐诉北京有爱互娱科技有限公司侵害著作权纠纷案

【案号】

（2016）京0108民初27959号

【裁判要旨】

动画角色形象演绎自漫画形象，对原漫画中的角色形象进行了独创性改编，形成了新的动画形象美术作品，虽然没有证据证明动画片制作者取得漫画作者的改编授权，但动画片制作者仍有权以动画形象美术作品著作权人身份进行维权。网络游戏在动画角色形象基础上进行改编，仍能体现出动画形象美术作品的独创性特点，构成侵害动画形象美术作品的改编权。

【案情介绍】

日本漫画家尾田荣一郎自20世纪90年代开始创作漫画《航海王》。东映动画于1999年起将其改编成《航海王》动画片（又称《海贼王》动画片），东映动画的美工人员在将原黑白漫画角色演绎创作成动画角色的同时，也为动画片增加了部分原创角色，并设计了对应剧情。《海贼王》动画片至今已陆续推出数百集，在我国获得了较高的知名度。

2014年7月1日，东映动画授权万代南梦宫在我国境内将《海贼王》动画片改编成网络游戏，后万代南梦宫开发的《航海王》手游上线。

二原告发现，在《航海王》手游上线之前，有爱公司开发运营的《梦想海贼王》手游已在各大应用平台上线，且获得了较高的用户量和关注度。经比较，《梦想海贼王》手游中的全部卡牌角色都来自《海贼王》动画片中对应角色，且卡牌角色对应的简介内容与动画片中对应角色相关剧情一致，扣除部分重复角色，《梦想海贼王》手游中共有 214 个卡牌角色与《海贼王》动画片中角色形象美术作品基本相同，其中包括 7 个东映动画原创的角色。

二原告向有爱公司起诉侵害其《海贼王》动画片角色形象美术作品改编权、信息网络传播权等，但东映动画无法提交漫画作者尾田荣一郎授予其改编动画片的权利证明。

【裁判结果】

北京市海淀区人民法院经审理认为：东映动画对《海贼王》动画片中阿碧丝等 7 个原创角色美术作品享有著作权。除了 7 幅原创角色形象美术作品，东映动画主张的其余角色形象都改编自《航海王》漫画中的漫画形象，《海贼王》动画片中的这些形象并非是对原漫画中黑白漫画形象的复制，而是从配色、动作、表情、肌肉线条等方面对原漫画中的美术作品进行了改编，部分角色形象进行了 Q 版化处理，属于对漫画角色美术作品的改编，对这 207 个动画角色美术作品享有著作权。

有爱公司未经许可，通过信息网络运营的《梦想海贼王》游戏中所用的 214 个角色形象是对《海贼王》动画片角色形象的再创作，属于为满足卡牌类网络游戏角色设定要求而在原作基础上进行的改编，侵害了二原告享有的动画角色美术作品的改编权、信息网络传播权。

综上，依照《中华人民共和国著作权法》第十条第一款第（十二）项、第（十四）项，第四十九条之规定，北京市海淀区人民法院判决：1. 本判决生效之日起三十日内，被告北京有爱互娱科技有限公司在本案证据显示的两家应用平台网站游戏栏目首页连续七十二小时刊登声明，就本案侵权行为为原告东映动画株式会社消除影响；2. 本判决生效之日起十日内，被告北京有爱互娱科技有限公司赔偿原告东映动画株式会社经济损失300万元；3. 本判决生效之日起十日内，被告北京有爱互娱科技有限公司赔偿原告株式会社万代南梦宫合理开支117654元；4. 驳回原告东映动画株式会社、原告株式会社万代南梦宫的其他诉讼请求。

本案一审生效。

【法官评析】

本案涉及演绎作品著作权人维权中，侵权行为如何认定的问题。动漫游戏产业中，将漫画改编成动画片或影视剧，再将动画片或影视剧改编成游戏的情形比较普遍。如果动画制作者将他人漫画改编成动画片，则动画制作者享有动画片的著作权。如果有人又将动画片中角色形象改编成游戏角色形象，动画制作者无法提交证据证明获得上手的漫画作者授权，是否影响动画制作者向侵权游戏开发经营者进行维权。对此，本案争议焦点在于以下三个问题：

一、动画片制作者未获得上手漫画著作权人授权改编，能否享有动画片的著作权

创作者享有作品的著作权。若创作素材非原创，而是在他人在先作品基础上进行演绎改编的再创作，只要演绎作品能体现改编者的独创性表达，那么，改编者就是改编作品的著作权人，就能对改编作品享有著作权。

未经许可改编他人作品，并不影响改编者对改编作品享有著作权，但是否获得原作品著作权人的授权，会影响改编行为是否侵害原作品作者的权利。因此，动画片制作者未获得上手漫画著作权人的改编授权，可能涉及侵害漫画作者的著作权，但由于其在动画制作中付出了自己的独创性劳动，不影响其对动画片所享有的著作权。

二、如何判断忠于漫画原作的动画角色的独创性

若动画形象本身的主要特点、造型都忠实于漫画原著，区别主要是将黑白线条的漫画角色进行着色后的动态化处理，这种行为是否体现独创性表达?

值得一提的是，为动漫角色从皮肤、发型、衣着、配饰、武器道具等各种相关元素的配色不会拘泥于现实生活中真实人物或事物的审美范围，给性格特点、脾气秉性和经历喜好迥异的众多角色搭配各种颜色，客观上有无限可能，因此，配色本身也能体现设计者在对角色理解的基础上作出个性化的选择安排。

同时，由于漫画中以素描线条表现的角色形象，在配色过程中，需要将素描阴影去除后以颜色深浅表现角色本身的质感，加之这些形象需用于动画片制作中，因此还要对角色形象从神态、表情、肌肉、衣着配饰、风格特色等方面进行调整完善，将漫画中的平面表现立体化，以便于能形成一系列动态化形象。

因此，动画角色形象虽然演绎自漫画形象，但不是对原漫画形象的简单复制，而是在配色、动作、表情、肌肉线条等方面对原漫画中的角色形象美术作品进行了专门设计选择，已能体现动画形象设计者在漫画形象基础上融合了自己的独创性表达。

三、网络游戏改编使用动画形象，该如何认定侵权

网络游戏经营者使用的游戏角色形象虽然同时能在动画片和漫画中找到角色原型，但网络游戏中所用的角色形象并不是对动画或漫画角色的照搬照抄。经比较，网络游戏角色形象从配色、肌肉线条、表情神态表现等方面，与动画片中角色形象的独创性特点基本相同。同时，这些角色形象基础设计风格特点显然也体现了漫画角色形象独创性部分。

之所以可以认定网络游戏直接改编了动画角色形象，一方面在于网络游戏中的角色形象除基础线条表现力与漫画角色形象相同外，其他能体现该角色风格、特点的更能引起用户注意力的部分都来自动画角色形象；另一方面是从游戏开发客观实际出发考虑，在动画角色形象基础上改编游戏角色形象，将极大地降低开发成本，而且能吸引比漫画读者群体更大的动画片观众群体成为游戏玩家。

因此，网络游戏经营者开发游戏角色形象可以视为在动画形象美术作品基础上的再创作，而其创作的基础作品，分别涉及动画和漫画形象美术作品。

如果网络游戏经营者的行为未获得合法授权，在不符合法律规定的可予免责的情形下，其同时侵害了漫画作品和动画片著作权人的著作权。在司法实践中，法院还会根据侵权人侵权使用他人作品的独创性部分，对侵权人应当向不同的权利人承担的侵权责任予以区分。比如，本案例中，法院在最终判决有爱公司应当承担的赔偿责任时，就考虑了漫画作者的获赔份额。

（曹丽萍　作者单位：北京市海淀区人民法院）

21

改编权权利边界探讨

——周某晖诉余某、周某、芒果影视文化有限公司等侵害作品改编权、摄制权纠纷案

【案号】

一审：（2015）扬知民初字第00015号

二审：（2017）苏民终236号

【裁判要旨】

改编权是指改变作品，创作出具有独创性的新作品的权利。改编权所保护的是基于原作品产生的派生创作利益，因而如果他人仅是少量利用原作品的部分片段或故事桥段，尚不足以达到在改变原作品基础上产生新作

品的程度，此种情形不应当纳入改编权的保护范围，所涉行为可由复制权加以控制，或者归入合理使用的范畴。

【案情介绍】

小说《邪恶催眠师》的作者系周某晖。该小说于2013年4月由同心出版社出版发行，共十个章节加尾声，字数为29.8万字。湖南经视公司曾于2014年4月联系周某晖，希望购买小说影视版权，双方最终因价格问题未能成交。

周某系电视剧《美人制造》第29、30集的署名编剧。2014年6月6日，周某与东阳欢娱公司签订委托创作合同书，由周某按照东阳欢娱公司已完成的剧本续写5集文学剧本，完成时间为2014年6月30日，稿酬为15万元，版权归东阳欢娱公司所有，周某享有编剧署名权。电视剧《美人制造》第29、30集片尾标注了制片人、编审余某，编剧周某，出品单位湖南经视公司、东阳欢娱公司、海宁新创公司，承制方于正工作室。电视剧《美人制造》第29、30集于2014年12月21日在湖南卫视首播，第29集时长57分46秒，第30集时长31分46秒，总计89分32秒。周某晖在微博发帖维权后，周某通过电话、微信、短信联系周某晖，表明其编剧身份，称看过周某晖小说后留下深刻印象，把握不好模仿跟抄袭的界限，并诚恳道歉。

就两部作品，一审判决查明：1. 周某晖小说《邪恶催眠师》的故事梗概，以及小说中三个催眠情节的具体内容；反派人物白亚星与韩雪感情线索及反派犯罪的动机。2. 电视剧《美人制造》第29、30集故事梗概，其中三个涉案催眠情节的具体内容；电视剧反派人物袁客师研究迷魂术的目的。3. 涉案催眠内容的在先素材。①

① 限于篇幅，一审法院查明的上述内容在此省略。为便于了解案情，本文对两部作品的内容进行简单概括。小说《邪恶催眠师》讲述的是刑警罗飞侦破、制止催眠师利用催眠犯罪的故事，属于以现代侦破案件为脉络的催眠题材现代悬疑侦破小说；《美人制造》是一部周播栏目剧，讲述的是唐朝女皇武则天时期太医署男御医贺兰钧与歌舞坊老板娘苏莲衣之间充满坎坷但却动人唯美的爱情故事，共贯穿十个单元。其中第29、30集系以武则天立太子为背景，以贺兰钧揭穿袁客师利用迷魂术图谋辅佐武三思上位为叙事脉络的宫廷争斗剧。

周某晖一审主张，湖南卫视播放的《美人制造》第29、30集的剧情架构、人物设置、关于催眠术的理解、主要人物感情线索、反派犯罪动机、三个具体催眠桥段等与周某晖作品《邪恶催眠师》高度雷同。余某、周某使用《邪恶催眠师》的人物设置、人物关系及故事情节进行改编，湖南经视公司、东阳欢娱公司、海宁新创公司、于正工作室作为专业拍摄及制作单位，未尽合理注意义务而使用改编剧本，六被告具有共同过错，共同侵害了周某晖的作品改编权。湖南经视公司、东阳欢娱公司、海宁新创公司、于正工作室共同摄制了《美人制造》，且得到余某、周某的许可，余某还作为制片人为拍摄提供实质性帮助，六被告共同侵害了周某晖作品的摄制权。周某晖向江苏省扬州市中级人民法院提起诉讼，请求停止侵权、公开道歉、消除影响并赔偿损失。

【裁判结果】

一审法院经审理认为：《邪恶催眠师》2013年4月在全国公开发行，湖南经视公司曾于2014年4月与周某晖商谈购买该作品的影视改编权未果，周某亦承认看过小说并留下深刻印象，而六被告对于被诉作品系分工合作关系，在湖南经视公司、东阳欢娱公司、海宁新创公司、于正工作室拒不提交合作拍摄协议的情形下，推定六被告均接触了周某晖作品。

在判断两部作品是否构成实质性相似时，应比较两部作品中对于思想和感情的表达，比较两部作品表达中作者的取舍、选择、安排、设计是否相同或相似，是否使读者或观众产生相同或相似的欣赏体验。本案中，小说《邪恶催眠师》和电视剧《美人制造》第29、30集两部作品的故事主线、故事情节、故事结构顺序、人物设置、人物关系均不相同。被诉作品对周某晖作品少量元素的使用属于借鉴构思。著作权法在保障作者权益的同时，必须考虑促进知识广泛传播和推动社会文明进步的公益目标，因而通过思想表达“二分法”、合理使用、著作权保护期等制度设计限制作者权益，以实现作者利益和公共利益的平衡。被诉作品与周某晖作品不构成实质性相似，周某晖关于六被告侵害其作品改编权、摄制权的主张不能成立。一审判决：驳回周某晖的诉讼请求。

周某晖不服一审判决，向江苏省高级人民院提起上诉，请求撤销一审判决，依法改判支持其一审诉讼请求。主要理由：1. 比较两部作品是否构成实质性相似，不应重点比较两者的不同之处，而应比较两者的相同之处，并考察两者相同之处是否具有独创性而应受到著作权法保护。一审将两部作品不同元素独立出来进行比较，属于比较方法错误。2. 是否构成实质性相似，属于法律判断，但不能忽视本案的事实判断。周某在录音中认可了“抄袭”的事实。3. 受众对于前后两部作品之间的相似性感知及欣赏体验，也是侵权认定的重要考量因素。本案侵权事实的发现，正是涉嫌侵权作品播放后，读者和观众产生了相似的体验，故而提醒上诉人侵权作品的存在。4. 上诉人的作品是小说，侵权作品是影视剧，这两种作品的表达方式存在差异，也决定了不能简单只从文字或台词相似性上进行比对，而应该从核心表达是否存在相似进行查找。现实中也经常出现授权改编的影视剧与原作品存在巨大差异的情况，此种情形不能否定改编事实的存在。

本案二审争议焦点为：被诉作品《美人制造》第 29、30 集与周某晖作品《邪恶催眠师》是否构成实质性相似；如构成实质性相似，各被上诉人应承担何种民事责任。

二审法院经审理认为：通过在二审庭审中详细听取各方当事人的诉辩意见，被诉作品《美人制造》第 29、30 集并没有使用上诉人《邪恶催眠师》作品的故事主线、具体情节脉络、起承转合、主要故事内容等实质性内容，人物设置与人物关系也有很大差异，因而不构成对《邪恶催眠师》作品改编权的侵害。具体分析：首先，从整体故事情节看。本案中，两部作品尽管均涉及催眠（迷魂）题材，但两部作品的主要故事情节、故事结构顺序均存在明显差异，特别是故事情节的具体描述、前后衔接的逻辑顺序明显不同，从整体观感及欣赏体验看，完全属于两个不同的故事。其次，从人物设置及人物关系看。两部作品正是基于不同的故事情节设计了不同的人物关系，并赋予人物不同的性格特征及命运走向，使得作品的整体呈现不同。只有将两部作品中的人物特征、人物关系以及与之相对应的故事情节结合起来进行综合裁量，才能得出是否实质性相似的结论。第三，从创作元素看。两部作品涉及的三个催眠情节无疑属于相似的创作元素，但由于两部作品的故事结构不同，故事情节的前后衔接、逻辑顺序不同，因而三个催眠桥段在两部作品中的最终呈现亦不相同。换言之，被诉作品在创作催眠情节时仅仅是借鉴了周某晖作品的构思，根据“思想与表达二分法”，周某晖作品中与催眠术相关的“咬人”“飞鸟跳楼”“摔水杯”等创作元素，运用金字塔理论的分析框架，通过由下至上的逐步抽象，最终呈现出的创作元素显然属于思想范畴，不应为周某晖作品改编权所控制。本案中，周某晖作品改编权能够控制的仅仅是作品中“咬人”“飞鸟跳楼”“摔水杯”三个桥段的具体表达。而这三个催眠桥段恰恰处于具体表达层面，在两部作品整个故事中呈现出不同的逻辑顺序及戏剧功能，因此不会导致受众对两部作品产生相同或实质性相似的欣赏体验，至多是产生桥段有些类似的印象。此外，特别需要指出的是，现有证据证明，在周某晖创作《邪恶催眠师》之前，在公共领域已经存在采用类似催眠术元素创作的作品，这更加说明，对于三个催眠桥段的保护应当严格限定在表达层面，而不能随意扩大保护范围。最后，从所占作品比重看。周某晖的《邪恶催眠师》系长篇小说，三个催眠桥段的具体表达在其作品中所占比重有限，只是引出小说情节发展的相关引子。而在《美人制造》第29、30集中，三个催眠桥段对于整体故事情节的发展则发挥了不同于《邪恶催眠师》的戏剧功能。通过以上分析可见，根据现有证据，应当认定两部作品不构成实质性相似，《美人制造》第29、30集是独立创作的作品，并非构成对《邪恶催眠师》的改编，不侵犯《邪恶催眠师》作品的改编权，同时亦不构成侵犯复制权。周某晖主张一审判决仅比对两者的不同之处，并未对比两者的相同之处，显然不符合客观实际，其理由不能成立。事实上，一审判决不仅从故事内容、故事情节、全文脉络、起承转合、人物设置及人物关系等方面对两部作品进行了全面整体比对，而且亦对三个催眠桥段的具体情节以及戏剧功能进行了具体比对和详细分析，故一审法院得出两部作品不构成实质性相似的结论，具有事实和法律依据，并无不当。据此，二审判决：驳回上诉，维持原判。

【法官评析】

改编权是我国著作权法明确规定的 17 项具体权项之一。在陈喆（琼瑶）诉余征（于正）案[1]之后，改编权问题引发了理论界与实务界的关注。分析其原因，一是琼瑶诉于正案本身影响很大，因为无论是琼瑶编剧的电视剧《梅花烙》，还是于正编剧的电视剧《宫锁连城》，都有着良好的收视率，故而俩编剧之间的著作权侵权争议，自然会引发社会广泛关注；二是近年来，随着影视产业的迅速发展，尤其是互联网等各类播放平台大量增加，影视作品的创作需求越来越多，因此司法对于作品改编权法律边界以及侵权判定规则的确定，显然对于影视作品创作进而对于影视产业发展都将直接产生重要影响。本案是江苏高院在琼瑶诉于正案之后受理的另一起于正参与编审和出品的著作权侵权纠纷案，涉案著作权人周某晖的作品为小说《邪恶催眠师》，被诉作品则为电视剧《美人制造》第 29、30 集。本案中，周某晖指控电视剧《美人制造》第 29、30 集侵犯其《邪恶催眠师》作品改编权。在庭审过程中，有关改编权的权利边界以及两部作品实质性相似的法律判断，无疑是重点讨论的问题。

一、关于改编权及其权利边界

改编权是我国著作权法明确规定的 17 项著作权具体权项之一。著作权法第十条第一款第（十四）项规定：“改编权，即改变作品，创作出具有独创性的新作品的权利”。一般认为，改编作品是指根据已有文学、艺术、科学作品进行的一种再创作。改编作品与原作品之间必须具有某种实质性联系。具体而言，改编作品应当是建立在原作品基础之上的再创作，

---

① 简称“琼瑶诉于正案”，详见北京市高级人民法院（2015）高民（知）终字第 1039 号民事判决书。

即无论是否改变作品类型，原作品的内容在新作品中均应当具有实质性呈现，这包括改变作品类型如将小说改编成话剧，也包括不改变作品类型如将短篇小说扩写成长篇小说，等等。由于改编权所控制的是他人对作品未经授权的派生性创作行为，因而著作权法保护改编权的目的在于保护著作权人因作品改编而产生的派生利益。改编权的控制范围，既包括著作权人有权自己对作品实施改编，也包括授权许可他人实施改编。未经著作权人授权许可，他人擅自对享有著作权的作品进行改编，不符合合理使用条件的，其擅自改编行为构成侵犯改编权。

二、关于“实质性相似”的判定

在“接触+实质性相似”的判断要件中，“实质性相似”通常是改编权纠纷案件审理的重点和难点。侵犯改编权与侵犯复制权不同。我国著作权法第十条第一款第（五）项规定，复制权是指以印刷、复印、拓印、录音、录像、翻录、翻拍等方式将作品制作一份或多份的权利。可见对原作品进行原样或基本原样“再现”的行为，构成侵犯复制权，而非侵犯改编权。侵犯改编权的行为，主要体现为改编作品与原作品之间存在“实质性相似”。所谓“实质性相似”，通常是指在后作品尽管从形式上看与原作品基本表达之间存在一定差异，但该差异并未达到两者“实质性不相同”程度，故在后作品仍应视为原作品的派生创作。需要强调的是，著作权法保护改编权的意义在于，对作品的保护，如果仅限于作品文本的字面内容，则抄袭者极易通过非实质性改变而轻易逃脱法律责任，这不符合著作权法保护作品独创性的立法目的。

三、关于“实质性相似”比对方法

如前所述，“实质性相似”判定是侵犯改编权纠纷案件的审理重点和难点。因为“实质性相似”的判断难度明显大于字面抄袭，具有相当程度的不确定性，因而侵权判定的比对方法是否正确，直接关系到比对结论正确与否，对于确定改编权的控制范围甚为关键。通说认为，审理此类案件，应将在先作品中的独创性表达整体与在后作品中的相应部分进行比对，同时考量在先作品独创性表达部分在在先作品中的比重是否构成在先作品的核心部分或者基本内容，并能够给予受众独特的欣赏体验。在进行“实质性相似”具体比对时，还涉及整体比对还是局部比对问题。通常在改编权纠纷案件中，需要首先进行作品的整体对比，因为只有在改编作品涉及原作品的基本内容或者核心部分时，才能为改编权所控制。以文学艺术作品为例，通常要整体比对作品的人物设置与人物关系、故事内容与故事情节，并考量普通受众的感知与欣赏体验等。尽管改编作品相对于原作品而言附加了新的独创性内容，但基于两部作品的基本内容或核心部分构成实质性相似，极易导致受众对两部作品产生相同或相似的欣赏体验，并进而产生改编作品系原作品的派生创作的认知。而对于局部比对，有观点认为，改编权不仅控制作品的整体改编，也控制作品的局部改编，只要在后作品与在先作品相比，有部分内容相同或实质性相同，例如某些故事桥段相同或实质性相同，均应认定构成侵犯改编权。然而，如果从著作权法规定的改编权定义出发，即改编权系改变作品，创作出具有独创性的新作品的权利，可见改编作品虽然符合独创性特征，但因其并没有脱离原作品的实质性内容，而改编权所保护的正是基于原作品产生的派生创作利益，因而如果他人仅是少量利用原作品的部分片段或故事桥段，尚不足以达到在改变原作品基础上产生新作品的程度，此种情形就不应当纳入改编权的保护范围，所涉行为可以由复制权加以控制，或者归入合理使用的范畴。当然，最高人民法院在指导案例 81 号“张晓燕诉雷献和、赵琪、山东爱书人音像图书有限公司著作权侵权纠纷案”中还认为，对于“公有领域信息”“具有唯一性或有限性的表达形式”，著作权法不予保护，因而在进行“实质性相似”的侵权比对时，公有领域素材以及有限表达均属于应予剔除的元素。但应当注意的是，在剔除那些不受保护的内容时，对于不受保护内容的选择和编排组合所体现出的创作者的独创性，仍应认定构成著作权法保护的表达。

正是基于以上分析，二审法院通过对两部作品整体与局部进行比对，得出“被诉作品《美人制造》第 29、30 集并没有使用上诉人《邪恶催眠师》作品的故事主线、具体情节脉络、起承转合、主要故事内容等实质性内容，人物设置与人物关系也有很大差异，因而不构成对《邪恶催眠师》作品改编权的侵害”的结论。同时，二审法院还认为，《美人制造》第29、30集对《邪恶催眠师》作品中“咬人”“飞鸟跳楼”“摔水杯”等三个故事桥段的借鉴模仿，因上述三个桥段在两部作品中的具体表达并不相同，已经融入了两部作品完全不同的人物设置和人物关系及其故事情节，因此尽管观众对此可能或多或少仍有熟悉的感觉，但仍应当认定属于著作权法规定的合理使用范围，并没有超出著作权法规制的范围，不构成抄袭。因为从文学艺术创作规律来看，允许后来者对在先作品中的经典桥段加以借鉴模仿，对于促进文学艺术创作的繁荣发展具有重要意义，当然这种借鉴模仿必须限定在合理范围内，即在后作品不能与在先作品构成实质性相似，否则仍然构成侵权。

（宋健　作者单位：江苏省高级人民法院）

22

创业团队所形成创新成果的权利归属

——上海初生网络科技有限公司诉上海熙际市场营销策划有限公司、第三人刘某等计算机软件著作权权属纠纷

【案号】

一审：（2016）沪73民初569号

二审：（2017）沪民终368号

【裁判要旨】

在“大众创业、万众创新”的背景下，越来越多的主体通过团队创新

的形式投入创新创业的过程中，但创新成果权利归属的不确定严重影响了创新的激励和成果转化。根据目前的法律规定，创新团队尚不构成著作权法规定的“其他组织”，故其形成的创新成果难以认定为职务作品。但创业团队具有相对独立于团队成员的意志，并且存在分工配合，故创新成果应认定为团队共有。在认定权利归属时，有约定的，优先适用团队成员之间的约定；没有约定的，应当区分创新团队成员和一般工作人员，一般工作人员如果没有对创新成果作出实质性贡献，不能主张对创新成果的权利。本案的裁判有利于维持创新成果权利归属的稳定性和成果的转化实施，对于激励更多的创新主体参与创新，为创新团队提供相对稳定的预期具有积极的意义。

【案情介绍】

原告：上海初生网络科技有限公司（以下简称初生公司）

被告：上海熙际市场营销策划有限公司（以下简称熙际公司）

第三人：张某维、刘某

2012 年，第三人鲁某（初生公司法定代表人）与邓某彬（初生公司主要股东）策划建立一个移动交友平台。经自主完成创意设计、功能策划和图标设计后，鲁某委托案外人马某才编写涉案软件程序，并最终形成“The L”ios 1.0 的移动应用程序（以下简称涉案软件 1.0 版），该版本于 2012 年 11 月在苹果应用商店上线，马某才确认其受托开发的上述软件著作权归鲁某所有。嗣后，鲁某邀请邓某彬、张某维（熙际公司主要股东）共同参与“The L”软件（以下简称涉案软件）运营，其中鲁某负责产品功能策划和视觉设计，邓某彬负责程序开发，张某维负责市场和公关，鲁某、邓某彬共同负责涉案软件更新与升级。2012 年年底，鲁某邀请案外人张某佳加入，负责涉案软件安卓版的开发。2013 年下半年，刘某加入涉案软件的开发，主要负责根据鲁某和张某维的要求对涉案软件的技术问题进行修改。2014 年年初，涉案软件经历 1.0.4 版、1.0.6 版、1.1 版后，提升至 1.2 版。2014 年 3 月 12 日，鲁某、邓某彬、张某佳设立初生公司，由初生公司承继涉案软件的研发成果和后续运营权。2014 年 4 月 17 日，初生公司与张某维签署《离职协议书》《离职补偿协议书》，确认张某维于 2014 年 3 月 19 日离开初生公司，并不得再以初生公司名义进行商业活动，应将涉案软件相关文件、文档和合同文本等归还初生公司，并承诺在张某维遵守约定前提下，给予其离职补偿费人民币 10 万元（以下币种相同）。张某维离开初生公司后，利用在初生公司处获得的涉案软件 1.2 版申请计算机软件著作权登记，登记于熙际公司名下。

原告初生公司认为，涉案软件 1.2 版系邓某彬、鲁某在涉案软件 1.0 版基础上逐步更新和升级完成，相关权益由初生公司承继，据此，涉案软件 1.2 版的著作权应归初生公司所有，故初生公司起诉至本院，请求确认登记在熙际公司名下的登记号为“2014SR047436”的 the L LBS 拉拉交友软件（iOS 版）的计算机软件著作权归初生公司所有。

被告熙际公司辩称，涉案软件 1.2 版著作权属于熙际公司、张某维、刘某、邓某彬、鲁某共有。熙际公司委托马某才进行涉案软件 1.0 版前端编写，并委托张某维向马某才支付了 4 万元费用，故马某才编写后的涉案软件 1.0 版著作权归熙际公司所有。之后，就涉案软件 1.2 版的开发、运行、发布，熙际公司提供了相应物质条件，应享有涉案软件 1.2 版著作权。

第三人张某维、刘某诉称，刘某于 2013 年 3 月加入涉案软件开发团队，参与了涉案软件 1.0 版之后版本的客户端编写，并在代码文件中以“Tracy”署名。因涉案软件对外发布、推广、运作等都由张某维负责，2014 年 2 月熙际公司将涉案软件 1.2 版向中国版权保护中心申请软件著作权登记。涉案软件 1.2 版在熙际公司运营和运作下，已拥有了数十万在线用户。2014 年 3 月，鲁某单方面修改了苹果应用商店、服务器后台管理账号的密码，并和邓某彬成立了初生公司，擅自侵占涉案软件 1.2 版。故请求确认张某维、刘某为涉案软件 1.2 版著作权的共有人。

【裁判结果】

上海知识产权法院经审理认为，并无证据证明案外人马某才所创作部分的计算机软件系由熙际公司委托，亦无证据证明熙际公司与马某才之间存在著作权归熙际公司的约定，故熙际公司对于马某才所创作部分的计算机软件并不享有著作权。初生公司（甲方）与张某维（乙方）签订的《离职协议书》约定："甲乙双方不存在直接或间接的经济纠葛和产权归属问题，凡涉及甲方的所有产品，商标、版权、财务等事务以此为断。"故即使张某维的确参与了涉案软件的创作，但基于《离职协议书》的约定，张某维不再对涉案软件享有任何的权利。刘某在涉案软件开发中的主要职责在于根据张某维、鲁某、邓某彬等人的修改意见对涉案软件进行维护和修改。故刘某完成的工作，不属于为涉案软件提供实质性创造贡献，应属于涉案软件开发所需要的辅助性工作，刘某不应视为参与了涉案软件的创作，不应对涉案软件1.2版享有著作权。现有证据表明，邓某彬直接参与了涉案软件的创作、鲁某参与了涉案软件的设计且对马某才创作部分享有著作权，故涉案软件1.2版的原始著作权应归鲁某、邓某彬所有；根据鲁某、邓某彬出具的《声明》，初生公司于鲁某、邓某彬处受让取得涉案软件1.2版的著作权，故涉案软件1.2版的著作权应归初生公司所有。一审判决后，熙际公司、刘某等不服提出上诉，上海市高级人民法院经审理判决驳回上诉，维持原判。

【法官评析】

本案系因创业团队对创新成果的归属有争议而产生的计算机软件著作权权属纠纷。在"大众创业、万众创新"的大背景下，越来越多的个体以创新创业团队的形式加入创新的浪潮中。团队成员分工负责，协同配合，极大提高了创新的效率和质量。但由于创业团队法律地位的不明确，在缺乏明确约定的情况下，创业团队所完成的创新成果应当如何确定知识产权归属，成为创新成果有效转化必须解决和面对的问题。实践中，在创新成果转化过程中，因创新成果归属产生的争议时有发生。创新团队是否可以视为法律上的“其他组织”，此类创新成果是否属于职务发明或者职务作品，是否任何一名团队成员都可以主张创新成果的权利，成为此类案件的审理必须解决的问题。

一、创业团队并不属于职务作品规定中的“其他组织”

我国《著作权法》第十六条规定：“公民为完成法人或者其他组织工作任务所创作的作品是职务作品，除本条第二款的规定以外，著作权由作者享有，但法人或者其他组织有权在其业务范围内优先使用。作品完成两年内，未经单位同意，作者不得许可第三人以与单位使用的相同方式使用该作品。有下列情形之一的职务作品，作者享有署名权，著作权的其他权利由法人或者其他组织享有，法人或者其他组织可以给予作者奖励：（一）主要是利用法人或者其他组织的物质技术条件创作，并由法人或者其他组织承担责任的工程设计图、产品设计图、地图、计算机软件等职务作品；（二）法律、行政法规规定或者合同约定著作权由法人或者其他组织享有的职务作品。”因此，要准确判断涉案计算机软件著作权的权属，前提是应当明确本案中张某维、鲁某、马某才等组成的创业团队的法律地位；如果能够认定创业团队属于其他组织，那么本案中争议的计算机软件作品则可能构成特殊职务作品，从而归属于创业团队所有。但根据现有规定以及本案的情况，创业团队很难认定为著作权法职务作品认定中的其他组织。《最高人民法院关于适用〈中华人民共和国民事诉讼法〉若干问题的意见》第四十条的规定：“民事诉讼法第四十九条规定的其他组织是指合法成立、有一定的组织机构和财产，但又不具备法人资格的组织。”虽然创业团队成员之间也存在一定的分工协作，有的负责组织宣传工作，有的负责研发，但是本案中，并无证据证明创业团队具有相对固定和独立的组织结构，也没有独立的财产，尚无法称之为“组织”。

二、创业团队所完成创新成果的归属判断

由于创业团队并不能称为“其他组织”，故创业团队所完成的创新成果并不属于职务创作成果，那么对于此类成果应当如何确定归属，仍然需要进一步明确。我们认为对于创业团队所完成创新成果，首先，应当根据各方的约定确定创新成果的权利归属。包括著作权在内的知识产权本质上属于私权，因此，对于著作权等的权利归属应当遵循“有约定，优先按照约定”确定著作权权利归属的原则；其次，在没有明确约定的情况下，创作团队所完成的创新成果不应按照“谁创作，谁享有权利”的原则确定归属。根据《中华人民共和国著作权法实施条例》第三条的规定，著作权法所称创作，是指直接产生文学、艺术和科学作品的智力活动。为他人创作进行组织工作，提供咨询意见、物质条件，或者进行其他辅助工作，均不视为创作。如果简单按照该规定确定创业团队所完成创新成果的归属，本案中由于张某维并没有实质性参与涉案计算机软件的研发工作，其仅仅负责创业团队的组织协调工作，但这些工作不能视为创作。故涉案计算机软件著作权只能归属于实际参与研发工作的鲁某、马某才等人。但该结果对于张某维创业团队中未实际参与研发工作的成员并不公平。一方面，他们虽然没有参与具体的研发工作，但这只是基于团队成员之间的分工不同所导致的。就整个团队而言，张某维亦对于创业团队的正常运作发展做出了应有的贡献。另一方面，仅仅将创新成果确定为归属于实际参与研发工作的成员，亦不利于创新成果的转化。事实上，不同的个体之所以不采取个体创新，而是采取组成团队的方式共同进行研发，正是看中了不同团队成员之间的优势和特长，汲取团队成员的各自长处共同促成创业的成功。例如本案中，张某维虽然没有从事研发工作，但鲁某、马某才之所以愿意与之组成团队共同创业，正是看中了张某维在组织协调、市场推广等方面的特长和资源优势。因此，对于此类创新成果的归属应当考虑研发者是在创业团队的背景下进行创新，要考虑不同团队分工配合对于创新成果的贡献。因此，我们认为，对于创业团队所完成创新成果的归属应当认定为共同共有，由团队成员共享创新成果的权利归属。本案中，鲁某等在张某维退出团队时与其签订的《离职协议书》与《离职补偿协议书》也可以反证虽然张某维没有参加具体的研发工作，但鲁某等人仍将其视为成果的共有人，并给予其10万元补偿，作为张某维不再主张涉案计算机软件权利归属的对价和补偿。而涉案软件启动页面的署名也不是鲁某等个人，而是"the L team ALL Rights Reserved"。从署名情况也可以看出，团队成员将涉案计算机软件视为归团队共有。

三、团队成员身份的确定及其权利判断

本案中，刘某以独立请求权第三人的身份提起诉讼，要求确认其对涉案计算机软件著作权亦享有权利。要明确刘某是否享有著作权，首先应当明确其是否属于团队成员；第二，在不是团队成员的情况下，其是否对于涉案软件作出了实质性贡献。本案中，首先，刘某并不是涉案创业团队成立时的创始成员，而是后来加入团队中。关于刘某是否属于团队成员，鲁某、马某才等人均予以否认，认为刘某仅仅系基于对于涉案软件的兴趣爱好，自愿加入团队中从事辅助性的工作。其他成员并未表决同意其成为正式的团队成员。考虑到创业团队确实存在核心成员和工作人员的区别，在刘某未举证证明其系团队成员的情况下，只能认定其为一般的工作人员；其次，刘某并未对涉案软件的研发作出实质性智力创作劳动。根据本案查明的事实，其仅仅是负责对涉案软件进行修改、完善，仅属于为涉案软件的研发提供辅助性工作，故亦不能认定刘某所做的工作系直接产生文学、艺术和科学作品的智力活动。因此，对于刘某要求确认其为涉案软件著作权的主张，也不能得到法院的支持。

（凌宗亮　作者单位：上海知识产权法院）

23

侵犯保护作品完整权的判断标准

——叶某鼎诉时代文艺出版社有限责任公司侵犯保护作品完整权纠纷案

【案号】

一审：（2016）沪 0115 民初 76025 号

二审：（2017）沪 73 民终 232 号

【裁判要旨】

保护作品完整权即保护作品不受歪曲、篡改的权利。歪曲篡改作品应理解为对作品的修改实质性地改变了作者在作品中原本要表达的思想和感情。至于是否会实质性的改变作者原本要表达的思想和情感在案件的审查中需要举证证明。考虑到图书出版的现实需要，出版者可以在作品出版过程中作出正常的修改行为且这种修改无须经过作者许可。

【案情介绍】

原告（被上诉人）：叶某鼎

被告（上诉人）：时代文艺出版社有限责任公司（以下简称时代文艺公司）

原审被告：新华传媒公司

叶某鼎与时代文艺公司分别签订《出版合同》及《出版合同补充协议》，约定由时代文艺公司出版叶某鼎翻译的名为《江户川乱步推理探案集》汇编本（6 册）以及套系名为《江户川乱步青年侦探系列》的单行本

(20册)；并在《出版合同》中约定“乙方（时代文艺公司）可以更动上述作品的名称，对作品进行修改、删节、增加图标及前言、后记，但改动结果应得到甲方（叶某鼎）认可”。

合同签订后，叶某鼎按约交付了书稿。时代文艺公司亦将书稿出版发行。

在关于单行本的履行过程中，叶某鼎与时代文艺公司的编辑的微信往来聊天记录显示，编辑曾于2016年4月27日询问叶某鼎关于前言和译后记的改动情况，叶某鼎两日后回答不认可编辑的改动结果，后双方就此进行了多次沟通，叶某鼎均未认可该改动结果。在沟通中，编辑曾提出前言和译后记不适合此次出版的单行本，叶某鼎回应称前言与译后记原本就是专门为全20册而写。叶某鼎在沟通过程中还提出，作者生平、作品的看点、社会意义、文学价值、发行情况都已在前言与译后记里充分展现。

2016年1月21日、2月17日及7月21日，时代文艺公司分别将《江户川乱步推理探案集》的平装汇编本、精装汇编本及单行本的样书寄给叶某鼎，并于当年6月出版单行本。叶某鼎于同年8月22日领取单行本的稿酬。

涉案图书的汇编本（6册）正文前后分别有前言和译后记。前言名为“日本侦探推理小说鼻祖‘一代奇才’——江户川乱步”，内容围绕原作者江户川乱步展开，包括江户川乱步的生平、业界地位和声誉、创作机缘及历程、作品的亮点、社会意义、文学价值、可读性、发行情况等。译后记的内容包括译者即叶某鼎的翻译历程、翻译过程、翻译价值、社会反响等，精装汇编本没有译者（叶某鼎）简介。单行本（20册）正文前后无前言和译后记，但在正文之前增加了署名为“时代文艺公司”的“出版说明”，内容包括对江户川乱步的个人信息简介、对本格推理的简介、对“青年侦探全集”的可读性介绍等，篇幅远少于叶某鼎撰写的前述前言。

叶某鼎认为，时代文艺公司应将放置于汇编本中的前言和译后记同样放置于单行本中。时代文艺公司在未经其许可的情形下将涉案作品的前言与译后记删除，侵犯了其对涉案作品享有的保护作品完整权。

时代文艺公司认为，上诉人删除前言、译后记具有合理理由。公司对于稿件的修改属于正常的编校行为，放置于汇编本中的前言、译后记篇幅过长，且其内容并不适合放置于单行本中，不符合相应的出版要求。单行本有20本，时代文艺公司认为每一本都放如此长篇幅的前言和译后记不合适，且前言和译后记中均仅提及江户川乱步最出名的一本书《二钱铜币》，并不适合放置于其他单行本之中，时代文艺公司多次与叶某鼎沟通要求其为单行本重新修改前言和译后记，均遭到叶某鼎拒绝，时代文艺公司后自行撰写前言于单行本中并出版。

【裁判结果】

上海市浦东新区人民法院经审理认为：翻译作品是翻译者对作品的第二次创作。译文的内容取决于原著，也体现翻译者的学识水平、文字功底、写作特点、思想倾向、文学主张等个人特色。翻译者为翻译作品专门撰写的前言或译后记反映了该作品的思想倾向、文学价值等内容，则前言或译后记也能构成该翻译作品的有机组成部分。本案中，叶某鼎为涉案图书所撰写的前言内容包括涉案作品的作者生平、创作历程、作品特点、社会影响等，为读者阅读该作品提供了指导和指南，有助于读者更快进入阅读过程，更好地欣赏该作品；译后记内容包括原告的翻译历程、翻译过程等，反映了叶某鼎对原著及原作者的理解及翻译过程中所付出的艰辛。上述前言和译后记体现了叶某鼎在翻译过程中希望通过作品向读者突出表达的思想、情感，是涉案作品的有机组成部分。叶某鼎与时代文艺公司签订的《出版合同》约定，时代文艺公司可对作品进行修改、删节、增加图标及前言、后记，但亦同时约定改动结果应得到叶某鼎的认可。而在关于单行本的履行过程中，叶某鼎一直未认可时代文艺公司关于前言和译后记的改动情况。时代文艺公司未经原告同意，在涉案图书单行本中未使用前言和译后记的行为，使叶某鼎想要通过涉案作品表达的思想、情感不能完整、准确地呈现在公众面前，客观上达到了歪曲、篡改的效果，侵害了叶某鼎享有的保护作品完整权。

上海知识产权法院经审理认为，著作权法规定保护作品完整权即保护作品不受歪曲和篡改的权利。涉案作品本身为翻译作品，其包含了叶某鼎作为翻译者的独创性劳动成果但亦保留了原著的基本表达。因此翻译作品的内容是由原作品决定的。涉案单行本删除了翻译者为其翻译作品所写的前言和后记，前言是关于原作者江户川乱步生平及创作历程等的介绍，文体为说明文；后记是关于叶某鼎翻译历程的介绍，文体亦为说明文，其本身均为独立的作品，而涉案作品的内容是侦探推理故事，文体为小说，包括20篇独立的推理故事，故前言与译后记涉及的内容与涉案作品的内容本身没有关联。删除这些内容并没有从根本上改变原作者在原作品中原本想要表达的思想，也没有改变翻译者原告在其翻译作品中所表达的具有独创性的思想和内容，并没有达到歪曲和篡改作品的程度，故不侵犯原告的保护作品完整权。

关于时代文艺公司擅自删除涉案作品的前言、译后记的行为是否违反合同约定的问题，二审法院认为，首先，本案属于侵害保护作品完整权纠纷，上述行为是否违反合同约定不属于本案的处理范围；其次，对作品的改动是否经过作者同意与该行为是否侵犯保护作品完整权没有必然联系。侵犯保护作品完整权的关键在于对作品的歪曲和篡改，未经同意的修改若没有造成作品的歪曲和篡改则不会侵犯保护作品完整权。故在本案中，上诉人时代文艺公司对前言和译后记的删除是否经过叶某鼎的同意不影响对其行为是否构成侵犯保护作品完整权的认定。

【法官评析】

一、侵犯保护作品完整权之判断标准

本案中，一审法院和二审法院对于出版社删除前言、译后记的行为是否侵犯保护作品完整权得出了完全不同的结论，其原因在于二级法院在认定侵犯保护作品完整权时采取了不同的判断标准。《中华人民共和国著作

权法》第十条第一款第（四）项规定："保护作品完整权，即保护作品不受歪曲、篡改的权利。"一审法院在认定构成侵权时主要基于以下两个理由：第一，翻译者为翻译作品专门撰写的前言或译后记反映了该作品的思想倾向、文学价值等内容，前言和译后记也能构成该翻译作品的有机组成部分，删除前言和译后记的行为使叶某鼎想要通过涉案作品表达的思想感情不能完整准确地呈现；第二，出版合同约定出版社对作品的改动应得到作者的认可，而叶某鼎并未认可出版社对前言和译后记的改动结果。笔者认为，首先，是否侵犯保护作品完整权与作品本身是否完整是不同的概念，两者之间没有必然联系，更何况本案的作品是翻译作品，前言和译后记与正文小说的内容无关，本身也不属于小说的组成部分，一审法院关于"删除前言、译后记使叶某鼎想要通过涉案作品表达的思想感情不能完整准确地呈现"的观点值得商榷，其次，我国著作权法对保护作品完整权的规定强调的是对作品的歪曲和篡改，并没有规定违背作者意愿的主观条件，歪曲篡改行为的构成与行为人是否经作者授权没有必然联系，即使作者同意行为人对其进行改动，这仅仅是行使修改权或改编权的结果，行为人在改动的过程中也要承担不得对原作品歪曲、篡改的义务。本案是侵犯保护作品完整权纠纷，出版社的行为是否违反合同约定不属于本案的处理范围，与是否侵犯保护作品完整权无关。

笔者认为，对于歪曲、篡改的理解应当结合保护作品完整权的立法宗旨进行。作为著作人身权的一种，保护作品完整权的客体应为作者的精神利益，即作者通过作品的表达形式、主题思路和基本情节等展示出来的思想、情感、审美和基本观点等应该在作品传播中保持同一和完整，使得最终呈现给公众的思想应该与自己本来的思想一致。换言之，法律规定保护作品完整权的目的在与限制不正当利用作品以致不能完整表达作者思想感情的行为，故歪曲篡改作品应理解为对作品的修改实质性地改变了作者在作品中原本想要表达的思想和感情。至于是否会实质性地改变作者原本要表达的思想和情感在案件的审查中需要举证证明，要通过分析被删除的部分和未删除部分两者之间在内容上的关系来进行判断。就本案而言，涉案作品为翻译作品，前言是关于原作者的介绍，译后记是关于翻译历程的介绍，两者均为说明文，而正文是独立的侦探推理故事。可见，前言和译后记与正文在文体上和内容上均没有关联，删除前言、译后记不会影响读者对正文小说部分内容的理解，故二审法院认为对前言和译后记的删除不构成对作品的歪曲和篡改。

由北京知识产权法院审理的陈世清与北京快乐共享文化发展有限公司等侵害保护作品完整权纠纷案与本案的案情非常近似。在该案中，快乐共享公司和天津教育出版社将涉案三部作品的总序、前言、后记删除后进行出版。北京知识产权法院经审理认为，删除涉案作品《总序》《前言》和《后记》的行为，使上诉人陈世清的学术思想不能完整、准确、系统地呈现在公众面前，构成对涉案作品的实质性修改，改变了涉案作品的内容、观点和形式，客观上达到了歪曲篡改的效果，侵害了上诉人陈世清享有的保护作品完整权①。在陈世清案中，涉案作品的正文是说明孔子等先哲的思想在现代社会的应用，而前言和后记也是对此进行说明，两者虽然不是同一作品，但在文体上和思想观点上均存在密切的联系。但在本案中，正文是小说，前言是介绍原作者，后记是介绍翻译历程，均为说明文，两者与正文在文体上和思想观点上均不存在同一性，删除前言和后记显然不会影响读者理解译者通过翻译想要表达的思想观点。可见，同样是对于前言、后记等不属于作品正文内容部分的修改和删节，但由于其涉及的内容不同，可能得出完全不同的结论。删除作品的前言、后记的内容并不必然构成对保护作品完整权的侵犯，是否构成侵权，关键在于这种删除是否会造成对作品的歪曲和篡改，是否会实质性地改变作者原本想要表达的思想和感情。

二、作者与出版者利益的平衡

尽管是否侵犯保护作品完整权与合同约定无关，出版社的行为是否构成违约亦不属于本案的处理范围，但如何平衡作者和出版者的利益仍是本

---

① 参见（2015）京知民终字第811号判决书。

案值得思考的问题。

本案中，作者与出版者在出版合同中约定：出版社可以更动上述作品的名称，对作品进行修改、删节、增加图标及前言、后记，但改动结果应得到作者认可。作者据此认为出版社有义务将放置于汇编本中的前言和译后记同样放置于单行本中。笔者认为，对于合同条款的理解应符合合同的目的，同时应考虑合同双方当事人的利益平衡。对于出版合同而言，其目的在于促进作品的传播，但作品的传播方式并非不受限制。一般而言，出版社应保障出版物的内容符合相应的出版规范的要求，按照出版行业的惯例，编辑的职责即为对书稿的校订和修改，让出版物尽可能地符合读者的阅读习惯，若不赋予编辑对于书稿的修改权，则无法保证编辑工作的正常进行。根据利益平衡原则，在认定出版社的行为是否违反合同的约定时应从被修改的内容和出版社修改的理由等多方面综合进行判断。首先，从被删除的内容看，出版社删除涉案图书的前言和译后记并不会影响读者对作品内容的理解，不会使小说的内容产生缺漏，也不会造成作者声誉的受损；其次，从改动的理由看，出版社认为放置于汇编本中的前言和后记篇幅过长，且其内容并不适合放置于单行本中，单行本有 20 本，每一本都放如此长篇幅的前言和后记出版社认为不合适，且前言和后记中均仅提到江户川乱步最出名的一本书《二钱铜币》，并不适合放置于其他单行本之中，出版社作出改动的理由符合出版行业的习惯，具有合理性，且其在修改前与作者进行多次沟通，要求其撰写符合要求的前言后记，在作者拒绝修改又不能提供合理的理由的情况下，出版社自行出版书稿的行为不构成违约。

我国《著作权法》第三十四条规定：“图书出版者经作者许可，可以对作品修改、删节。报社、期刊社可以对作品作文字性修改、删节。对内容的修改，应当经作者许可。”该规定并未赋予图书出版者可以不经作者许可对作品进行文字性的修改、删节的权利，似乎意味着图书出版者未经许可对作品进行不涉及意思内容的文字性修改也构成侵权，笔者认为这将严重背离图书出版的现实，也难以平衡作者和出版者的利益。即使是在高度重视著作权保护的德国，为了平衡作者和出版者的利益，亦在著作权法中规定出版者可以在作品出版过程中作出正常的修改行为且这种修改无须经过作者许可①。考虑到图书出版的现实需要，笔者认为，即使对于图书出版者而言，也应赋予其对作品进行文字性修改和删节的权利，需要经过作者同意的修改和删节应当属于涉及作品内容的重大的修改、删节，这种修改和删节的后果是可能侵犯作者依据著作权法享有的修改权和保护作品完整权，对于未达到该种程度的合理修改，无论是图书的出版社还是期刊的出版社作出的，作者都是不能拒绝的。

（杨馥宇　作者单位：上海知识产权法院）

24

信息存储空间服务提供者的识别与责任认定

——捷成华视网聚（常州）文化传媒有限公司与北京弹幕网络科技有限公司侵害作品信息网络传播权纠纷案

【案号】

（2018）京0105民初51555号

【裁判要旨】

信息网络传播权纠纷案件中，被告以提供信息存储空间服务为由提出抗辩，在查清被告网站存在提供信息存储空间功能的情况下，需审查被告网站上的内容是否包含自行上传的内容。如果网站中的内容既包括自行上

① 《德国著作权法》第39条规定：著作财产权利的享有者不得未经许可修改作品或其标题，但如果对作品或其标题的修改时作者不能基于合理理由拒绝的，则允许这种修改。

传亦包括普通网友上传，则须进一步审查内容来源。如果被告网站中的内容上传端口、操作步骤、栏目分区、稿件名称与普通用户均未作区分，在被告未举证证明侵权内容确系普通网友上传的情况下，被告应当就网站传播侵权作品的行为承担直接侵权责任。

【案情介绍】

原告：捷成华视网聚（常州）文化传媒有限公司（简称捷成华视公司）

被告：北京弹幕网络科技有限公司（简称弹幕公司）

弹幕公司经授权取得电影《过年好》（以下简称涉案作品）的独占专有性信息网络传播权并有权以自己名义进行维权。捷成华视公司发现弹幕公司经营的域名为acfun.cn的“AcFun苹果手机端”上提供了涉案作品的在线播放，主张弹幕公司直接提供了涉案作品，侵害了捷成华视公司对涉案作品所享有的信息网络传播权，诉至法院要求弹幕公司停止侵权并赔偿损失及维权合理开支共计10万元。

弹幕公司答辩称，弹幕公司系信息存储空间网络服务提供者，并未实施侵权行为；在接到诉状后，弹幕公司主动关闭了包括“电影分区”在内的多个影视板块，已经对涉案作品进行了下线处理；弹幕公司不存在明知或者应知涉案作品系侵权作品的情形，不应当承担侵权责任；涉案作品在弹幕公司网站传播范围极小，且弹幕公司未从中获利，捷成华视公司索赔金额过高，没有合理依据。弹幕公司不同意捷成华视公司的诉讼请求。

经审理法院查明了如下事实：捷成华视公司经过授权取得了涉案作品在大陆范围内独占专有性信息网络传播权及维权权利，授权期限自2016年1月25日到2031年1月24日。

2016年6月13日，通过苹果应用商店搜索“AcFun”，可以找到“AcFun－国内弹幕动漫视频第一家”应用（以下简称涉案APP），下载安装后，点击查看该应用相关信息，显示“官方www.acfun.cn”“新浪微博

AcFun 弹幕视频网”，通过 icp 查询显示，域名为“acfun. cn”网站系弹幕公司主办和运营。在该应用内以“过年好”为关键词搜索视频，可以得到多个搜索结果，点击搜索结果中的“［2016 喜剧］过年好［中文字幕］［720P］”后，进入视频播放页面，点击播放按键，该视频可正常播放，播放视频内容与捷成华视公司主张的涉案作品一致。播放器下方显示有播放、弹幕及评论的数字，右侧有“简介”字样，下方显示“影视人乐园”发布于 2017 年 3 月 31 日的相关信息。对于上述情况，北京市国信公证处根据捷成华视公司的申请进行了证据保全公证，并出具了（2017）京国信内经证字第 06512 号公证书。

涉案 APP 系弹幕公司运营。诉讼中，弹幕公司就其涉案 APP 上传视频过程进行了展示：通过手机号完成账号注册后，点击“我”，进入主页，点击“我的投稿”，点击“新建投稿”，用户可以在该界面下进行视频投稿，将投稿视频上传后，完成“编辑标题”“选择分区”“上传视频封面”“编辑标签”“内容简介”后，点击“投稿”，所选择视频可以上传至该 APP 中。视频上传后，经过一定时间的转码和形式审核后，审核通过的视频可以在涉案 APP 中进行网络传播。弹幕公司认可涉案 APP 中的内容来源于弹幕公司自行上传、合作方上传和普通网络用户上传三种渠道，但通过上述三类上传者在上传内容稿件时的上传端口、操作步骤均相同，在网页前端展示的内容、栏目分区板块与普通网络用户也未作区分。对于如何区分内容稿件的来源，弹幕公司述称其根据用户账号身份属性进行区分。捷成华视公司认可涉案 APP 具备网络存储空间功能，但弹幕公司未就涉案作品系普通用户上传提供任何证据，且网页展示的信息也无法区分上传者的身份属性，故坚持主张涉案作品系弹幕公司直接提供。弹幕公司称昵称为“影视人乐园”的用户系普通网络用户，通过手机号完成注册后上传的涉案作品，但其拒绝提供昵称为“影视人乐园”上传者的真实身份信息及联系方式。

【裁判结果】

北京市朝阳区人民法院经审查认为，经过授权，捷成华视公司获得了涉案作品在中国大陆范围内独占专有性信息网络传播权，有权提起本案诉讼。

根据弹幕公司当庭演示，可以确认弹幕公司运营的涉案 APP 具备提供网络信息存储空间服务的功能。虽然捷成华视公司提供公证书记载的内容显示涉案作品系“影视人乐园”上传，但鉴于弹幕公司运营的涉案 APP 中存在自行上传、合作方上传和用户上传三种内容来源渠道，且无论是内容稿件的上传端口、操作步骤、栏目分区、稿件名称与普通用户均未作区分，虽然弹幕公司述称其能够根据账号身份属性区分内容稿件的上传者，但根据弹幕公司当庭演示的过程的记载，账号名称可以自行编辑，所用头像亦属于用户自行选择的范畴，故账号的名称和头像不具备区分上传者主体身份标准的客观性。由于弹幕公司未进一步提供证据证明涉案作品确系用户上传的情况下，法院认定涉案作品系弹幕公司自行上传。据此判决：1. 被告北京弹幕网络科技有限公司于本判决生效之日起十日内赔偿原告捷成华视网聚（常州）文化传媒有限公司经济损失 50000 元；2. 被告北京弹幕网络科技有限公司于本判决生效之日起十日内赔偿原告捷成华视网聚（常州）文化传媒有限公司律师费 3000 元。

一审判决后，双方均未提起上诉，判决已生效。

【法官评析】

一、背景情况介绍

90 年代以来，由于国际互联网技术的发展，信息的传播得到快速发展，著作权的保护范围和内容也不断扩大和深化，随着互联网为代表的经济成为一个利益巨大的经济部门，传统的著作权自然延伸到网络上，网络著作权纠纷也随之大量涌现，而最为常见的是信息网络传播权纠纷案件。

信息网络传播权，是指以有线或者无线方式向公众提供作品、表演、录音录像制品，使公众可以在其个人选定的时间和地点获得作品、表演、录音录像制品的权利。侵害信息网络传播权行为包括直接侵权行为、教唆侵权行为和帮助侵权行为。前一种侵权行为是指网络用户、网络服务提供者未经许可，通过信息网络提供权利人享有信息网络传播权的作品、表演、录音录像制品，除法律、行政法规另有规定外，认定构成直接侵权；后一种侵权行为是指网络服务提供者教唆或者帮助网络用户实施侵害信息网络传播权行为，学理上称该种侵权行为为间接侵权，该种侵权类型较之直接侵权需要判断的侵权要件更为复杂，如果认定网络服务提供者构成教唆或者帮助侵权，需要满足的法律要件主要包括以下三点：1. 行为主体为网络服务提供者；2. 他人利用网络服务提供者提供的技术服务实施了直接侵权行为；3. 网络服务提供者对于他人利用其提供的技术服务实施直接侵权行为具有过错，过错包括对他人实施直接侵权行为明知或者应知。司法实践中，判断网络服务提供者对于他人利用其提供的技术服务实施直接侵权行为是否具有过错是审理难点，一旦被告提出“网络技术服务”的抗辩，法院则需要查明网络服务提供者如何提供网络技术服务，用户如何通过网络服务提供者的网络服务实现传播作品的目的。由于传播技术日新月异，网络服务提供者的网络服务模式千差万别，事实的查明给法院带来技术挑战，相应地为了查明案件事实，权利人的举证难度也会相应地增大。基于此，很多被诉侵权的主体出于诉讼策略考虑，会积极提出“网络技术服务”的抗辩，有些是真实的提供网络技术服务，有些则是直接提供作品内容，还有一些是确实搭建网络技术服务平台，但是网站内容除了网络用户上传之外，还混杂着自己上传的内容，本案即第三种侵权样态。

二、确立裁判要旨的理由

诉讼中，弹幕公司就其涉案 APP 上传视频过程进行了展示：通过手机号完成账号注册后，点击“我”，进入主页，点击“我的投稿”，点击“新建投稿”，用户可以在该界面下进行视频投稿，将投稿视频上传后，完成“编辑标题”“选择分区”“上传视频封面”“编辑标签”“内容简介”后，点击“投稿”，所选择视频可以上传至该 APP 中。视频上传后，经过一定时间的转码和形式审核后，审核通过的视频可以在涉案 APP 中进行网络传播。因此，法院认定弹幕公司运营的涉案 APP 具备提供网络信息存储空间服务的功能。

弹幕公司认可涉案 APP 中的内容来源有三种渠道，分别为弹幕公司自行上传、合作方上传和普通网络用户上传。但是该网 APP 中的网页前端页面显示的内容、栏目分区板块与普通网络用户上传的内容并未进行区分，三类上传者在上传内容稿件时的上传端口、操作步骤也均相同。对于如何区分内容稿件的来源，弹幕公司述称其根据用户账号身份属性进行区分，但根据弹幕公司当庭演示的过程的记载，账号名称可以自行编辑，所用头像亦属于用户自行选择的范畴，故账号的名称和头像不具备区分上传者主体身份标准的客观性。由于弹幕公司未进一步提供证据证明涉案作品确系用户上传的情况下，法院认定涉案作品系弹幕公司自行上传。

随着网络传播技术的发展和网站运营模式的更新，网站往往为了规避法律风险，存在围绕“避风港”原则的适用条件搭建形似提供网络技术服务的网站经营模式，借助“马甲号”行直接侵权之实。本案为如何规制该类侵权行为提供了新的审判思路。本案启示：网站经营者应当树立尊重知识产权意识，规则系用来让大家遵守而非利用，合法合规经营才是企业可持续发展之道。

（唐铁星　作者单位：北京市朝阳区人民法院）

25

使用作品不署名不侵害作者署名权行为的界定

——王某锦诉天津天淼地毯有限公司著作权侵权纠纷案

【案号】

（2017）津 01 民初 543 号

【裁判要旨】

1. 原告系涉案作品的著作权人。被告未经原告许可，超出原告定做数量制作并销售使用涉案作品的地毯，该行为侵害了涉案作品的复制权、发行权。

2. 署名权的行使应考虑作品的实际使用方式。由于涉案商品为地毯，通常在该类产品上使用作品的目的并非作品的艺术价值，而是将图案作为装饰性图案，图案与产品融为一体。从产品的整体性考虑，该类产品通常不会在产品上为作者署名，根据相关法律规定，被告未侵犯原告署名权。

【案情介绍】

王某锦为美术作品《Tudou&Bing》的著作权人。2017 年5 月，天津天森地毯有限公司未经王某锦许可，在其生产、销售的圆形地毯上使用了上述美术作品。王某锦认为天津天森地毯有限公司侵害了其复制权、发行权、展览权、署名权，请求判决天津天森地毯有限公司停止侵权、赔礼道歉、赔偿损失及维权费用等。天津市第一中级人民法院经审理认定，被告制作并销售使用涉案作品的地毯，侵害了作者的复制权、发行权。署名权的行使应考虑作品的实际使用方式，由于涉案商品为地毯，从产品的整体性考虑，该类产品通常不会在产品上为作者署名，因此被告没有侵犯原告的署名权。原告提供的证据不能证明被告侵害涉案作品的展览权，对此不予支持。故被告侵害了原告对涉案作品享有的复制权、发行权，应当承担停止侵权、赔偿经济损失的责任。

【裁判结果】

天津市第一中级人民法院认为，王某锦为该作品的作者，享有著作权。天津天森地毯有限公司未经王某锦许可制作并销售使用涉案作品的地毯，侵害了涉案作品的复制权、发行权。署名权的行使应考虑作品的实际使用方式。由于涉案商品为地毯，通常在该类产品上使用作品的目的并非作品的艺术价值，而是将图案作为装饰性图案，图案与产品融为一体，从产品的整体性考虑，该类产品通常不会在产品上为作者署名，因此被告没有侵犯原告的署名权。原告王某锦提供的证据不能证明天津天淼地毯有限公司侵害涉案作品的展览权，故对其侵犯展览权的主张法院依法予以驳回。故天津天淼地毯有限公司侵害了王某锦对涉案作品享有的复制权、发行权，应当承担停止侵权、赔偿经济损失的责任。

【法官评析】

一、被告侵犯原告复制权、发行权的认定

复制权和发行权同属于著作财产权，系用以保障作者从作品的复制和发行中获得经济上利益的权利。在传统的出版领域，复制和发行通常是连在一起的，复制的目的是发行，发行是复制的必然结果。发行行为依附于复制行为，复制是发行的前提，但是复制行为却并非一定带来作品的发行。

复制权是不加改动地再现作品表达的权利，复制的结果是得到一份或者多份作品的复制件。虽然信息网络环境下的复制已经改变了传统的复制的样态，也即复制的结果可能并没有出现新的作品的复制件，但是却未改变复制的最根本特征，即不加改动地再现了作品的表达。因而从最广义的含义分析，可以把复制权理解为一切原作的再现权。复制是对作品的最直接、最简单的使用方式，也是对作品进行其他使用的基础，是著作权控制的最重要的权项。复制的形式多种多样，可以是从平面到平面的复制，也可以是从平面到立体或从立体到平面的复制，还可以是从无载体到有载体的复制等。我国著作权法第十条第（五）项规定的复制权，是以印刷、复印、拓印、录音、录像、翻录、翻拍等方式将作品制作一份或者多份的权利。本案涉案作品是以绘画为表现形式的美术作品，王某锦系该美术作品的著作权人，天津天淼地毯有限公司在许可生产的地毯数量之外，将王某锦美术作品表现于地毯之上，是对该美术作品表达的再现，侵犯了著作权人的复制权。

发行行为是指为满足公众对作品的需求，向公众提供一定数量的作品的复制件的行为。《世界知识产权组织版权条约》规定的发行行为是向公众提供作品复制件，即专指可作为有形物品投放流通的固定的复制品。但是著作权人对该复制件的控制仅限于首次出售行为，此即发行权穷竭原则，如果作品的原件或复制件的首次发行已经征得著作权人的许可，著作权人对该部分原件或复制件的发行权则行使完毕，第三人进一步处分该原件或复制件的所有权，不需征得著作权人的许可。我国著作权法第十条第（六）项规定，发行权系以出售或者赠与方式向公众提供作品的原件或者复制件的权利。本案天津天淼地毯有限公司超出许可范围利用王某锦享有著作权的美术作品制作了一定数量地毯，并将该地毯用于销售，此即侵犯了王某锦享有的出售作品复制件的权利，也即发行权。

二、侵犯署名权的认定

是否侵犯作者署名权，是本案裁判的难点。署名权，是指作者在其创作的作品及其复制件上标记姓名、表明作者资格的权利。我国著作权法第十条第（二）项规定，署名权即表明作者身份，在作品上署名的权利。署名权是我国著作权法规定的四项著作人身权之一，是著作人身权的基础权利，是作者在权益受侵害时寻求法律保护的根据。署名权标示的是作者与作品之间的联系，这种联系能够提高作者的知名度，并带来积极或消极的社会评价，具有较强的人身属性。根据署名权的定义，但凡使用他人作品，就有义务标示作者的身份。侵犯署名权的典型行为较多，如未经作者同意，任意篡改作者署名或未署名等，均构成对作者署名权的侵犯。

但是任何权利的行使都有例外情形，署名权的行使也不例外。联合国教科文组织及世界知识产权组织在 1986 年 10 月的一份文件建议：各国在保护建筑作品作者的精神权利时，应强调署名权只能善意行使，意即对这项权利要作一定限制。如建筑设计师要求以非正常方式或不正当尺寸在建筑物上标示自己姓名的行为，就可视为非善意行使署名权。这表明署名权的行使不是任意的，其行使需要是善意无过失的，且应考虑作品实际使用的方式、目的等，尊重行业习惯或商业惯例。在一些特殊场合，署名权的行使会显著降低商品的实用性，例如在批量生产的实用艺术品、日常生活用品上，署名行为会一定程度上折损实用艺术品、日常生活用品的实用性，在音乐作品上表明作者身份会影响音乐作品的完整性及可欣赏性。

未经著作权人许可使用其作品且未署名的行为原则上构成侵犯作者署名权，但是该规则并非绝对的，相关法律规定豁免了不署名行为侵权责任的承担。《中华人民共和国著作权法实施条例》第十九条规定，使用他人作品的，应当指明作者姓名、作品名称；但是，当事人另有约定或者由于作品使用方式的特定性无法指明的除外。由于本案涉案商品为日常生活用品，在该类产品上使用美术作品的通常目的不是彰显作品本身的艺术价值，而仅是将其作为美化产品的装饰性图案，故从产品的整体性和外观效果考虑，该类产品的行业习惯通常不会对相关美术作品的作者进行署名。因而法院依法认定天津天森地毯有限公司的行为不侵犯原告的署名权。

三、不署名不侵犯署名权行为的类型化

《中华人民共和国著作权法实施条例》第十九条涵摄了两种侵犯作者署名权的除外情形：第一，当事人约定不署名；第二，基于作品使用方式的特定性无法署名。第一项不侵犯署名权的标准易于理解，第二项的类型化、明确化则有待实践丰富。当事人约定不署名简单明确，实践中易于掌握和操作。当事人不仅可以约定不署名，也可以约定署名的位置、大小、方式，甚至是语种。譬如在一项建筑作品上，建筑师可以要求标注其姓名于建筑平面图、草图、建筑模型及建筑本身，也可以约定署名的位置和大小，只要署名的方式不妨碍建筑物正常用途就符合法律规定。

基于作品使用方式的特定性无法署名的认定，是司法实践中的难题。立法的高度概括性，实践中长期存在判决不侵犯署名权与侵犯署名权两种判例。判决侵犯署名权的案例有广州知识产权法院孙利娟诉快尚公司、优案美致公司案，该案涉案作品被使用于女装；判决不侵犯作者署名权的案例有郑大志诉宁波博洋公司侵害著作权案、音乐著作权协会诉网易公司案、白秀娥诉国家邮政局、邮票印制局侵犯著作权纠纷案。其中郑大志案系将美术作品使用于床单、音著协案是将音乐作品用作手机铃声、白秀娥案系将美术作品用于邮票。

从上述案例分析可以得知，作者署名权的行使需要符合以下条件：首先，作者署名权的行使须是善意的；其次，署名权的行使应当符合一般的商业惯例；再次，署名权的行使不得妨碍产品的正常使用。无论是将美术作品或者图片作品应用在床单、邮票还是其他不便署名的器具上，还是将音乐作品的片段使用于手机铃声上，署名权的行使都会使得产品丧失部分美观性和实用性。本案中，按照地毯行业的习惯及商业惯例，一般不会在地毯上印制作者的姓名，无论署名的大小还是署名位置，都会影响图片作为装饰性图案的整体美观效果，不利于产品的销售和作品的使用，因而法院判决本案未署名的行为不侵犯作者的署名权。

（雷艳珍　白俊勇　作者单位：天津市第一中级人民法院）

四、不正当竞争案件

BU ZHENG DANG JING ZHENG AN JIAN

26

输入法中加载“搜索候选”功能是否构成不正当竞争的认定

——爱奇艺公司诉搜狗公司等不正当竞争纠纷案

【案号】

一审：（2017）沪0110民初12555号

二审：（2018）沪73民终420号

【裁判要旨】

互联网环境下的新型竞争行为，其是否正当需要综合考量该行为给其他经营者造成损害的程度，以及对消费者合法权益和市场竞争秩序造成的影响。对于未实质妨碍其他经营者正常经营，亦未扭曲和破坏市场竞争秩序，且具有创新效果的竞争行为，司法应予必要的克制，赋予市场自由竞争的空间。

【案情介绍】

爱奇艺公司系爱奇艺网站的经营者，爱奇艺网站以提供文艺、娱乐等领域的视频内容为主的网站。搜狗公司是搜狗输入法软件的提供者，当用户在互联网环境下使用搜狗输入法进行拼写时，搜狗输入法同时提供“输入候选”词和“搜索候选”词，用户点击“搜索候选”词，会跳转至搜狗搜索网站。“输入候选”词和“搜索候选”词在搜狗输入法中呈现上下两列、不同大小的区分，同时搜狗输入法提供了关闭“搜索候选”的设置，但在安装时默认带有“搜索候选”功能。被控不正当竞争行为的表现方式为：当手机用户在浏览器环境下进入爱奇艺网站，在使用搜狗输入法输入拟搜索的视频名称时，用户点击了搜狗输入法提供的搜索候选词而跳转至搜狗搜索引擎，且搜索结果第一位中显示有搜狐视频的内容。爱奇艺公司认为搜狗输入法中“搜索候选”的呈现方式极易使用户误认为“输入候选”，诱导用户进行点击，从而使网页跳转至搜狗公司的搜狗搜索，并呈现其关联公司搜狐视频，损害了爱奇艺网站的利益，该行为构成不正当竞争。被告恩度公司通过其运营的“N 多市场”向公众提供搜狗输入法的下载，亦应承担侵权责任。爱奇艺公司诉请法院判令：搜狗公司立即停止以不正当竞争的方式向用户提供其运营的搜狗输入法软件的“搜索候选”功能；搜狗公司赔偿爱奇艺公司赔偿经济损失 100 万元，恩度公司就其中的 10 万元承担连带责任，搜狗公司、恩度公司共同赔偿爱奇艺公司的合理开支 134000 元。

【裁判结果】

上海市杨浦区人民法院认为，搜狗输入法中的“搜索候选”功能不会使用户产生混淆，该功能具有适当的设置途径，其效果并非直接跳转进行视频播放，未超出适当的使用范围，且非专门针对影视剧相关内容而设置。同时，被控行为未对爱奇艺公司和消费者产生不利影响，不构成不正当竞争。一审判决驳回爱奇艺公司的诉请。爱奇艺公司不服一审判决，提起上诉。上海知识产权法院认为，被控行为可能会给爱奇艺公司造成一定的损失，但其是否构成不正当竞争，还需综合考量该行为给爱奇艺公司、消费者权益和市场竞争秩序的影响。本案被控行为并未实质性的妨碍爱奇艺公司的正常运营，给消费者权益带来的影响具有复杂性，但并未破坏市场选择功能，未扰乱市场竞争秩序。二审法院判决驳回上诉，维持原判。

【法官评析】

本案被控行为并非反不正当竞争法所明文列举的行为，且该行为发生在互联网环境下，该行为是否构成不正当竞争不仅需要考虑该行为是否给原告造成了损失，还需结合互联网环境的特点和互联网产业发展，以及反不正当竞争法的立法目的进行评判。

一、经营者的利益是否因被控行为造成了损失

本案的被控行为表现为，当手机用户在浏览器环境下进入爱奇艺网站，在使用搜狗输入法输入拟搜索的视频名称时，用户点击了搜狗输入法提供的搜索候选词而跳转至搜狗搜索引擎，且搜索结果第一位中显示有搜狐视频的内容。本案的被控行为发生在用户已经进入了爱奇艺网站，且已经启动了搜索行为之后，用户欲在爱奇艺网站上搜索或观看视频的目的是显而易见的，爱奇艺公司原本可以获得相应的交易机会或至少可以获得相应的搜索流量。搜狗输入法对于“搜索候选”内容与“输入候选”内容分上下两层排列、文字大小不同，并设置了“搜索候选”的关闭功能，这些措施虽在一定程度上有助于降低混淆的程度，但在缺少更明示的提示方式的情况下，尚不足以完全避免用户产生混淆。因此，由于被控行为的介入，可能导致部分交易机会或搜索流量从爱奇艺公司转移至搜狗公司或其关联公司，爱奇艺公司所遭受损失是客观的。

二、被控的行为是否违反了商业道德

市场竞争的主要表现为对交易机会的争夺，经营者对于某一交易机会的丧失是竞争的必然结果，利益受损并不意味着其当然应获得法律救济，只有被控行为违反了商业道德，该行为才具有可责性。反不正当竞争法意义上的商业道德，不能仅通过主观的道德判断来进行认定，也不能将其等同于个人品德或社会公德，而是要将该行为放置在反不正当竞争法促进市场经济健康发展，鼓励和保护公平竞争，保护经营者和消费者合法权益的立法目的下进行判断，防止脱离竞争法的目标进行泛道德化评判。关于搜狗公司的被控行为是否违反商业道德，应综合考虑以下因素进行评判。

（一）被控行为对爱奇艺公司经营的影响

爱奇艺公司在本案中所主张保护的并非法定权利，被控行为亦非反不正当竞争法所类型化的不正当竞争行为，当启动一般条款判断被控行为的正当性时，需要考察爱奇艺公司利益受损的程度，尤其是要考虑被控行为是否已经实质性的影响了爱奇艺网站正常经营活动，以防止对市场竞争的过度干预。如前所述，由于搜狗输入法中加载了“搜索候选”功能，可能导致爱奇艺网站的流量或交易机会减少，但同时也采取了降低混淆程度的措施，爱奇艺公司由此所遭受的损失是有限的。并且，搜狗公司未采取强制用户跳转网站、或者误导、强迫用户关闭爱奇艺网站的措施，也未采取措施导致爱奇艺公司的搜索功能不能正常运行，爱奇艺网站正常运营并没有受到实质性的妨碍或破坏。因此，仅就爱奇艺公司遭受损害的程度而言，尚不足以达到需要通过反不正当竞争法进行救济的必要。

（二）被控行为对消费者权益保护的影响

从我国反不正当竞争法的立法目的可以看出，反不正当竞争法所要保护的法益具有多元性，除了要保障经营者的合法权益之外，还蕴含着通过规制不正当竞争行为保护消费者的合法权益。对于某一非类型化的竞争行为，衡量其是否正当应将消费者权益作为重要的考量因素之一。本案中，爱奇艺公司主张搜狗公司的行为导致用户产生混淆，损害消费者的利益。本案被控行为不同于一般的仿冒行为，其对消费者利益的影响具有一定的复杂性。一方面，如前所述，被控行为未能完全避免用户产生混淆；另一方面，被控行为也会在一定程度上增加消费者的福利。当用户在点击“搜索候选”后，网页会跳转至搜狗搜索引擎，其提供了更多的搜索结果供用户选择，此时用户可自主选择返回爱奇艺网站或者继续停留在搜狗搜索引擎进行进一步的操作。并且，网络环境与实体环境相比，用户选择重新返回爱奇艺网站的成本是很小的，相对于为用户所增加的选择而言，整体上消费者的福利有所提高。

还需强调，反不正当竞争法是维护市场竞争秩序的法律，其所关注的消费者的合法权益，并非是个体消费者的利益，而是一种消费者群体利益，即保障消费者整体上获得正确充分的信息，以及交易决定的自由。在维护市场竞争秩序的角度上，反不正当竞争法所保障的消费者合法权益最终体现为市场信息传递功能、市场选择功能不被扭曲和破坏。对于本案所涉及网络用户而言，其目的是在网络观看相应的影视视频，用户实际所要做出的交易决定是在某一家视频网站观看视频。在此之前，用户基于对搜狗输入法提供“搜索候选”所产生的混淆，与用户最终所需做出的交易决定之间并无直接关系。需要注意的是，本案被控行为与一般仿冒行为所造成混淆可能性之间存在一定的差异，一般的仿冒行为意图直接影响消费者的交易决定，破坏市场信息传递和选择功能，而本案中即使有部分消费者被误导点击搜狗输入法提供的“搜索候选”而进入搜狗搜索引擎，此时也已明确知晓该搜索结果与爱奇艺网站并无关联，其可以自主选择返回爱奇艺网站，市场选择功能并没有被真正的破坏。

（三）被控行为对市场竞争秩序的影响

反不正当竞争法鼓励经营者通过技术创新、提高产品质量和服务的方式进行效能竞争，制止通过欺骗、强制客户交易，或者通过妨碍他人正常经营而获取竞争优势的不正当竞争行为。本案中，搜狗输入法同时具备“搜索候选”和“输入候选”两种功能，是技术上的创新，具有一定的正面市场效应。虽然在爱奇艺网站界面使用搜狗输入法，可能导致爱奇艺网站失去一定的流量；或者说搜狗输入法借助爱奇艺网站为自身带来一定流量，但这种看似介入爱奇艺网站产品的行为本身并不足以说明其具有不正当性。首先，随着互联网市场竞争的日趋激烈，以及信息技术和互联网技术的发展，互联网市场领域的各种产品或者服务关联性和依附性不断加深，经营者不可能固守已有的市场或技术领域，以各种方式进入竞争对手领域参与竞争是不可避免的。其次，鼓励市场竞争的重要目的是为促进创新，创新往往并不来自于闭门造车式的自我修炼，其更多地来自于经营者技术或商业模式之间激烈的撞击。如果仅仅因为某种技术或商业模式介入竞争对手的经营而否定其正当性，无疑将会极大挫伤创新动力。如前所述，本案被控行为并未过度妨碍爱奇艺网站的正常经营，也未破坏正常的市场选择功能，尚未达到扰乱市场竞争秩序的程度。依据比例原则，被控竞争行为总体上仍然是一种效能竞争。

竞争是市场经济最基本的运行机制，也是市场活力的源泉。互联网产业之所以能够获得蓬勃发展，正是来自于相对充分和自由的市场竞争。践行反不正当竞争法的立法精神，不仅需要司法制止扰乱市场秩序的不正当竞争行为，也需要某种程度上的司法克制，赋予市场自由竞争的空间。这种自由竞争的空间，不仅为搜狗公司所需，也为爱奇艺公司及所有的市场竞争者所需。

（范静波　作者单位：上海知识产权法院）

27

识别元素集合商品化权益的反不正当竞争法保护

——美商 NBA 产物股份有限公司、上海蛙扑网络技术有限公司诉成都蓝飞互娱科技有限公司、青岛零线互动网络技术有限公司等不正当竞争纠纷案

【案号】

一审：(2015) 粤知法商民初字第 64 号

二审：(2017) 粤民终 1395 号

【裁判要旨】

1. 若识别特征元素集合经过商业化运营，已与某一对象建立起稳定的指向关系和对应关系，由此带来的商业机会和商业价值应受到法律保护。

2. 利用具有稳定指向性的识别特征元素集合，不当攀附他人声誉或经营成果牟利的行为，明显违反诚实信用原则和公认的商业道德，构成不正当竞争。

【案情介绍】

美商NBA产物股份有限公司（以下简称美商公司）系第770693号、第1149992号“NBA”注册商标的注册人，该两商标均核定使用在第41类组织篮球比赛等服务上。美商公司、上海蛙扑网络技术有限公司（以下简称蛙扑公司）主张该两商标是驰名商标，并提交了百度百科关于NBA的介绍、以NBA为关键词的国家图书馆检索报告、中国媒体关于NBA高收视率、中国球迷众多及高额市场价值的报道等证据予以证明。

美商公司系第1017934号“NBA”注册商标的注册人，该商标均核定使用在第9类电视游戏软件等商品上。

美商公司对NBA30支球队的名称和队标都在中国进行了商标注册，注册的类别包括第9类计算机软件、第18类箱包、第25类服装、第41类组织体育比赛等。

美商公司、蛙扑公司主张的NBA集体肖像权是指NBA球员、教练、管理层肖像的集合体；其所主张的NBA特征识别库是指除上述集体肖像权外，还包括NBA球员姓名、绰号、技术特点、教练和管理层姓名以及NBA球队名称、队标、球员清单，其中，技术特点包括球员在比赛中的位置、招牌动作，以及在速度、力量、投篮准确率等方面的特点。

NBA授权多个由众多NBA识别元素组成的篮球竞技游戏，且在网上销售NBA周边产品。美商公司授权蛙扑公司在中国大陆的卡牌类手机游戏上使用NBA标识、NBA集体肖像权、NBA特征识别库，并使用“NBA官方授权手机游戏”字样；授权蛙扑公司与美商公司作为共同原告，针对第三方的商标侵权行为和/或不正当竞争行为提起民事诉讼。蛙扑公司是NBA梦之队及NBA梦之队2的登记著作权人，登记时间分别是2013年7月19日和2015年6月15日。NBA梦之队游戏官网（www. nba. mobage. cn）

由蛙扑公司经营，首页标注“NBA 官方授权手机游戏”。游戏中的球员以 NBA 球员真人形象体现。

萌卡篮球游戏软件是一款以 NBA 为题材的休闲竞技游戏，可通过其官网（www. mcnba. com）和各游戏平台免费下载。广州畅悦网络科技有限公司（以下简称畅悦公司）运营的网站也提供下载链接。该游戏的开发者和登记著作权人为青岛零线互动网络技术有限公司（以下简称零线公司），首次发表时间是 2013 年 12 月 5 日，登记时间是 2014 年 2 月 14 日。萌卡篮球游戏中的球员、教练、管理层人员均以卡通形象出现，能与真实的 NBA 球员、教练、管理人员对应。球员、教练、管理层姓名，球员绰号，球员所处位置等技术特点能与真实的 NBA 球员、教练、管理层对应。球队中的球员清单也基本能与真实的 NBA 球队对应。球队名称与真实的 NBA 球队名称在拼写上仅存在个别字母的差异（详见本案例后附件表）。2016 年 9 月底 10 月初，萌卡篮球更名为萌卡 MC。

萌卡篮球游戏中使用了成都蓝飞互娱科技有限公司（以下简称蓝飞公司）的“KUNPO”商标，蓝飞公司的母公司青岛蓝飞公司也在其公开转让说明书中记载，本案诉讼“系成都蓝飞代理青岛零线所开发的‘萌卡篮球’游戏而发生……成都蓝飞已于 2015 年 12 月底主动停止运营上述游戏……”此外，零线公司商务经理杨阳发给美商公司的邮件也显示，被诉游戏图文资料记载开发商是零线公司，运营商是蓝飞公司。零线公司还与深圳市星耀互动科技有限公司、武汉斗鱼网络科技有限公司、虎扑（上海）文化传播有限公司等案外人签订了被诉游戏的运营合作协议。

mcnba. cn 域名亦由零线公司注册，该域名未使用。

2015 年 10 月 30 日，360 手机助手网站等游戏平台显示萌卡篮球游戏下载总量达 50 万次左右；零线公司确认，2013 年 12 月 17 日至 2015 年 11 月 10 日其支付宝账户的萌卡篮球游戏收入为 2444580 元；萌卡篮球游戏的充值支付方式还包括银行卡、微信、QQ 钱包等。

美商公司、蛙扑公司向一审法院起诉请求：1. 蓝飞公司、零线公司立即停止在游戏上使用被诉标识；2. 蓝飞公司立即停止运营、零线公司立即停止开发和更新萌卡篮球和萌卡 MC 游戏，停止侵害 NBA 商标权、NBA 集体肖像权和 NBA 特征识别库的行为；3. 蓝飞公司、零线公司立即停止使用 mcnba. com 和 mcnba. cn 域名并将其转让给美商公司；将前述诉讼请求 6 中的 300 万元赔偿数额变更为 500 万元；4. 畅悦公司立即停止在其运营的手游通平台上提供萌卡篮球游戏的行为；5. 判令蓝飞公司、零线公司、畅悦公司在《中国工商报》显著位置刊登声明以消除影响；6. 判令蓝飞公司、零线公司、畅悦公司连带赔偿美商公司、蛙扑公司损失及制止侵权所产生的律师费、公证费和差旅费等，共计人民币 300 万元；7. 判令蓝飞公司、零线公司、畅悦公司承担本案全部诉讼费用。

【裁判结果】

广州知识产权法院作出民事判决：一、蓝飞公司和零线公司于判决发生法律效力之日起立即停止在萌卡篮球和萌卡 MC 游戏使用涉案 NBA 识别元素的不正当竞争行为；二、零线公司于判决发生法律效力之日立即停止使用 mcnba. com 域名，并于三十日内将 mcnba. com 和 mcnba. cn 域名转让给美商公司；三、蓝飞公司和零线公司于判决发生法律效力之日起三十日内在《中国工商报》显著位置刊登声明以消除涉案不正当竞争行为给美商公司和蛙扑公司造成的不良影响（声明内容须经法院审定）；四、蓝飞公司和零线公司于判决发生法律效力之日起十日内连带赔偿美商公司和蛙扑公司共人民币 300 万元，畅悦公司对其中的 10 万元负连带赔偿责任；五、驳回美商公司和蛙扑公司其他诉讼请求。蓝飞公司、零线公司不服一审判决，提起上诉。广东省高级人民法院作出民事判决：驳回上诉，维持原判。

【法官评析】

本案系国内首例涉识别特征元素集合的不正当竞争纠纷案件。对于识别特征元素集合的相关使用能否在反不正当竞争法领域得以规制，法律并无明文规定，亦无先例可循。本案以《中华人民共和国反不正当竞争法》（以下简称反不正当竞争法）第二条的原则性规定为基础，详细论述了 NBA 识别特征元素集合在市场竞争领域的权益基础、权益性质及受保护的条件等内容，给予了 NBA 识别特征元素集合恰当而有力的法律保护。

一、识别特征元素集合的权益基础

（一）识别特征元素集合的概念

识别特征元素集合，顾名思义，是指具有指示识别功能、能够展示某种相同或相关联特征的元素集合。本案中，美商公司和蛙扑公司指控被诉游戏未经授权，大量使用了 NBA 球员、教练和管理层的姓名、绰号、肖像、技术特点以及球队标识等 NBA 识别元素，因此本案中的识别元素集合，即美商公司和蛙扑公司所主张保护的 NBA 特征识别库，实质上是由众多富有特征的个体形象、特征要素和标识共同组合而成的 NBA 集体形象集成。

（二）识别特征元素集合得以保护的法律依据

反不正当竞争法第二条规定，经营者在生产经营活动中，应当遵循自愿、平等、公平、诚信的原则，遵守法律和商业道德。本法所称的不正当竞争行为，是指经营者在生产经营活动中，违反本法规定，扰乱市场竞争秩序，损害其他经营者或者消费者的合法权益的行为。同时，反不正当竞争法第二章第五条至第十五条对该法制定时市场上常见的和可以明确预见的不正当竞争行为类型进行了列举式规定。但由于市场竞争的开放性和激烈性，必然导致市场竞争行为方式的多样性和可变性，反不正当竞争法作为管制市场竞争秩序的法律，不可能对各种行为方式都做出具体化和预见性的规定。另外，反不正当竞争法保护的是经营者的合法权益而并不限于法定权利，即使经营者主张保护的不属于法定权利，亦有可能作为民事合法利益予以保护。因此，在具体案件中，法院根据反不正当竞争法第二条关于市场交易应遵循的基本原则和不正当竞争定义的一般性规定，对没有在第二章中明列的市场竞争行为予以调整，已形成基本共识。只是对这种并未明列为反不正当竞争法具体行为类型的民事利益的保护，确应慎重，不宜断言垄断。

具体到本案，本案诉争的涉及 NBA 识别元素集合的市场竞争行为虽未被明确列举在反不正当竞争法中，但若确有不正当性，仍可依据反不正当竞争法第二条的兜底性条款进行调整。如此，既符合相关法律规定和现实需求，又能保障市场公平竞争。

二、识别特征元素集合的维权主体

识别特征元素集合既然是由多个类别元素的集合而成，其权利主体在行使权利时是否需要获得各具体元素的权利主体额外授权？本案中，涉案 NBA 识别元素集合由 NBA 球员、教练和管理层的姓名、绰号、肖像、技术特点以及球队标识等与具体个人相关的识别元素组成，那么针对 NBA 特征识别库的维权行为应当由识别元素涉及的相关个人进行还是由运营维护 NBA 相关标识的美商公司进行？美商公司在本案中主张权益是否需要得到相关个人的逐一授权？对此首先要明确的是，识别元素集合虽由若干具体元素组成，但其实质上却是基于各元素、各元素之间的相互关系及相互影响这一元素集合整体而形成的权益，不宜将其割裂看待。有此前提，识别元素集合的权利救济主体才能得以正确认定。

法院认为，本案中美商公司主张保护的并非某一具体个体形象，而是由 NBA 众多成员个体形象、特征要素与标识共同组合而指向的 NBA 整体形象，因此由运营维护 NBA 并对相关标识享有权益的美商公司寻求法律救济，并不存在法律障碍，不需要逐一获得相关个体的额外授权。如果依蓝飞公司和零线公司所言，将美商公司主张的权益逐一分解成各个体形象、标识和要素并相互孤立，而让相关个体来进行逐一维权，相关个体显然只能制止与自己权益相关的行为，而不能制止其他与 NBA 相关的行为，这显然无法解决其他众多识别元素的存在可能使 NBA 集体形象受损的问题。

三、识别特征元素集合受反不正当竞争法保护的条件

反不正当竞争法保护的是市场竞争领域正当经营者的合法权益，因此相关客体具有商品化权益系其受反不正当竞争法保护的前提要件。然而事实上，并非所有商品化利益均受到反不正当竞争法保护。如果相关客体与权利主体未能建立起相对稳定的对应和指向关系，或者不容易导致相关公众产生联想或误解，又或者被诉行为仅仅系在必要限度内的合理使用且并未造成损害后果的，均不属于反不正当竞争法的规制对象。

本案中，未被反不正当竞争法予以明确规定的 NBA 识别特征元素集合能否在反不正当竞争领域被予保护，取决于相关当事人是否属于反不正当竞争法意义上的经营者；NBA 识别特征元素集合是否构成商品化权益；相关形象特征或商业标识是否具有一定的知名度，足以使相关公众将之与特定的主体或客体之间建立起稳定的指向关系与对应关系；相关标识被商品化运用于游戏领域会否引起相关公众的混淆、误认；以及被诉行为对于相关元素的使用是否超出了合理限度，产生明显不当攀附他人商誉恶意和掠夺他人交易机会等损害后果。

从美商公司在本案中提交的大量证据来看，对 NBA 特征识别库相关权益予以保护显然具有正当、充分的理由。

（一）本案当事人系存在竞争关系的经营者

从反不正当竞争法有关经营者的规定来看，经营者的确定并不要求相关当事人属同一行业或服务类别，只要是从事商品经营或者营利性服务的市场主体，就可成为经营者。蛙扑公司与零线公司均系从事游戏行业的市场主体，蓝飞公司主营计算机软件开发销售，其母公司青岛蓝飞公司在《公开转让说明书》中明确记载“移动游戏的开发及运营由成都蓝飞负责”并列出成都蓝飞主营的系列游戏产品，可见蛙扑公司、零线公司与蓝飞公司均属于同业竞争者。美商公司虽然主营篮球等体育运动相关的商业化运作，但从当前商业环境来看，体育运动的衍生商品或服务已涵盖了各类玩具、音像制品、图书、电子游戏、服饰、娱乐等行业，而且美商公司提供的授权许可使用合同、多个授权游戏版本等表明其确实已在游戏领域进行相关商品化运作，因此美商公司衍生商品或服务与零线公司和蓝飞公司所从事的游戏行业存在交叉甚至重合。故本案各方当事人不仅属于反不正当竞争法意义上的经营者，而且经营领域相同或交叉，显然存在竞争关系。

（二）NBA 识别特征元素集合具有商品化权益

首先，美商公司《公司注册证明》记载公司组建目的系获得美国职业篮球联盟、俱乐部、协会及其成员相关识别标志权利，并进行广告推广、产品或服务制造、营销等商业化运用；美商公司提供的商标注册证表明其在中国对 NBA 标识及 NBA 球队名称和队标享有商标权。上述法律文件既能够明确 NBA 相关标识和权利的所有者，更能够从事实上说明美商公司对 NBA 联盟和球队的商业化运营本就是为了获得其所享有的相关标识的商业价值和经济利益。

其次，美商公司提交的商标注册证、对外授权合同、相关游戏软件等证据足以证明，美商公司不仅在职业体育赛事领域积极经营和维护 NBA 集体形象，还将 NBA 集体形象产生的商品化利益积极运营于 NBA 衍生行业领域，并至少已在游戏这一行业领域上进行了商业化运营。当这些代表 NBA 集体形象的 NBA 识别特征元素集合与游戏进行商业结合时，相关游戏显然将凭借 NBA 联盟的知名度与号召力而获得较高的、包括被诉游戏行业领域在内的商业机会和商业价值。

综上，由众多富有特征的个体形象、特征要素和标识共同集合而成的 NBA 识别特征元素集合，即美商公司和蛙扑公司在本案中所主张保护的 NBA 特征识别库，实质上已形成 NBA 集体形象的商品化权益。需要强调的是，与一般的商品化权益不同，NBA 识别特征元素集合涉及的不是某一个体形象的商品化权益，而是集体形象的整体权益。

（三）NBA 特征识别库已经与 NBA 集体形象建立起稳定的指向关系与对应关系

美商公司提供了百度百科关于 NBA 的介绍、以 NBA 为关键词的国家图书馆检索报告、中国媒体关于 NBA 高收视率、中国球迷众多及高额市场价值的报道等证据，证明在其多年投入经营和维护下，NBA 联盟、球队和相关标识已经在中国具有极高知名度和极大号召力，深受中国公众的喜爱。美商公司中文官方网站、百度百科、腾讯网 NBA 数据库等均有对多名 NBA 球员姓名、绰号、肖像、所属球队、位置、简历和技术特点，对多名教练和管理层姓名、绰号、肖像、简历、球员特点和技术统计进行详细介绍。可见美商公司在经营 NBA 联盟及球队的过程中也通过宣传相关球员、教练和管理层个体形象来吸引相关公众，进而树立和维护 NBA 集体的相关形象。在美商公司不断投入、良好运营和大力宣传之下，这些富有诸多个性特征与共同特征的人物形象、特征要素、标识集合在一起，使相关公众首先联想到的，已经不是某一具体个体，而是不畏挑战、拼搏奋进、团结合作的 NBA 集体形象。因此，这种众多识别元素集合，即美商公司在本案中所主张的 NBA 特征识别库，在美商公司的商业运营之下，已经与 NBA 集体形象建立起稳定的指向关系与对应关系。

（四）被诉行为损害了 NBA 识别特征元素集合的商品化权益

1. 卡通化处理亦属于商品化使用

商品化运营本身就是一种转换性使用。虽然被诉游戏并没有直接使用 NBA 球员、教练、管理层真人形象，而是进行了卡通化创作和处理，但这并不影响对相关形象和标识予以商品化使用的定性。本案中，基于人物形象特征、动作特征、姓名绰号等大量对应识别元素和特征的保留与使用，卡通化处理仍然不妨碍相关公众毫不费力地将游戏识别为 NBA 集体并与之联系。被诉游戏对于相关识别元素进行商品化使用这一定性，也奠定了判断被诉行为是否应当在反不正当竞争领域予以调整的基石。

2. 被诉行为足以引起联想和误解

如前所述，美商公司已提供大量证据证明，涉案 NBA 识别元素集合客观上已在中国境内对 NBA 集体所形成的可识别性和稳定的指向性，美商公司对该识别元素集合进行的长期运营及事实上已在游戏领域进行的商业化使用，构成了美商公司在本案主张商品化权益的完整基础。而本案中，被诉游戏并非仅仅使用某一 NBA 元素，也不仅仅将 NBA 联赛作为游戏背景和情节，而是将大量 NBA 识别元素运用于整个游戏中，游戏中的大量球员、教练、管理层人物形象乃至相关姓名、绰号和技术特点，球队名称、清单和队标均与美商公司现实运营的 NBA 球队相对应。这种使用范围甚至达到如果停止使用相关识别元素，该游戏将完全无法运行的程度。可见被诉游戏对相关识别元素的使用远远超出了合理使用和正当使用所应当遵守的必要范围，而是足以引起市场混淆、误认的全面模仿与不正当使用。

3. 被诉行为违反诚信原则和公认商业道德

遵循诚实信用原则、遵守公认的商业道德，是反不正当竞争法最基本的要求。经营者应当通过诚信经营、公平竞争来获得竞争优势，未经他人许可，不得不正当地攀附利用他人的声誉或经营成果来进行商业运作并从中获利，以致给正当经营者造成损害。

被诉游戏未经授权大量使用 NBA 识别元素的行为，实质上是不当利用了美商公司苦心经营 NBA 联盟而获得的影响力与号召力，使相关公众误以为该游戏与 NBA 联盟、赛事或美商公司存在某种特定关联，基于对 NBA 的喜爱而移情于被诉游戏，从而轻而易举地获得相关消费群体和占有市场份额。这种行为不当利用美商公司多年付出的经营成果及良好声誉为自己牟利，掠夺和挤占美商公司和蛙扑公司在游戏领域的市场份额，使美商公司和蛙扑公司经济利益受到损害。被诉游戏还刻意将球队名称拼写错误及队标图案进行局部修改，容易降低相关公众对 NBA 联盟和联赛的评价，给美商公司商誉造成不良影响。

故，被诉行为不仅大量商品化使用未经许可的具有指向性的识别元素，还具有引起相关公众混淆、误认的故意，明显违反诚实信用原则和公认的商业道德，给权利主体的商品化权益造成了巨大损害。而这种正当经营者因经营 NBA 集体形象所获得的商品化权益，显然是应当得到反不正当竞争法保护的。

四、小结

本案从 NBA 识别元素集合的商业化运营所带来的商品化权益、其与 NBA 集体形象之间的指向关系和对应关系、被诉游戏超出合理范围的不当使用等方面，详述了法定权利之外的合法权益亦有受反不正当竞争法保护的可能，同时也明确了对此类权益审慎的保护态度，对蓝飞公司、零线公司通过被诉游戏所实施的不正当地攀附利用他人声誉或经营成果从中获利的行为予以合理规制。该案为此类涉识别元素特征集合案件的审理树立了良好示范效果，也彰显了在市场竞争中倡导遵循诚实信用原则、遵守商业道德的知识产权司法保护态度，对于经营者在市场竞争中自觉规范自身经营行为具有重要指导意义。

附件：

被诉游戏使用 NBA 人物肖像举例

名称	NBA 人物肖像	被诉游戏
詹姆斯·哈登（James Harden）休斯顿火箭队现役得分后卫	 证据二十二，补充证据卷十四第 6911 页；证据十八，补充证据卷八第 4231 页	 证据二十一，补充证据卷十四第 6804 页
史蒂夫·纳什（Steve Nash）湖人队已退役控球后卫	 证据二十二，补充证据卷十四第 6838 页 证据十九，补充证据卷十一第 5150 页	 证据二十一，补充证据卷十四第 6796 页
菲尔·杰克逊（Philip Jackson）教练	 证据二十二，补充证据卷十四第 6967 页；证据十九，补充证据卷十一第 5392 页	 证据二十一，补充证据卷十四第 6812 页
大卫·斯特恩前 NBA 总裁	 证据十二，第 263 页	 证据九，第 132 页

被诉游戏使用 NBA 教练姓名举例

NBA 教练	被诉游戏
 名字：帕特·莱利 身份：教练 证据二十二，补充证据卷十四第 6967 页 证据十九，补充证据卷十一第 5379 页	 名字：帕特·莱利 身份：教练 证据二十一，补充证据卷十四第 6812 页
 名字：埃弗里·约翰逊 身份：教练 证据二十二，补充证据卷十四第 6973 页 证据十九，补充证据卷十一第 5584 页	 名字：埃弗里·约翰逊 身份：教练 证据二十一，补充证据卷十四第 6813 页

被诉游戏使用 NBA 球员姓名、绰号、所述球队、位置举例

NBA 球员	被诉游戏
 名字：林书豪 球队：夏洛特黄蜂队 位置：后卫 证据二十二，补充证据卷十四第6880页 证据十八，补充证据卷八第4184页	 名字：林书豪 球队：黄蜂队 位置：控卫 证据二十一，补充证据卷十四第6800页
 名字：凯文·加内特 绰号：狼王 证据二十二，补充证据卷十四第6964页 证据十九，补充证据卷十一第5211页	 名字：狼王·加内特 证据二十一，补充证据卷十四第6812页
 名字：沙奎尔·奥尼尔 绰号：大鲨鱼 证据二十二，补充证据卷十四第6960页 证据十九，补充证据卷十第4956页	 名字：大鲨鱼 证据二十一，补充证据卷十四第6811页

被诉游戏使用 NBA 球队标识举例

序号	NBA 球队标识	被诉游戏
1	洛杉矶湖人队 证据十八 补充证据卷八第3965页	湖人队 证据十，第211页
2	圣安东尼奥马刺队 证据十八 补充证据卷八第4155页	马刺队 证据十，第194页
3	犹他爵士队 证据十三，第368页	爵士队 证据十，第200页
4	波士顿凯尔特人队 证据十八 补充证据卷八第3661页	凯尔特人队 证据十，第199页

续表

序号	NBA 球队标识	被诉游戏
5	明尼苏达森林狼队 证据十八 补充证据卷八第 4087 页	森林狼队 证据十，第 219 页
6	芝加哥公牛队 证据十八 补充证据卷八第 4321 页	公牛队 证据十，第 193 页
7	雄鹿队 证据十八 补充证据卷八第 4064 页	雄鹿队 证据十，第 196 页
8	费城 76 人队 证据十八 补充证据卷八第 3863 页	76 人队 证据十，第 195 页
9	华盛顿奇才队 证据十三，第 274 页	奇才队 证据十，第 229 页
10	布鲁克林篮网队 证据十八 补充证据卷八第 3703 页	篮网队 证据十，第 228 页
11	底特律活塞队 证据十八 补充证据卷八第 3771 页	活塞队 证据十，第 212 页
12	亚特兰大老鹰队 证据十八 补充证据卷八第 4251 页	老鹰队 证据十，第 218 页
13	奥兰多魔术队 证据十八 补充证据卷八第 3635 页	魔术队 证据十，第 198 页
14	多伦多猛龙队 证据十三，第 279 页	猛龙队 证据十，第 215 页
15	休斯敦火箭队 证据十八 补充证据卷八第 4227 页	火箭队 证据十，第 193 页

续表

序号	NBA 球队标识	被诉游戏
16	萨克拉门托国王队 证据十八 补充证据卷八第 4132 页	 国王队 证据十，第 213 页
17	纽约尼克斯队 证据十三，第 282 页	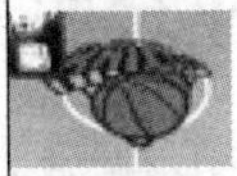 尼克斯队 证据十，第 217 页
18	迈阿密热队（原名热火队） 证据十八 补充证据卷八第 4009 页	 热火队 证据十，第 193 页
19	夏洛特黄蜂队 证据十三，第 285 页	 黄蜂队 证据十，第 227 页
20	丹佛掘金队 证据十八 补充证据卷八第 3746 页	 掘金队 证据十，第 216 页
21	达拉斯小牛队 证据十八 补充证据卷八第 3719 页	 小牛队 证据十，第 194 页
22	俄克拉荷马城雷霆队 证据十八 补充证据卷八第 3818 页	 雷霆队 证据十，第 194 页
23	新奥尔良鹈鹕队 证据十八 补充证据卷八第 4203 页	 鹈鹕队 证据十，第 214 页

（张胤岩　作者单位：广东省高级人民法院）

28

互联网平台服务的相关市场范围的认定

——深圳微源码软件开发公司诉腾讯公司滥用市场支配地位纠纷案

【案号】

（2017）粤03 民初字第250 号

【裁判要点】

在滥用市场支配地位的垄断诉讼中，相关市场的界定应当从被诉造成竞争损害的具体行为着手，分析原告对市场需求的服务或商品类型，以涉案争议行为所指向的商品或服务为出发点，进而围绕该商品或服务进行需求替代分析，准确定性商品市场。

【案情介绍】

原告：深圳微源码软件开发有限公司（原名称深圳微信软件开发有限公司，以下简称深圳微源码软件开发公司）

被告：腾讯科技（深圳）有限公司（以下简称腾讯公司）

原告深圳微源码软件开发公司诉称：被告腾讯公司运营的微信公众号平台未经原告许可，擅自封禁原告在被告运营的微信公众号平台上开办的26 个微信公众号，认为被告行为构成滥用市场支配地位的垄断行为。原告提交了2015 年被告未经审核的第三季度业绩，确定微信和WeChat 合并月活跃用户量达到6.5 亿。《2015Q4 中国移动社交通信季度报告》，原告认为微信、QQ、陌陌等移动互联网即时通信和社交软件的统计数据显示微信用户远超过其他移动互联网即时通信和社交用户数量，证明本案涉及的微信产品在移动社交通信行业占有市场支配地位。被告禁止原告使用合法取得的微信公众号的行为属于滥用市场支配地位，构成垄断。

关于微信公众号的使用功能和目的，原告陈述主要用于其推广宣传和代理销售，即有销售产品的功能。26个公众号均属于认证公众号中的服务号，不仅可以开展发布信息和咨询的自媒体活动，具有自媒体的宣传推广功能，更是综合营销平台，并开展与产品服务、小程序有关的一整套营销活动，可以销售产品和提供服务。原告认为本案涉及的相关商品是对软件和服务的推广平台。在对相关市场的界定上，原告主为“移动互联网的即时通讯和社交平台服务市场”。

被告提交的公证书证明被告在其运营的26个公众号上发布大量涉及推广、介绍使用“数据精灵”等接入微信系统的外挂软件的信息以及链接。原告在其自办、运营其他互联网平台上，通过推广文案、视频等方式宣传推广其“数据精灵”等软件与服务。原告在这些网站宣传的产品与微信公众号中宣传的产品高度重合，且推广内容也高度一致。其通过网站公示的微信二维码，以及公众号推送信息内的“阅读原文功能”，也可以实现二者的交互访问。

【裁判结果】

广东省深圳市中级人民法院经审理后认为：原告诉称被告利用其在中国大陆移动互联网即时通信和社交软件与服务市场的市场支配地位，对原告实施了无正当理由“拒绝交易”和“差别待遇”的滥用市场支配地位，进而提出九项诉讼请求。原、被告双方争议行为所直接指向的“产品”，是微信软件所提供的公众号服务，因此本案纠纷涉及的产品是“微信公众号”而不是“微信”。原告在被告微信公众平台注册并运营涉案“微信公众号”主要是为了宣传、推广其数据精灵等产品，具有自媒体的宣传推广功能。原告的身份不是使用微信聊天功能的普通微信用户，而是在微信公众平台注册运营微信公众号的主体。

法院认为，本案相关商品市场应为互联网平台在线推广宣传服务市场，能够满足原告产品宣传、推广主要需求的渠道如自办网站、微博、视频平台如优酷、搜索引擎服务平台、社交网站如QQ空间等应纳入本案相关商品市场。而原告主张本案相关商品市场界定为即时通信和社交软件与服务市场，系未能明晰互联网平台基础服务与增值服务之间相互独立的关系，偏离了原告对微信公众号作为宣传推广需求的本质。

在相关商品市场界定错误的情况下，原告亦未能依据法律要求证明被告具有市场支配地位和滥用行为，故判决驳回原告全部诉讼请求。由原告深圳微源码软件开发有限公司承担。该案一审判决后当事人未提起上诉，于2018年9月生效。

【法官评析】

任何竞争行为均发生在一定的市场范围内。界定相关市场就是明确经营者竞争的市场范围。科学合理地界定相关市场，对识别竞争者和潜在竞争者、判定经营者市场份额、认定经营者的市场地位、分析经营者的行为对市场竞争的影响、判断经营者行为是否违法等关键问题具有重要作用。

按照《国务院反垄断委员会关于相关市场界定的指南》（下称《指南》）第三条规定，相关商品市场是根据商品的特性、用途及价格等因素，由需求性认为具有替代关系的一组或一类商品所构成的市场，这些商品表现出较强的竞争关系，在《中华人民共和国反垄断法》法项下可以作为经营者竞争的商品范围。《指南》第四条、第六条就相关市场的界定方法指出，界定相关市场主要从需求者角度进行需求替代分析，需求替代是根据需求者对商品功能用途的需求、质量的认可等。无论采用何种方法界定相关市场，始终应当把握商品满足消费者需求的基本属性，即相关商品市场的界定首先从反垄断审查关注的经营者提供的商品（目标商品）开始考虑，逐步考察最有可能具有紧密替代性关系的其他商品。如果该商品被认为是可替代的，则该商品应纳入“相关市场”范畴，以及逐步考察对该商品“最有可能具有紧密替代关系”的另一商品。

相关市场界定要围绕被诉行为的竞争损害展开。在滥用市场支配地位案件中，要考察涉案争议行为是否在相关市场上产生了竞争损害，首先应当明晰涉案行为到底可能在哪些商品或服务所构成的市场范围内产生了竞争损害。因此，应当以涉案争议行为所指向的商品或服务为出发点，进而围绕该商品或服务进行需求替代分析。

面对围绕互联网服务发生的垄断纠纷，应当从涉诉行为所具体指向的商品出发，从需求者角度进行需求替代分析，根据需求者对商品功能用途的实际需求对发生在互联网环境下的活动进行准确区分，才能更为准确反映商品市场的范围。本案双方争议行为直接指向的产品是微信公众号服务，争议行为虽然发生在微信平台，但双方争议行为直接指向的商品是“微信公众号”服务而不是“微信”。微信公众号服务不能等同于微信产品。微信是腾讯公司向用户提供的跨平台通信工具，为用户提供即时通信、便捷工具、微信公众平台、微信支付、游戏等功能，是一个集合了多种服务的综合性互联网应用平台。微信公众号则主要向用户提供信息发布、媒体传播、企业宣传等服务，用户可以通过注册运营微信公众号进行产品宣传和品牌推广，面向的是不特定的大量用户。微信软件上提供的上述增值服务，尽管都共享微信这一入口，但其各自所具有的基本功能与特征、面向的用户群体、具体操作方法等都与作为基础服务的即时通信有着较大区别。

因此本案相关商品市场界定应以微信公众号提供的服务为基础，原告在起诉书以及庭审中以“互联网即时通信服务”基础上界定的“移动互联网即时通信和社交软件服务市场”未能准确围绕被诉行为所指向的产品进行。依据互联网行业惯例，微信的即时通信服务和微博、社交网站等同属于大的社交软件服务范畴，原告将即时通信和社交软件并列作为本案相关商品市场，错误地将两者混为一谈，显然没有准确映射本案涉诉行为所指向的产品，也偏离了原告对微信公众号被封禁行为提出的各项诉讼请求。

原告指控被告垄断行为的争议商品系通过互联网平台进行的宣传推广

服务。基于本案具体情况及证据，主要从功能、特性角度进行替代性分析。本案相关商品市场应为互联网平台在线推广宣传服务市场，能够满足原告产品宣传、推广主要需求的渠道如自办网站、微博、视频平台如优酷、搜索引擎服务平台、社交网站如 QQ 空间等应纳入本案相关商品市场。而原告主张本案相关商品市场界定为即时通信和社交软件与服务市场，系未能明晰互联网平台基础服务与增值服务之间相互独立的关系，偏离了原告对微信公众号作为宣传推广需求的本质。

由于互联网企业所提供的服务呈现出动态化和平台化的特点，往往在基础服务上整合了多种不同类型的增值服务，具有多样性和复杂性，相互之间的边界较传统行业更为模糊。因此，更应该准确明晰不同服务之间的商品功能和特性，锚定被诉争议行为所指向的具体服务，否则会造成相关市场界定过于宽泛或过于狭窄，偏离双方争议的实际情况，进而影响后续对行为竞争分析结果的准确性。

（蒋筱熙　作者单位：广东省深圳市中级人民法院）

29

持有题字作品的企业在产品包装上使用名人姓名，是否侵害了竞业企业已取得的姓名独占使用权益？

——袁隆平公司诉湖北农华公司侵害姓名权及不正当竞争纠纷案

【案号】

一审：（2017）鄂 01 民初 2169 号

二审：（2017）鄂民终 3252 号

【裁判要旨】

袁隆平院士因其在杂交水稻研究领域的成就和知名度，其姓名不仅仅具有人身属性，还蕴含财产性利益。企业通过合法授权获得对“袁隆平”姓名独占商业使用的财产性权益，能够为企业带来现实经济利益，此种民事权益的正当性和经济属性应当得到法律保护。被控侵权种业企业虽得到袁隆平院士的题字落款书法作品，但在未征得袁隆平院士口头或书面许可的情况下，无权将袁隆平院士的题字落款印制在其产品外包装上，对其产品进行商业推荐和广告宣传。持有书法作品的种业企业在产品外包装上以题字落款形式使用“袁隆平”字样，属于以不正当手段从事市场交易，侵害了已取得相关授权的种业公司的合法权益，并且扰乱了市场竞争秩序，损害了消费者的合法权益，属于不正当竞争行为。

【案情介绍】

原告（上诉人）：袁隆平农业高科技股份有限公司

被告（被上诉人）：湖北农华农业科技有限公司

2014 年 11 月 14 日，袁隆平农业高科技股份有限公司（下称袁隆平公司）与袁隆平院士签署《袁隆平品牌权许可使用协议》。协议约定的主要内容有：袁隆平许可袁隆平公司在经营过程中独占使用袁隆平的姓名权及肖像权；许可的内容包括“袁隆平”“隆平”及相应的中英文名称，以及任何关于袁隆平肖像的图片、照片等；袁隆平公司有权分许可或再许可其关联公司（或单位）在经营过程中合理使用袁隆平的姓名权及肖像权；袁隆平自己不得使用其姓名用于企业名称、商号字号及其它经营性活动，也不得再许可任何第三人使用其姓名及肖像用于经营性活动；在农业、种业领域发生的第三人侵犯或非法使用袁隆平姓名权及肖像权的行为，袁隆平公司有权单方实施维权等。2014 年 11 月 25 日、12 月 5 日袁隆平公司在证券交易所上市公司公告信息以及平面和网络媒体上发布了上述袁隆平品牌权许可使用协议的签订信息。

袁隆平公司的经营范围包括：以水稻、玉米、蔬菜为主的高科技农作物种子、种苗的生产、加工、包装、培育、繁殖、推广和销售等。经中国种子协会公告，袁隆平公司 2013 年、2016 年两度被认定为 10 家“中国种业信用明星企业”之一。袁隆平公司关联公司湖南隆平种业有限公司生产的“广两优 2010”“Y 两优 1928”“领优华占”等产品外包装袋的产品介绍页面印制有手写字体的“湖南隆平种业有限公司 袁隆平”字样。湖北农华公司的经营范围包括：农业科技开发；本公司的货物配送；湖北省区域杂交水稻、玉米种子加工、包装、批发、零售。

2016 年 4 月 14 日，袁隆平公司通过网络公证，对湖北农华农业科技有限公司（下称湖北农华公司）网页中的“公司简介”“营销网络”等链接，以及“产品系列”中的“荣优 698”“广两优 8 号”“两优 038”产品，进行网页证据保全。2016 年 4 月 15 日，袁隆平公司在湖北省蕲春县彭思镇彭思大道一处店铺，公证购买了被控侵权产品三件。经现场拆封和勘验，被控侵权产品显示：外包装正面由上至下标注有“世纪农华®”“湖北农华农业科技有限公司 袁隆平”“农华 9 号”“审定编号：国审稻 2003006 水稻杂交种”“世纪农华 四季丰收”“净含量：1Kg”“湖北农华农业科技有限公司”字样，其中正面包装中部“农华 9 号”字体最大；产品外包装反面印刷有“世纪农华”“农华 9 号”“审定编号：国审稻 2003006 水稻杂交种”以及产品说明和注意事项等。湖北农华公司保存了一张袁隆平对该公司企业名称的题字，题字内容为：湖北农华农业科技有限公司　袁隆平　二 OO 七 . 十 . 十”。

【裁判结果】

湖北省武汉市中级人民法院判决：驳回袁隆平公司的诉讼请求。宣判后，袁隆平公司提出上诉。湖北省高级人民法院二审改判：1. 撤销一审判决；2. 湖北农华公司立即停止不正当竞争行为，即立即停止制造、销售包装带有“袁隆平”姓名的涉案产品；3. 湖北农华公司于判决生效之日起十日内赔偿袁隆平公司经济损失 1 元；4. 湖北农华公司于判决生效之日起十日内支付袁隆平公司为本案支出的合理费用共计 12000 元；5. 驳回袁隆平公司的其他诉讼请求。

【法官评析】

该案主要涉及四个方面的法律适用问题：一是如何认定种业企业取得的对“袁隆平”姓名的独占商业使用利益，此种利益是否应当得到法律保护；二是持有袁隆平院士书法作品的种业企业，是否有权在其产品外包装上以题字落款形式使用“袁隆平”字样；三是持有袁隆平院士书法作品的种业企业在其产品外包装上以题字落款形式使用“袁隆平”字样，能否认定为商业性使用；四是持有袁隆平院士书法作品的种业企业以题字落款形式使用“袁隆平”字样，是否对已取得相关授权的种业企业构成不正当竞争。

一、种业企业通过合法授权取得对“袁隆平”姓名独占商业使用的财产性权益，其正当性和经济属性应当得到法律保护

姓名权是自然人对其姓名享有的重要民事权利，姓名权中包含的财产性权益亦为法律所保护。袁隆平院士因其在杂交水稻研究领域的成就和知名度，其姓名不仅仅具有人身属性，还蕴含财产性利益。袁隆平院士通过与种业企业签署《袁隆平品牌权许可使用协议》，约定种业企业在经营过程中独占使用其姓名权，甚至袁隆平院士自己不得使用其姓名用于企业名称、商号字号及其它经营性活动，也不得再许可任何第三人使用其姓名用于经营性活动。前述许可使用行为系袁隆平院士通过协议方式让渡其姓名中的非人身属性权益，并将此部分权益进行商业化利用，为特定商品代言并获取相应经济利益，而种业企业通过支付相应对价，取得提升自身品牌形象、推销商品、扩大知名度的商业效果。种业企业获得的对“袁隆平”姓名独占商业使用的财产性权益，既体现了企业对科技人才的尊重，也体现了市场对“袁隆平”姓名商业价值的认可，并且独占姓名中的财产性权益能够为企业带来现实经济利益，此种民事权益的正当性和经济属性应当得到法律保护。

二、持有袁隆平院士书法作品的种业企业，无权在其产品外包装上以题字落款形式使用“袁隆平”字样

被控侵权种业公司虽得到袁隆平院士的题字落款书法作品，但在未征得袁隆平院士口头或书面许可的情况下，无权将袁隆平院士的题字落款印制在其产品外包装上，对其产品进行商业推荐和广告宣传。被控侵权产品外包装上的题字落款系由袁隆平院士本人以手写硬笔书法方式呈现，具备作品的独创性和可复制性，可以认定为书法作品。根据著作权法基本原理和法律规定，作品原件所有权的转移并不意味着作品著作权中所有权利的转移，也不意味着作品著作权的转让，在未获得作者进一步授权的情形下，书法原件作品的获得者和保存者无权复制和发行该作品。因此，即便其他企业未取得对“袁隆平”姓名的独占商业使用权益，得到袁隆平院士书法作品的种业企业在未征得袁隆平院士口头或书面许可的情况下，也无权将袁隆平院士的题字落款印制在其产品外包装上，对其产品进行商业推荐和广告宣传。

三、持有袁隆平院士书法作品的种业企业在其产品外包装上以题字落款形式使用“袁隆平”字样，应认定为商业性使用

其一，被控侵权种业企业同样作为水稻杂交种的生产者和销售者，在其产品的外包装上以题字落款形式使用“袁隆平”字样，结合外包装上的广告语、结满谷穗的杂交水稻图片、产品说明等信息，共同对其水稻杂交种产品进行介绍和宣传，该种使用行为属于通过商品包装推荐、宣传自己所销售的商品，属于商业使用。其二，袁隆平作为中国工程院院士，系我国杂交水稻育种专家，是杂交水稻研究领域的开创者和带头人，曾荣获我国首届国家最高科学奖和联合国粮农组织等国际组织授予的各种大奖，被尊称为中国“杂交水稻之父”。在袁隆平院士享有世界性知名度和影响力的前提下，被控侵权种业企业在其生产、销售的水稻杂交种产品外包装上以题字落款形式使用“袁隆平”字样，将会产生袁隆平院士对其所销售的水稻杂交种产品进行权威推荐或代言的商业效果。其三，被控侵权种业企业在其产品外包装上是以手写字体的题字落款方式使用“袁隆平”字样，其不同于以普通印刷体方式使用自然人的姓名。手写签名本身具有书写人自身对相关情形予以认可的含义，并且被控侵权种业企业也自认在产品包装上印制手写字体字样体现了袁隆平院士对该公司的认可，故此种使用行为更加强烈地指向了袁隆平院士本人，也足以使消费者认为稻种产品的质量获得袁隆平院士的认可。因此，被控侵权种业企业在涉案产品外包装上以题字落款形式使用“袁隆平”字样属于一种商业性使用。

四、持有袁隆平院士书法作品的种业企业，以题字落款形式在其产品外包装上使用“袁隆平”字样，对已取得相关授权种业企业构成不正当竞争

持有书法作品的种业企业，在其销售的产品实物及网站展示的产品外包装上均以题字落款形式使用“袁隆平”字样，此种使用行为有违诚实信用原则和公认的商业道德，属于以不正当手段从事市场交易，损害了已取得相关授权种业企业的合法权益。其一，使用行为具有主观故意。取得合法授权的种业企业本身属于以水稻等农作物为主的高科技农作物种子、种苗的生产销售企业，其为农业科技上市公司，曾被中国种子协会认定为“中国种业信用明星企业”，因此该企业在农业种业领域具有较高影响力。并且，取得合法授权的种业企业通过证券交易所上市公司公告以及平面和网络媒体发布了《袁隆平品牌权许可使用协议》的签订信息，国内知名网站曾广泛发布、转载有关该企业支付高额费用独享“袁隆平”姓名权益的相关文章，因此该企业独享“袁隆平”姓名商业使用权益的事实应为同业经营者广为知晓。在此情形下，作为同属农业科技企业、经营范围与合法授权企业高度重合的被控侵权种业企业，其在市场经营中应具有较高的注意义务，应尽量避免损害取得合法授权企业的商业经营利益，但被控侵权种业企业以持有书法作品为由在其产品包装外上印制含有“袁隆平”字样的宣传用语，具有侵权故意。其二，使用行为有违公认的商业道德。被控使用行为将会产生袁隆平院士对被控侵权企业所销售的水稻杂交种产品进行权威推荐或代言的商业效果，由此也会削弱得到合法授权种业企业所取得的在商业中独享“袁隆平”姓名的经营优势。被控侵权企业的使用行为属于以不正当手段争取交易机会或者破坏得到合法授权企业的市场优势地位，实际损害了得到合法授权企业的合法权益。其三，使用行为容易造成相关公众的混淆误认。被控侵权企业与得到合法授权企业同属生产、销售种子的企业，本身存在同业竞争关系，而被控侵权企业在其产品外包装上印制的手写题字与其实际获得的袁隆平院士题字在文字排列方式上并不相同，相反，却与得到合法授权企业的关联公司在水稻杂交种产品上的使用方式相同。被控侵权企业的使用方式容易导致相关公众认为其稻种产品与袁隆平院士或是与得到合法授权企业及其关联公司具有某种内在联系，造成相关公众对产品来源的混淆，引发市场竞争秩序的混乱。并且，稻种产品的消费者多数为普通农民，袁隆平院士系我国杂交水稻育种专家，“袁隆平”姓名相比其他商业标识对于普通农民购买稻种产品而言具有更强的指引作用。被控侵权企业在其产品外包装上使用“袁隆平”字样，主观上存在利用袁隆平院士的良好声誉、社会影响力推荐和证明自身产品的意图，客观上容易导致相关公众认为标记有“袁隆平”字样的稻种商品与袁隆平院士存在代言、许可等特定联系，亦或认为所购稻种产品来自袁隆平院士授权的相关企业，该使用行为在损害得到合法授权企业商业利益的同时，也损害了消费者的合法权益。因此，持有袁隆平院士书法作品的种业企业在其产品外包装上以题字落款形式使用“袁隆平”字样，属于以不正当手段从事市场交易，侵害了得到合法授权种业企业的经营权益，扰乱了市场竞争秩序，损害了消费者的合法权益，此种使用行为构成不正当竞争。

（毛向荣　作者单位：湖北省高级人民法院）

30

模仿他人已停止使用的包装装潢能否构成不正当竞争

——伊利公司诉菏泽优佳食品厂不正当竞争纠纷案

【案号】

一审：（2017）鲁17民初208号

二审：（2018）鲁民终1339号

【裁判要旨】

虽然权利人已停止使用原包装装潢，但原包装装潢的市场影响力仍会存续一定时间，模仿原包装装潢的行为足以引人误认为是权利人的商品或者与权利人存在特定联系，造成相关消费者混淆，构成不正当竞争行为。

【案情介绍】

2014年6月11日，伊利公司获得国家知识产权局颁发的案涉“安慕希”希腊酸奶包装箱外观设计专利证书，专利号为：ZL201330615562.3。该包装箱箱体正面以蓝、白两色为主色调，蓝、白色以1∶0.618的比例分割，左侧为蓝色，右侧为白色。蓝色与白色搭界处用白色字体标注英文商标“AMBPOEIAL”；右侧白色部分右上角用绿色树枝装饰，中上部用蓝色字体标注中文商标“安慕希”，中下部为透明视窗。箱体顶端以蓝色为底色，配以白色透明提手；箱体背面的色彩搭配，蓝白分割比例及商标标注情况与正面相同，中下部无透明视窗，代之以白色奶花图案。

被告菏泽优佳食品厂生产的“希慕酸奶”箱体采用蓝色和白色为主色调，蓝、白色以与原告产品近似的比例分割，左侧为蓝色，右侧为白色。蓝色与白色搭界处用白色字体标注产品拼音品名，右侧白色部分，右上角用绿色树枝装饰，中上部用蓝色字体标注中文品名“希慕酸奶”，箱体正面中下部为透明视窗，箱体背面中下部为白色奶花图案，箱体顶端以蓝色为底色，配以白色透明提手。在隔离对比状态下，该包装箱的色彩搭配，构图方式、设计要素的排列组合等与原告“安慕希”希腊酸奶包装箱的包装基本相同。

2016 年原告完成安慕希奥运版包装外观设计并于同年 4 月 27 日申请外观设计专利，原告新包装产品于 2016 年 4 月上市，酸奶保质期 6 个月，在 2016 年 4 月至 10 月，案涉包装与奥运版包装共同销售，案涉包装产品于 2016 年 10 月退出市场。被告自认于 2017 年 2 月开始生产“希慕”酸奶，共售出 3 000 件左右，每件利润 1 – 2 元。

基于上述事实，原告认为被告的行为侵害其合法权益构成不正当竞争，请求法院判令被告：停止使用原告知名商品特有包装、装潢的不正当竞争行为，赔偿原告经济损失 15 万元，承担本案的诉讼费。

针对原告的侵权指控，被告抗辩称，被告生产、销售的“希慕酸奶”的包装、装潢，与原告的“安慕希”希腊酸奶有明显的区别，不相同也不近似，有明显差异，不会造成混淆、误认，更不会使相关公众误以为两者存在特定的联系。因此，构不成不正当竞争。请求驳回原告的诉讼请求。

【裁判结果】

山东省菏泽市中级人民法院一审认为，原告生产的“安慕希”希腊酸奶产品自 2013 年以来在全国各地大量销售，同时原告通过各大媒体为“安慕希”希腊酸奶进行了持续的广告宣传，该产品在包括山东在内的全国各地市场上均具有较高的市场知名度，成为相关公众所知悉的知名商品。其包装箱被授予外观设计专利，在文字、图案、色彩及排列组合上均具有显著性，经过多年的持续使用和宣传，已经具有了区别商品来源的特征，相关公众能够将该包装装潢与原告的“安慕希”希腊酸奶紧密联系起来，应认定为知名商品特有的包装装潢。经隔离比对，被诉侵权商品包装箱的色彩搭配，构图方式、设计要素的排列组合等与原告“安慕希”希腊酸奶包装箱相似。虽然在 2016 年 4 月，原告“安慕希”希腊酸奶奥运版包装上市，案涉包装陆续退出市场，但消费者对于该包装装潢与原告“安慕希”希腊酸奶建立的紧密联系并不会马上断开，被告自认在2017年2月即开始使用被控侵权包装生产酸奶，距离原告案涉“安慕希”希腊酸奶包装退出市场不足半年时间，仍会造成相关公众的混淆、误认，构成不正当竞争。综合考虑原告涉案商品的知名度、被告的经营规模、侵权行为的性质、期间、主观过错程度及原告为制止侵权必然支出的合理费用等因素，酌定被告赔偿原告经济损失及合理开支共计5万元。

一审宣判后，菏泽优佳食品厂不服，提出上诉。山东省高级人民法院二审驳回上诉，维持原判。

【法官评析】

随着市场经济的快速发展，为了迎合消费者，商品包装装潢的更新换代越来越频繁。模仿有一定影响知名商品包装装潢等“傍名牌”“搭便车”不正当竞争行为依然占有一定比例。当权利人将有一定影响的商品更换包装后，对其原包装装潢的保护问题日益凸显。本案所涉及的模仿他人已停止使用的有一定影响商品包装装潢的不正当竞争行为，即典型例证。

一、前后反不正当竞争法相关表述的区别

反不正当竞争法（1993年）第五条第（二）项规定，经营者不得擅自使用知名商品特有的名称、包装、装潢，或者使用与知名商品近似的名称、包装、装潢，造成和他人的知名商品相混淆，使购买者误认为是该知名商品。使用的是“知名商品特有的名称、包装、装潢”的表述，这里的知名商品是指在中国境内具有一定的市场知名度，为相关公众所知悉的商品。现行反不正当竞争法相关内容表述为第六条第（一）项，使用的是“他人有一定影响的商品名称、包装、装潢”。在解释上，二者并没有实质性区别。以“一定影响”作为反不正当竞争法保护的条件之一，反映出法律用语的科学、客观，体现了此类保护的实质和特性。

二、关于反不正当竞争法相关保护的客体

有观点认为，对有一定影响的包装装潢是作为原告的一项权利进行保护。但仔细分析可知，包装装潢并非一项权利，如果非要认定其为一项权利，也仅能认定为著作权或外观设计权利权。在排除著作权法、专利法保护而诉诸于反不正当竞争法保护的语境下，难以将其归入某一项具体权利。反不正当竞争法所调整的主要是竞争行为，侧重保护的是竞争对手的利益和相关消费者的合法权益，以致最终达到维护公平竞争秩序的目的。反不正当竞争法的基本性质在于遏制扰乱市场竞争秩序的行为以及对公共利益的保护，保护商品名称、包装、装潢所有人的利益，进而保护消费者的利益，但最终目的在于对公共利益的保护。故反不正当竞争法是对法益的维护，而非特定权利的保护。

三、使用他人已停止使用的有一定影响的包装装潢能否构成不正当竞争

反不正当竞争法第六条第（一）项立足于禁止经营者实施混淆行为，禁止使用他人有一定影响的包装装潢引人误认为是他人商品或者与他人存在特定联系。本案中，甲公司对原包装装潢进行持续大范围的宣传，已经在市场形成一定影响，消费者已将该包装装潢与甲公司以及甲公司的该产品形成特定联系。虽然甲公司对产品更换包装，并对新包装进行宣传，但原包装的影响并不会因新包装的更换而彻底消失，在新包装影响力逐渐扩大、旧包装影响力逐渐缩小的同时，市场上可以存在两种包装，且原包装的市场影响是甲公司进行大量的投入换取的，甲公司更换包装并不意味着对原包装权益的放弃。乙公司模仿甲公司产品原包装装潢的行为足以引人误认为是甲公司商品或者与甲公司存在特定联系，具有损害甲公司经营利益和消费者合法权益的可能性，故构成不正当竞争行为。

四、停止使用后的保护时间如何确定

有一定影响的商品名称、包装、装潢是指已经使用了一定的时间、因一定的销售量、广告宣传等而在一定范围的相关公众中具有知名度，具有区分商品来源的标识性作用的商品名称、包装、装潢。持续的使用是形成一定影响的必要条件，如果商品名称、包装、装潢已长期停止使用，在市场上已无法形成与特定商业主体的联系，消费者不能据此识别商品来源，那么就不能称之为“有一定影响”。对有一定影响的商品名称、包装、装潢是否还具有“一定影响”，不能简单以停止使用的时间进行判断，而应以市场为主，看其是否影响力尚存，相关公众还能否将其与特定的原经营者联系起来，他人模仿使用能否使消费者产生混淆等因素进行综合判断。

（戴磊　王华栋　作者单位：山东省菏泽市中级人民法院）

31

网站经营的信息数据可适用反不正当竞争法保护

——韩华快讯网络传媒有限公司诉五八信息技术有限公司侵犯著作权及不正当竞争纠纷案

【案号】

一审：（2017）京0108民初4758号民事判决

二审：（2017）京73民终2102号

再审：（2018）京民申2624号

【裁判要旨】

UGC经营模式的网站通常不能基于用户协议享有用户上传文字、图片等内容的著作权，但网站可以使用用户上传的上述内容，由此形成了网站经营中的数据信息利益。未经许可使用网站经营的数据信息的行为，若违背了诚实信用和公认的商业道德，具有不正当性，客观上导致合法经营的合法权益受到损害，则可以认定违反了反不正当竞争法第二条的规定，构成不正当竞争行为，从而应当承担相应的民事责任。

【案情介绍】

青岛韩华快讯网络传媒有限公司（简称韩华公司）是“奋斗在韩国、奋韩网”网站（网址 www. icnkr. com）的经营者，该网站向用户提供包括韩国租房、住房、留学、旅游、招聘、韩语学习等分类综合信息。北京五八信息技术有限公司（简称五八公司）是58 同城网站（网址 www. 58. com）的经营者，该网站主营业务为向用户提供招聘、房产等分类信息。58 同城韩国站于2013 年成立，由五八公司运营。2017 年1 月5 日，韩华公司发现58 同城韩国站对奋韩网中用户发布的帖子进行了使用，具体情形是：奋韩网用户发布了175 个房源帖子，帖子的信息内容包括两部分，一是对房源进行的介绍，包括房屋地段、交通状况、房屋类型、房屋布局、其他介绍、房屋租金、联系方式等信息；二是房源图片，图片中有奋斗在韩国的水印。58 同城韩国站中可以找到对应信息，前述公证书对此亦进行了保全，58 同城韩国站中显示的内容包含租金、房屋概况、联系方式等房源信息和房源图片。经过比对，58 同城韩国站中使用的房源图片带有“奋斗在韩国”水印的共计31 张。五八公司主张其系信息存储空间服务，上述内容均由网友上传，但拒绝提供网友上传的后台信息。韩华公司向北京市海淀区法院提起诉讼，主张依据用户协议享有文字和图片的著作权或独占使用权，判令五八公司公开声明消除影响并赔偿经济损失及合理支出共计1000 万元。

【裁判结果】

一审法院经审理后认为：奋韩网与58 同城韩国站均属于发布网络分类信息的市场主体，二者在经营模式、交易对象上相同，构成《中华人民共和国反不正当竞争法》（简称反不正当竞争法）所调整的竞争关系。五八公司的行为违背了诚实信用和公认的商业道德，具有不正当性，客观上导致合法经营的合法权益受到损害，违反了反不正当竞争法第二条的规定。韩华公司未提交涉案图片、文字作品的底稿或相关证据证明其创作者即为发帖人，亦未提交证据证明涉案作品系由其主持，代表其公司意志创作，在涉案作品原始权利人不明确的情况下，仅凭其网站注册协议中的约定无法据此认定韩华公司享有其网站中涉案图片、文字作品的著作权。一审法院判决五八公司刊登声明消除影响，赔偿经济损失600万元和合理支出1万元。五八公司不服，向北京知识产权法院提起上诉。二审法院判决：驳回上诉，维持原判。五八公司不服，向北京市高级人民法院提起再审申请。北京市高级人民法院裁定：驳回再审申请。

【法官评析】

本案涉及奋韩网的经营信息数据能否得到保护的问题，具体问题有：1. 奋韩网经营的信息数据能否受到著作权法的保护；2. 奋韩网经营的信息数据能否受到反不正当竞争法的保护。

一、奋韩网经营的信息数据能否受到著作权法的保护

网络用户生成内容的UGC经营模式是目前常见的互联网经营模式。网站经营者为用户提供信息发布的空间，网络用户系信息的原始生成者、上传者和发布者，网站经营者对网络用户发布的信息进行汇集、分类或者编辑等。注册为网站用户时，通常网站会提供用户协议，用户同意该协议方能获得注册。用户协议中往往包含对用户上传的文字、图片等内容相关著作权归属的约定。由此产生的问题是，网站是否可以基于用户协议享有用户上传文字、图片等内容的著作权。

1. 用户协议对用户上传内容著作权归属判断的影响

本案中，奋韩网的用户协议中包含如下内容，“5. 发布在本网站的所有内容，包括文字、图片等，视为著作权归奋韩网所有，或独占许可奋韩网使用，在本网站发布内容时视为同意本条款，如注册时不同意本条款，应立即退出，并注销用户信息”。诸多网站用户协议中均有类似内容。通常认为，用户协议或者用户协议中的上述条款不能成为著作权归属于网站的依据。主要理由如下：第一，用户协议是网站提供的格式合同。根据合同法第三十九条第一款的规定，采用格式条款订立合同的，提供格式条款

的一方应当遵循公平原则确定当事人之间的权利和义务，并采取合理的方式提请对方注意免除或者限制其责任的条款，按照对方的要求，对该条款予以说明。对于网站提供的用户协议，如果用户不同意改协议通常不能注册为网站会员，而用户协议中对上述类似的著作权归属条款通常也不会作出注意提示，且大多数网络用户的浏览习惯会省略阅读用户协议内容而直接点击同意后快速获得注册。第二，网站享有著作权的格式条款属于排除对方主要权利的条款。合同法第四十条规定，提供格式条款一方免除其责任、加重对方责任、排除对方主要权利的，该条款无效。网站提供的用户协议中涉及著作权归属网站的格式条款，基本上可以认定为属于排除网络用户主要权利的条款，效力上可以被认定为无效。第三，用户协议中并未明确约定网站可以行使的权利。退一步来讲，即使上述条款有效，根据著作权法第二十七条的规定，著作权许可使用合同和转让合同中著作权人未明确许可、转让的权利，未经著作权人同意，另一方当事人不得行使。用户协议中仅笼统约定为著作权或者独占使用权，未明确约定网络用户转让或者授权的权利，即转让或授权的权项、权利范围是不清晰的，鉴于此，网站不能以用户协议或协议中的相关条款来行使全部著作权或独占专有权。

2. 网站经营者是否对信息数据享有汇编作品的著作权

著作权法第十四条规定，汇编若干作品、作品的片段或者不构成作品的数据或者其他材料，对其内容的选择或者编排体现独创性的作品，为汇编作品，其著作权由汇编人享有，但行使著作权时，不得侵犯原作品的著作权。但该规定适用于网站经营的信息数据保护，在功能上其实有较大限制。企业经营的数据集合作为汇编作品纳入著作权保护，也存在保护利益内在体系上的非对应性。汇编作品保护的是对内容选择或者编排体现出的独创性。但对于信息发布类的信息数据，网站对用户信息数据的整理、分类、集合多是运用计算机算法形成，基于大数据本身的特点，很难形成有独创性的选择和编排。此外，著作权保护网站经营的信息数据，不能有效阻止数据信息被复制使用，因为著作权保护的是独创性，而不是数据内容本身，侵权人可以放弃对于“独创性”的掠夺而直接回到使用数据本身。

此外，保护独创性还要让位合理使用，包括通过还原工具来获得原始数据的行为。因此，汇编作品的著作权难以对网站经营的数据信息进行自洽而给力的保护。

二、奋韩网经营的信息数据能否受到反不正当竞争法的保护

目前，反不正当竞争法第二条可以对网站经营的信息数据提供相应的保护路径。最高人民法院在（2009）民申字第 1065 号民事裁定中提出了反不正当竞争法第二条适用要件，即一是法律对该种竞争行为未作出特别规定；二是其他经营者的合法权益确因该竞争行为而受到了实际损害；三是该种竞争行为因确属违反诚实信用原则和公认的商业道德而具有不正当性或者说可责性。

本案中，奋韩网中的经营信息数据属于韩华公司的经营权益，该数据系韩华公司通过长期经营，吸引了大批留韩学生在其网站注册和发布的，通过这些信息发布能够有效地形成一定的生活服务圈，应当受到法律保护。五八公司采集他人的网站特定信息后以用户名义发帖，严重损害了韩华公司的合法权益。

第一，关于竞争关系的判定。互联网时代，多元经营已经成为网络经营主体的发展趋势。竞争关系的判定，不应局限于某一网站的功能或模块设置等固化的要素，而应当从其交易对象、具体实施的经营行为等进行判断。本案中，奋韩网与 58 同城韩国站均属于发布网络分类信息的市场主体，二者在经营模式、交易对象上相同，构成反不正当竞争法所调整的竞争关系。

第二，关于实际损害的判定。因竞争者的不正当竞争行为客观上导致合法经营的合法权益受到损害，该损害不一定以实质上的经济损失为成立要件，还应当包括预期利益的损害、合法市场份额的破坏、消费者信任度的下降等损害。本案中，从涉案两家网站经营内容和模式来看，吸引更多的租房者和出租者在其网站发布或获取房屋信息是其重要的经营手段，影响网站的影响力和经营者的盈利。五八公司将韩华公司网站上图片、文字直接发布在自己网站中的行为，不仅可以不劳而获地挤占奋韩网在租房市场上的份额，进而影响到在韩留学生发布更多种类生活信息于五八网上，从衣食住行等各个方面截取奋韩网的流量，分流奋韩网的客户群，进而影响到奋韩网的网站生存问题。从另外一个方面来看，可能造成浏览相关信息的公众误认为二者之间存在某种合作关系，从而对奋韩网的预期利益和市场份额造成影响。尽管涉案帖子数量占双方信息量比例不大，但在一定程度上起到奋韩网的用户形成拉拢、吸引的作用，影响了韩华公司奋韩网的经营利益，构成了实际损害。

第三，关于行为不正当的判定。诚实信用原则是民法的基本原则，是民事活动最为基本的行为准则，它要求人们在从事民事活动时，讲究信用，恪守诺言，诚实不欺，用善意的方式取得权利和履行义务，在不损害他人利益和社会公共利益的前提下追求自身的利益。在反不正当竞争法意义上，诚实信用原则更多的是以公认的商业道德的形式体现出来的，需要根据特定商业领域、商业模式等个案情形具体确定。在涉及网络不正当竞争纠纷中，公认的商业道德是指特定行业的经营者普遍认同的、符合消费者利益和社会公共利益的经营规范和道德准则。在对公认的商业道德进行认定时，应当以特定行业普遍认同和接受的经济人伦理标准为尺度，且应当符合反不正当竞争法的立法目的。本案被诉相关的公认的商业道德可以概括为：在依靠信息量和用户量竞争的行业领域，不得以不正当手段复制、抄袭同业竞争者的信息来增加自身信息量，或利用同业竞争者的信息来吸引用户，谋取竞争优势和经营利益。理由在于：一是，关于经营模式。58 同城韩国站和奋韩网与本案相关的服务均属于免费为租房者和出租者提供信息的服务，从经营内容和模式来看，吸引更多的租房者和出租者在其网站获取或发布房屋信息是其重要的经营手段，直接或间接影响其经营利益和竞争利益，故双方竞争的关键在于用户量和信息量。在网站提供的服务质量和便利性基本相同或相近的情况下，信息量和用户量是互为增长、互相促进的关系，即信息量越大，则吸引用户越多，同时信息量也会更多，平台越大、影响越大、竞争优势越大、间接盈利越多。信息量优势是经营者重要的竞争优势，用户发布的信息是经营者重要的经营利益。二是，关于反不正当竞争法意义上的经营利益。网站引导用户通过一定的程序、模型和形式对外发布信息，网站对此提供了服务、平台和保障，该网站应当享有基于此而形成的商业权益。而且这种商业权益在一定情况下在竞争者间是此增彼减的关系，故网站均强调和凸显信息来源的标签，如奋韩网和58同城韩国站都会在其网站发布的图片插入自己的水印，以标识和保护相关利益。

本案中，五八公司将韩华公司的网站信息复制发布在自己网站，不当利用了竞争者的竞争利益，增加了自身的信息量，吸引访问量、扩大影响力，在一定程度上对奋韩网的现有用户形成拉拢、吸引的后果，进而可能对此后韩华公司奋韩网的经营利益造成影响，其行为有违该领域的商业道德。如不禁止，还将造成互相抄袭、复制的恶性竞争后果，不利于各经营主体提高其服务品质，不利于维护良性竞争秩序，不利于用户发布和获取相关信息便利性的长远利益。

综上所述，五八公司的被诉行为构成了反不正当竞争法第二条规制的行为。韩华公司在其网站上经营的信息数据通过反不正当竞争法获得了保护。

（亓蕾　作者单位：北京市高级人民法院）

32

进口假冒商品行为的司法认定和法律责任承担

——勃贝雷公司诉北京尚品百姿电子商务有限公司、北京捷航盛达商贸发展有限公司、上海耀煜电子科技有限公司侵害商标权及不正当竞争纠纷案

【案号】

一审：（2015）朝民（知）初字第65652号

二审：（2017）京73民终2002号

【裁判要旨】

进口侵犯注册商标专用权商品的行为，是为销售做准备的行为，属于商品流通环节，应当按照商标法关于销售侵犯注册商标专用权产品的规定来处理；对其是否应承担赔偿责任，应当以进口商进口的侵权产品是否有合法来源、其是否知道或者应当知道该产品属于侵权产品来进行判断。进口侵犯注册商标专用权的商品未进入国内流通领域即被海关罚没，未对商标权人造成实际损害，进口商不应承担赔偿经济损失的法律责任。

【案情介绍】

原告勃贝雷有限公司是 BURBERRY 等注册商标的专用权人。尚品百姿公司在其经营的尚品网中设有 BURBERRY 专栏，并大量展示、销售带有 BURBERRY 等商标标识的商品。经勃贝雷公司公证取证，尚品百姿公司网站中销售了假冒 BURBERRY 商标的商品。2013 年 12 月，北京海关查获了三批次、总货值高达 589 万余元带有 BURBERRY 等商标标识的进口假冒商品，实际收货人均为尚品百姿公司。该商品未进入国内流通领域即被海关罚没。捷航盛达公司、耀煜公司分别系该批进口假冒商品的进口代理公司及垫资方。勃贝雷公司认为尚品百姿公司、捷航盛达公司、耀煜公司构成侵犯注册商标专用权行为，并起诉至法院请求判令三被告停止侵权，尚品百姿公司赔偿 450 万元，捷航盛达公司、耀煜公司就其中的 300 万元承担连带责任，等等。

【裁判结果】

法院生效判决认为：勃贝雷公司依法享有 BURBERRY 等注册商标专用权。尚品百姿公司在其经营的尚品网中设有 BURBERRY 专栏，并大量展示、销售带有 BURBERRY 等商标标识的商品。经公证取证，尚品百姿公司在尚品网中销售过假冒 BURBERRY 商标的商品，且 2013 年 12 月北京海关查扣了三批次货值达 589 万余元的实际收货人为尚品百姿公司的假冒注册商标产品，对此法院有理由怀疑尚品百姿公司销售的大量 BUR-

BERRY品牌商品中存在假冒商品。经询，尚品百姿公司未提供证据证明其网站销售均为正品，且勃贝雷公司否认尚品百姿公司所述货物来源的多家境外公司为勃贝雷公司授权的供应商或销售商，故法院认定尚品百姿公司网站销售的BURBERRY品牌商品中含有假冒商标的产品存在。尚品百姿公司销售假冒BURBERRY商标的产品，构成商标侵权；同时其在网站中展示使用BURBERRY商标的行为，系商标性使用，亦构成侵权。

关于进口侵权产品一节，法院认为虽然海关查扣罚没使得该侵权产品未进入流通领域，但进口行为应被认定为即将实施销售侵权商品的行为，进口的目的在于将侵权产品投入网站销售。尚品百姿公司作为奢侈品购物网站经营者，应对商品真伪及来源负有更高注意义务，BURBERRY作为世界知名品牌，其在进口时应更加严格注意。但尚品百姿公司对于出货港与协议约定不符未提出异议，进口前未要求出具授权文件，以明显不合理的低价进口涉案产品，未对产品进行任何验货检查等。综合上述行为，法院认定尚品百姿公司应当知道其进口商品系侵权商品但仍实施了进口行为，故应承担赔偿责任。

耀煜公司、捷航盛达公司均实际参与到进口涉案侵权产品过程，法律地位与尚品百姿公司相同。耀煜公司在进口两批次侵权商品过程中共同实施侵权行为，应就此承担共同侵权的法律责任。捷航盛达公司知道或应当知道进口商品系侵权产品，存在主观过错，亦应承担连带责任。

因无证据证明勃贝雷公司的实际损失和尚品百姿公司的侵权获利，法院综合考虑商标知名度、侵权行为性质、持续时间、范围、过错程度等因素酌情判定。耀煜公司、捷航盛达公司应就海关查扣两批次侵权产品范围内，承担连带赔偿责任。但由于涉案进口货物已被全部罚没，未进入国内商品流通领域，亦未对勃贝雷公司造成实际经济损失，因此，该三家公司就此部分可以免除赔偿责任。最终，法院判定尚品百姿公司应就其在网站中使用BURBERRY商标、销售假冒BURBERRY商标商品的侵权行为，向商标权人勃贝雷公司赔偿140万元。

【法官评析】

一、进口假冒注册商标专用权商品的行为定性

（一）争议观点

“进口”侵犯他人注册商标专用权的商品，是否构成商标法意义上的侵权行为，我国商标法中没有明确规定，而实践中对此也有不同认知。第一种观点认为，《中华人民共和国商标法（2013 年）》（以下简称《商标法（2013 年）》）第五十七条规定的侵犯注册商标专用权行为中没有“进口”行为，根据法无明文规定不禁止的原则，单纯的“进口”行为不能被定义为侵犯注册商标专用权的行为。第二种观点认为，商标法虽然未明确规定“进口”是侵犯注册商标专用权的行为，但《商标法（2013 年）》第五十七条第（七）项有兜底条款，对于进口侵权产品的行为应当适用该项来规制。第三种观点认为，“进口”行为使得侵权产品获得了在国内流通的物质基础，该行为后果与在生产中未经许可使用他人注册商标、生产侵犯他人注册商标专用权产品的行为后果一致，因此应当视同为生产商的使用行为，适用《商标法（2013 年）》第五十七条第（一）项的规定。[1] 第四种观点认为，“进口”是为销售做准备的行为，属于商品流通环节，是否构成商标侵权，应当适用《商标法（2013 年）》第五十七条第（三）项关于销售侵犯注册商标专用权的商品的规定来认定。

（二）对前两种观点的驳斥

笔者认为，对于从外国进口涉嫌侵犯他人注册商标专用权的商品的行为究竟属于何种性质，还是应当在商标法的法律规定框架内予以考量。《商标法（2013 年）》第五十七条规定，有下列行为之一的，均属侵犯注册商标专用权：（一）未经商标注册人的许可，在同一种商品上使用与其

① 参见上海市第一中级人民法院（2014）沪一中民五（知）终字第 78 号民事判决书（2015 年 2 月 6 日）。

注册商标相同的商标的；……（三）销售侵犯注册商标专用权的商品的；……（七）给他人的注册商标专用权造成其他损害的。其中，第五十七条第（七）项的规定是一项兜底条款，意在规制第五十七条第（一）至第（六）项规定之外的其他侵犯注册商标专用权行为。在可以适用第（一）至第（六）项对相关行为进行规制的情形下，不应再适用商标法第五十七条第（七）项的兜底规定。而且，按照《最高人民法院关于审理商标民事纠纷案件适用法律若干问题的解释（2002 年）》规定，下列行为属于《中华人民共和国商标法（2001 年）》第五十二条第（五）项规定的给他人注册商标专用权造成其他损害的行为：（一）将与他人注册商标相同或者相近似的文字作为企业的字号在相同或者类似商品上突出使用，容易使相关公众产生误认的；（二）复制、摹仿、翻译他人注册的驰名商标或其主要部分在不相同或者不相类似商品上作为商标使用，误导公众，致使该驰名商标注册人的利益可能受到损害的；（三）将与他人注册商标相同或者相近似的文字注册为域名，并且通过该域名进行相关商品交易的电子商务，容易使相关公众产生误认的。通常认为，上述司法解释中规定的三种行为亦系《商标法（2013 年）》第五十七条第（七）项兜底条款中所应涵盖的行为。在司法解释已经有较为固定的外延范围情况下，司法实践中亦不应任意扩大解释，将“兜底”条款无限地的扩大。因此，笔者认为，对于“进口”侵犯他人注册商标专用权商品的行为的考察，还是应当回归到《商标法（2013 年）》第五十七条第（一）项及第（三）项来。

至于认为“进口”属于法无明文规定不禁止的意见，笔者认为，进口商进口产品的目的绝不仅仅在于自己持有、使用或者消费，而应当是为其销售做准备。虽然商标法中未明确写明“进口”侵犯他人注册商标专用权的商品构成侵权，但《知识产权保护海关条例》中规定，国家禁止侵犯知识产权的产品进出口。本案中，北京海关也依照相关法律法规的规定，认定尚品百姿公司进口假冒商品的行为违法，并对其处以罚没侵权产品、罚款等行政处罚措施。如果在商标民事案件中，仅机械依据《商标法（2013 年）》中无明文规定“进口”行为即认定不构成侵权，显然与事实不符，与海关的行政处罚也存在冲突。该意见对于法律适用显得过于机械。

（三）对进口假冒商品行为的法律定性

《商标法（2013 年）》第五十七条第（一）项规定的是未经商标权人许可，在同种商品上使用与其注册商标相同的商标，商标法第五十七条第（三）项规定的是行为人并未在商品上直接使用商标权人的注册商标，而是销售了已经侵犯他人注册商标专用权的商品。因此，问题的核心就在于，从外国进口涉嫌侵犯他人注册商标专用权的商品的行为究竟属于未经商标注册人的许可，在同一种商品上使用与其注册商标相同的商标的行为，还是属于销售侵犯注册商标专用权的商品的行为。

对此，笔者认为，《商标法（2013 年）》第五十七条第（一）项规定的“使用与其注册商标相同的商标的”行为，应理解为商标法意义上的使用。《商标法（2013 年）》第四十八条规定，本法所称商标的使用，是指将商标用于商品、商品包装或者容器以及商品交易文书上，或者将商标用于广告宣传、展览以及其他商业活动中，用于识别商品来源的行为。而本案中，尚品百姿公司从国外进口商品的行为，既未涉及将涉案商标用于商品、商品包装或者容器以及商品交易文书上的行为，亦未涉及将涉案商标用于广告宣传、展览以及其他商业活动的行为。因此，单独的进口行为不属于商标法意义上的使用。尽管有观点认为由于在商品进口行为中境内缺乏“生产”环节，故进口销售商使得侵权商品在商标注册国市场初始流通，充当了生产商和销售商两个角色，亦构成在我国境内首先“使用”该侵权商标的主体。[①] 但是笔者认为，商标法意义上的商标使用行为并非以是否生产商品为判断标准，而是应当依据《商标法（2013 年）》第四十八条的规定，考察行为人是否实施了将商品与商标相结合的行为，起到标示商品来源的作用。只有在该行为人的行为是将商品与商标相结合，起到了标示商品来源作用的情况下，才能认定该行为是商标法意义上的使用行

① 参见上海市第一中级人民法院（2014）沪一中民五（知）终字第 78 号民事判决书（2015 年 2 月 6 日）。

为。此外，从全球经济一体化的趋势来看，各国之间的国际贸易非常普遍，如果仅从进口行为使得某侵权产品在某个国家范围内从无到有的角度来看，就认定进口商应当承担生产商的责任，则明显与全球经济一体化的趋势相悖，且与事实亦不相符。本案中，尚品百姿公司进口涉案商品时，涉案商品上已经附着了被控侵权商标，其并未实施将商品与商标相结合的行为，故不构成商标法意义上的使用行为，亦不应当适用《商标法（2013年)》第五十七条第（一）项进行规制。

与此同时，进口行为是为销售做准备的行为，是商品流通环节的行为。在没有证据证明所进口商品并非为销售目的的情况下，该进口行为可视为销售行为中的一环。虽然因海关的查扣罚没使得该进口侵权产品未实际进入流通领域，但根据《商标法（2013 年)》第六十五条的规定，该进口行为亦可被认定为即将实施销售侵犯注册商标权商品的行为。结合本案，尚品百姿公司进口侵权产品的目的在于将其投入其旗下网站进行销售，故应当依据《商标法（2013 年)》第五十七条第（三）项“销售侵犯注册商标专用权的商品的”行为来进行判断。

二、进口假冒注册商标专用权的商品被海关罚没，进口商是否应当向商标权人承担赔偿损失的法律责任

上一节已经分析，进口假冒注册商标专用权商品的行为应当按照《商标法（2013 年)》第五十七条第（三）项关于销售行为的规定来认定，那么进口商应当如何承担法律责任呢？在本案审理过程中，有一种观点认为，尚品百姿公司在进口涉案产品的过程中应当知道该批货物属于侵权产品，但其仍然实施了进口行为，不符合《商标法（2013 年)》第六十四条第二款规定的情形，不能援引此条免除赔偿责任。但由于涉案进口货物已经全部被海关罚没，未进入国内商品流通领域，亦未对勃贝雷公司造成实际经济损失，因此，尚品百姿公司对此不承担赔偿责任。另一种观点认为，进口侵权货物虽未进入国内流通领域，亦存在明显预期利润或可期待利益，被控侵权商品进入中国领域内就落入注册商标的保护范围，在接受海关检查时已对勃贝雷公司的注册商标及承载的商誉造成了严重的损害，故尚品百姿公司仍应承担赔偿责任。[①]

笔者认为，《商标法（2013 年）》第六十四条第二款规定，销售不知道是侵犯注册商标专用权的商品，能证明该商品是自己合法取得并说明提供者的，不承担赔偿责任。本案中，亦应当依照上述规定考察尚品百姿公司作为进口商，是否知道或者应当知道其进口的商品为侵权产品，是否能够证明合法取得并说明提供者。尚品百姿公司作为奢侈品购物网站经营者，应对商品真伪及来源负有更高注意义务，BURBERRY 作为世界知名品牌，其在进口时应更加严格注意。但尚品百姿公司进口的产品在做工、包装等方面存在明显瑕疵，其对于出货港、授权文件、进货价格等与正常情况明显不符的环节，显然未尽到合理的注意义务，综合上述行为法院认定，尚品百姿公司应当知道系侵权商品但仍实施了进口行为。并且，经法院多次询问，尚品百姿公司始终未能提供进口产品的真正来源。因此，按照《商标法（2013 年）》第六十四条第二款的规定，尚品百姿公司作为销售商不能免除赔偿责任。

与此同时，商标法对于商标侵权行为的赔偿责任确定，以弥补权利人的损失为原则，即“填平原则”。在商标权利人未因商标侵权行为受到经济损失的情况下，侵权人不应承担赔偿责任。可期待的利益并非实际发生的获利，亦不属于权利人的损失。本案的涉案进口产品在海关被扣押，并被认定为侵权产品而被处理。因此，该批涉案进口产品并未进入国内市场流通，未在市场流通则不会发生商品的交易行为，不会向国内的消费者群体公开。故勃贝雷公司对其所享有的涉案注册商标专用权并未因尚品百姿公司的进口行为而受到损害，无损害则无赔偿责任。因此，法院最终判定，尚品百姿公司就其进口侵权商品但被海关罚没的行为，无须向商标权人勃贝雷公司承担赔偿责任。耀煜公司、捷航盛达公司应就海关查扣两批次侵权产品范围内与尚品百姿公司承担连带赔偿责任，但也是基于上述相

---

① 参见北京知识产权法院（2017）京 73 民终 2002 号民事判决书（2018 年 3 月 9 日）中，勃贝雷公司与尚品百姿公司分别上诉的意见。

同理由，可以免除赔偿责任。

本案的典型意义在于，在商标法对于“进口”侵犯他人注册商标专用权商品的行为没有明文规定的情况下，对该种行为是否构成商标侵权，如果构成侵权应当如何规制，进行了合理探索，是对我国现行法律制度的有益补充，对于在后案件的处理有一定的参考价值。

（巫霁　作者单位：北京市朝阳区人民法院）

33

拒绝交易纠纷中滥用市场支配地位行为的认定

——丁某诉北京联通公司滥用市场支配地位垄断案

【案号】

一审：（2015）京知民初字第339号

二审：（2018）京民终440号

【裁判要旨】

相关市场的认定应当围绕用户的核心需求，不宜进行过细的市场划分，否则可能会弱化其他同类服务对涉案服务的需求替代和竞争约束。企业是否具有市场支配地位的判断，应当考虑市场份额、竞争状况、被诉垄断行为人控制价格或其他交易条件的能力、其他经营者进入相关市场的难易程度等因素。拒绝交易行为的构成要件包括行为人应当具有市场支配地位、交易内容对交易相对人必不可少、拒绝交易行为将产生排除或限制竞争的效果。搭售或附条件交易是指经营者利用其市场支配地位，违背交易相对方的意愿强行搭配销售其他产品或附加明显不合理的交易条件。

【案情介绍】

丁某于2008年8月至2010年期间，通过收购或直接购买等方式，用自己的身份证申请办理了272个“小灵通”号码。2009年1月9日，工业和信息化部下发通知，要求1900－1920MHz频段无线接入系统应在2011年底前完成清频退网工作，中国电信集团公司和中国联合网络通信有限公司应提前对相关用户进行退网和转网的公开通告和宣传，采取积极措施妥善安排现有用户的通信需求。2014年年底，中国联合网络通信有限公司北京市分公司（简称联通北京分公司）向公众发布《关于终止“小灵通”服务的业务公告》，告知“小灵通”客户在2014年12月31日之前到指定营业厅办理“小灵通”升级，并可享受相应的升级优惠。

2015年2月6日，丁某向北京知识产权法院提起诉讼，要求确认联通北京分公司单方宣布终止“小灵通”业务和规定“小灵通”转网升级办法是滥用市场支配地位垄断行为，要求联通北京分公司将丁某的272个“小灵通”号码以每月70元套餐（不限时语音通话、300条短信）平行升级为2G、3G号码，返还丁某拥有的272个“小灵通”号码2012年1月至2014年12月交纳的套餐话费共计421728.1元，并赔偿损失421728.1元。

【裁判结果】

北京知识产权法院经审理后认为，联通北京分公司不具有丁某主张的反垄断意义上的滥用市场支配地位行为，丁某据此提出的相关诉讼主张缺乏事实基础和法律基础，判决驳回丁某的诉讼请求。

丁某不服向北京市高级人民法院提起上诉，北京市高级人民法院经审理后认为，本案的相关服务市场应包括“小灵通”、移动电话、固定电话、网络电话服务市场；联通北京分公司的企业性质不属于公用企业，亦不属于依法具有独占地位的经营者；在2008年至2014年12月期间的北京市地域范围内，联通北京分公司在由“小灵通”、移动电话、固定电话、网络电话构成的通信服务市场上不具有市场支配地位；联通北京分公司的被诉行为不构成拒绝交易行为，也不构成搭售或附条件交易行为。北京市高级人民法院二审判决：驳回上诉，维持原判。

【法官评析】

一、相关商品或服务市场的界定

《中华人民共和国反垄断法》（简称反垄断法）第十二条第二款规定，本法所称相关市场，是指经营者在一定时期内就特定商品或者服务进行竞争的商品范围和地域范围。

相关商品或服务市场，是根据商品或服务的特性、用途及价格等因素，由需求者认为具有较为紧密替代关系的一组或一类商品或服务所构成的市场。相关地域市场，是指需求者获取具有较为紧密替代关系的商品或服务的地理区域，这些区域表现出较强的竞争关系，构成经营者进行竞争的地域范围。相关市场范围的大小，主要取决于商品或服务的可替代程度。界定相关市场主要从需求者角度进行需求替代分析。当供给替代对经营者行为产生的竞争约束类似于需求替代时，也应考虑供给替代。

在滥用市场支配地位案件中，主张他人滥用市场支配地位的当事人应当对相关市场的界定承担举证责任，法院根据案件证据对当事人所主张的相关市场是否合理作出判断。本案中，丁某主张相关市场为“小灵通”电话服务市场，联通北京分公司辩称相关市场包括“小灵通”电话服务、移动电话服务、固定电话服务及网络电话服务市场。

在2008年至2014年12月的北京市范围内考察，与移动电话、固定电话、网络电话相比较，“小灵通”电话的优势包括：资费低，其资费标准低于移动电话，与固定电话的资费标准相近；辐射低，其电磁波辐射较小，对人体可能造成的辐射危害较小。“小灵通”电话亦存在明显劣势：覆盖差，其基站的覆盖范围有限，通信基站与终端之间的距离较短；信号不稳定，在高速移动的状态下信号切换频繁时易断线；地域受限，无法全国漫游，只能在某一省市的固定范围内使用。与“小灵通”相比，固定电话的资费相当，通话质量稳定，但使用方式受限于电话安装的固定地点；移动电话的通话质量稳定，使用方式灵活，但资费较高；网络电话的资费更低，但通话质量受限于网络情况，使用方式受限于网络终端设备。

判断移动电话、固定电话、网络电话等通信服务是否应当纳入本案相关市场范围，关键在于本案被诉垄断行为发生时，移动电话、固定电话、网络电话等通信方式是否对“小灵通”电话服务这一通信方式构成紧密替代，并对“小灵通”电话服务的经营者形成有效的竞争约束。

在需求替代方面，在通信服务市场上，通信服务需求者最为关心的是通信服务的功能和价格，而非实现通信服务的工具和物理方式。在功能方面，“小灵通”、移动电话、固定电话、网络电话均具有语音通话功能，这也是通信服务需求者对通信服务的主要需求功能。此外，“小灵通”与移动电话均具有短信收发功能，“小灵通”与移动电话、固定电话均具有来电显示、呼叫转移等辅助功能。在假定垄断者一定程度地降低“小灵通”通信服务的质量，使得“小灵通”的传送信号不稳定时，相当数量的用户会转而使用移动电话、固定电话等通信方式作为替代，需要同时使用短信功能的用户会转而使用移动电话、网络电话等通信方式作为替代。在价格方面，在假定垄断者小幅度提高“小灵通”资费标准的情况下，对价格较为敏感的用户可能转而使用资费较低的固定电话、网络电话，对通话质量较为敏感的用户可能转而选择通话清晰、使用方便的移动电话。在 2008 年至 2014 年 12 月，北京市地域范围内的“小灵通”、移动电话、固定电话、网络电话均已蓬勃发展并形成较大规模，四种通信服务方式在服务内容、功能用途等方面高度重叠，用户可以根据通信服务质量和价格在“小灵通”、移动电话、固定电话、网络电话等通信服务方式之间作灵活选择。因此，移动电话、固定电话、网络电话服务与“小灵通”电话服务之间具有较强的可替代性。

在供给替代方面，除已经获颁电信业务运营许可证，在市场上开展

“小灵通”、移动电话、固定电话服务的中国联通、中国移动、中国电信、中国铁通等电信服务商，以及经审查批准经营网络电话等增值电信业务的服务商外，其他经营主体难以进入电信服务市场提供电信服务，也不能对市场内的现有经营者形成有力的竞争约束。

综合上述分析，北京市高级人民法院认为，本案的相关服务市场应包括“小灵通”、移动电话、固定电话、网络电话服务市场。

二、联通北京分公司是否属于公用企业、是否占有市场支配地位

反垄断法第十七条第二款规定：“本法所称市场支配地位，是指经营者在相关市场内具有能够控制商品价格、数量或者其他交易条件，或者能够阻碍、影响其他经营者进入相关市场能力的市场地位。”

一般而言，公用企业是指为具有公共用途的生产生活需要提供产品或服务的经营者，如供水、供电、供热、供气、邮政企业等。公用企业所在的市场通常是自然垄断市场，所涉经营者的市场支配地位往往是由行业固有性质决定或者依法确立的。在2008年至2014年12月，北京市地域范围内由“小灵通”、移动电话、固定电话、网络电话构成的通信服务市场上，已经存在移动、电信、联通、铁通等电信服务运营商，多家市场主体在同一市场内已经展开直接竞争，这一有效竞争的市场格局不同于自然垄断市场，在该市场上运营的相关企业亦不同于天然享有垄断地位的公用企业。因此，联通北京分公司的企业性质不属于公用企业，亦不属于依法具有独占地位的经营者。

在联通北京分公司不属于公用企业，也不属于依法具有独占地位的经营者的情况下，丁某应当对联通北京分公司在相关市场内具有支配地位承担举证责任。丁某在本案中提交的证据集中在“小灵通”信号状况、“小灵通”业务终止公告、名下“小灵通”号码及交费凭证方面，并未提交证明联通北京分公司具有市场支配地位的相关证据。由联通北京分公司提交的证据可知，在2008年至2014年12月的北京市地域范围内，联通北京分公司在由“小灵通”、移动电话、固定电话、网络电话构成的通信服务市场上并未占据超过二分之一的市场份额。联通北京分公司作为该市场上的经营者之一，其控制通信服务价格、数量或其他交易条件的能力较弱。从其他经营者对被诉垄断行为人在交易上的依赖程度来看，通信服务需求者可以轻易地选择与其他企业进行交易，对联通北京分公司的依赖性较弱。因此，在2008年至2014年12月的北京市地域范围内，联通北京分公司在由“小灵通”、移动电话、固定电话、网络电话构成的通信服务市场不具有市场支配地位。

三、被诉行为是否构成滥用市场支配地位所指情形

本案中，丁某主张联通北京分公司提供的“小灵通”电话服务的通信质量下降和联通北京分公司拒绝以“小灵通”资费套餐价格提供转网后的通信服务的行为构成拒绝交易行为；主张联通北京分公司提供的“小灵通”转网套餐价格高于原“小灵通”资费套餐的行为构成搭售或附条件交易行为。

拒绝交易，是指具有市场支配地位的经营者没有正当理由，拒绝与交易相对人进行交易。拒绝交易行为的主体要件是指行为人在相关市场上应具有支配地位。拒绝交易行为的客体要件是指被拒绝交易的商品或服务对交易相对人而言具有必不可少性。拒绝交易行为的效果要件是指拒绝交易行为会产生排除或限制竞争的效果。本案中，丁某作为购买“小灵通”电话服务的消费者，其不仅与联通北京分公司之间并不存在市场竞争关系或潜在的市场竞争关系，而且还属于联通北京分公司需要争取的市场服务用户。联通北京分公司对“小灵通”电话服务的终止运营，并非针对丁某这一特定的交易相对人，而是指向已经购买“小灵通”电话服务的消费者整体，这与典型的拒绝交易行为具有显著差异。在联通北京分公司终止“小灵通”电话服务的情况下，消费者仍可以选择移动电话、固定电话、网络电话等通信服务，其选择和转换并不存在显著的经济和技术障碍。工业和信息化部《关于1900－1920MHz频段无线接入系统相关事宜的通知》对清频退网提出了明确要求，联通北京分公司终止“小灵通”电话服务是根据国家电信产业政策调整的要求而实施的，具有客观合理的抗辩理由。在“小灵通”电话服务终止前，联通北京分公司向消费者明确告知了终止服务时间、转网方案和资费标准，联通北京分公司提供相关资费套餐的目的不仅不是拒绝对原“小灵通”用户进行交易，反而是要争取上述用户继续维持与该公司的业务关系。因此，联通北京分公司对“小灵通”电话服务的终止及转网行为与谋求垄断利润无关，既不具有排除或限制竞争的故意，也不会产生排除或限制竞争的效果，不构成反垄断法第十七条第一款第（三）项所指的拒绝交易行为。在结清已发生费用后，丁某享有解除相关电信服务的权利，如果丁某认为“小灵通”电话服务通信质量的下降已严重影响其通信需求，其可以选择其他通信服务方式，联通北京分公司对此并无限制和制约。因此，丁某关于联通北京分公司提供的“小灵通”电话服务通信质量下降，构成反垄断法第十七条第一款第（三）项所指的拒绝交易行为的主张不能成立。

搭售或附条件交易，是指经营者利用其市场支配地位，违背交易相对方的意愿，在提供产品或服务时强行搭配销售其他产品或服务，或者附加明显不合理的交易条件。

本案中，联通北京分公司在相关市场上并不具有市场支配地位。联通北京分公司针对“小灵通”用户提供的转网服务系针对消费者个人的通信服务，不论消费者选择何种转网套餐，其购买的转网后的通信服务仅为一个通信服务产品，并不存在性质上和交易习惯上相互独立的两个或两个以上独立的通信服务产品，即不存在搭售产品和被搭售产品，因此，联通北京分公司销售“小灵通”转网套餐的行为并不构成搭售行为。

联通北京分公司通过短信通知、业务公告等方式明确向“小灵通”用户告知了业务终止及转网事宜，并提供了多种“小灵通”转2G、3G网络的资费套餐，用户既可以选择将“小灵通”转网升级至联通北京分公司提供的套餐，也可以选择终止“小灵通”电话服务，联通北京分公司并未限制用户在此事项上的选择权，也未附加不合理的交易条件。丁某并未提交证据证明联通北京分公司的相关行为对同一市场内的其他竞争者产生了限制或排除竞争的后果，或对消费者的利益已经造成或将会造成损害。因此，联通北京分公司销售“小灵通”转网套餐的行为并不构成没有正当理由在交易时附加其他不合理交易条件的行为。

综上，联通北京分公司的相关行为并不构成反垄断法第十七条第一款第（三）项和第（五）项所指的拒绝交易行为及搭售或附条件交易行为，其诉讼请求不应得到支持。

（俞惠斌　作者单位：北京市高级人民法院）

34

浏览器过滤广告功能的不正当性认定

——腾讯公司与世界星辉公司不正当竞争纠纷案

【案号】

（2017）京 0105 民初 70786 号

（2018）京 73 民终 558 号

【裁判要旨】

只有在被诉行为违反公认的商业道德时，才宜将其认定其违反反不正当竞争法第二条的规定。同时，在判断某类行为是否违反该条规定时，亦可通过其是否有利于社会总福利进行量化分析。上述两种判断方法可以相互验证。被诉浏览器提供广告过滤功能的行为，既违反公认的商业道德，亦不利于社会总福利，属于反不正当竞争法第二条所禁止的行为。

【案情介绍】

腾讯公司开发经营的腾讯视频网站为用户提供视频在线观看服务，其同时提供“免费视频 + 广告”及会员制两种模式，其中会员在观看视频时可以不看或关闭广告。

世界星辉公司开发运营了“世界之窗浏览器”，该浏览器具有“强力拦截页面广告”的功能，用户在设置中勾选该功能后，可屏蔽腾讯视频网站中视频的片头广告和暂停广告。

腾讯公司一审主张：“世界之窗浏览器”的广告过滤功能后使腾讯公司遭受了经济上的损失，却提升了世界星辉公司用户的使用体验度及商业价值，其行为违反了《中华人民共和国反不正当竞争法》（简称反不正当竞争法）第二条规定。据此，请求北京市朝阳区人民法院判令世界星辉公司赔偿经济其损失480万元、律师费19.6万元以及公证费4000元。

【裁判结果】

一审法院经审理认为：市场竞争具有天然的对抗性，也必然导致损害，但损害本身不具有是与非的色彩，只要该损害并非直接针对性的、无任何可躲避条件或选择方式的特定性损害，就不单独构成评价竞争行为正当性的倾向性要件。同时，反不正当竞争法具有社会法属性，必须考虑社会公众的利益，科技进步所带来的商业模式的改变和技术创新，公众有权利享受。本案中，涉案具有过滤、屏蔽广告功能的浏览器，不具有对腾讯公司经营造成直接针对性的、无任何可躲避条件或选择方式的特定性损害。浏览器具有广告过滤功能是行业的惯例、共同的经营模式，是一种通用的功能、具有一定的普遍性，达到了行业通行的程度。这种普遍性，在其具有的“过滤广告”的选项下，运营商的地位平等、需求平等，获取利益的“干扰”也是均等机会。含有屏蔽软件的制作、使用是经营者出于市场利益最大化而进行的经营行为，同时也是为网络用户自愿选择提供的合理机会。网络用户对浏览器广告屏蔽功能的使用，虽造成广告被浏览次数的减少，但此种减少并不构成法律应予救济的“实际损害”，只损害竞争对手的部分利益、影响部分网络用户的选择，还达不到特定的、影响其生存的程度，则不存在对市场的干扰、构不成对腾讯公司利益的根本损害。所以，世界星辉公司开发、经营涉案具有选择性过滤、屏蔽广告功能的浏览器的行为认定不足以构成不正当竞争行为。基于此，一审法院判决驳回腾讯公司诉讼请求。

腾讯公司不服一审判决，向北京知识产权法院提起上诉，主要理由为被诉行为属于反不正当竞争法第二条所禁止的行为，一审判决在认定事实部分及法律认定方面均存在错误，请求法院撤销一审判决，依法改判，并要求世界星辉公司赔偿其二审程序中增加的合理支出 846708 元，其中包括律师费 40 万元、经济学分析报告费 402228 元、公证费 44480 元。

二审法院认为：只有在被诉行为违反公认的商业道德时，才宜认定其属于违反反不正当竞争法第二条规定的行为，同时对此类行为的不正当性亦可通过其是否有利于社会总福利进行量化分析。上述两种判断方法可以相互验证。

在市场经营中，经营者的合法经营行为不受他人干涉，他人不得直接插手经营者的合法经营行为，此为最为基本的商业道德。被诉行为对视频广告的过滤使得上诉人免费视频加广告这一经营行为不能依据其意愿原样呈现，被诉行为显然属于一种主动采取措施直接干涉、插手他人经营的行为。《互联网广告管理暂行办法》第十六条对此行为亦有禁止性规定，因此，被上诉人向用户提供具有过滤广告功能的被诉浏览器的行为违反了公认的商业道德。此外，无论是从消费者、视频平台、广告投放者，还是浏览器经营者角度进行分析，广告过滤功能的放开只可能会损害社会总福利。因此，被诉行为属于违反反不正当竞争法第二条规定的行为。

【法官评析】

法院对反不正当竞争法第二条的适用应持十分慎重的态度，以防止因不适当扩大不正当竞争范围而妨碍自由、公平竞争。一般而言，只有在该行为违反公认的商业道德时，才宜将其认定为不正当竞争行为。同时，因反不正当竞争法保护的是健康的社会经济秩序，而健康的社会经济秩序通常有利于社会总福利，因此，在判断某类行为是否违反反不正当竞争法第二条时，亦可通过其是否有利于社会总福利进行量化分析。上述两种判断方法可以相互验证。

一、被诉行为是否符合公认的商业道德

对于公认商业道德的确认，最为直接的依据是相关的法律、法规或规范性文件。对于视频广告过滤行为的性质，虽然相关法律、法规并无明确规定，但在2016年9月1日施行的由国家工商行政管理总局公布的《互联网广告管理暂行办法》中对此有所涉及，其第十六条规定，“互联网广告活动中不得有下列行为：（一）提供或者利用应用程序、硬件等对他人正当经营的广告采取拦截、过滤、覆盖、快进等限制措施”。这一禁止性规定足以说明主管机关已将此类行为认定为违反公认商业道德的行为。

退一步讲，即使不考虑这一规定，仅仅依据常识，同样可以得出相同的结论。被诉行为对视频广告的过滤使得腾讯公司免费视频加广告这一经营行为不能依据其意愿原样呈现，被诉行为显然属于一种主动采取措施直接干涉、插手他人经营的行为。而在市场经营中，经营者的合法经营行为不受他人干涉，他人不得直接插手经营者的合法经营行为，是最为基本且无需论证的商业道德。

这一商业道德与健康的经济秩序之间亦有着简单且直接的逻辑关系，试想，如果合法的经营活动可以被其他经营者随意干涉，经营者难以自行决定其如何经营，而在其经营活动受到干涉及破坏时亦无法得到保护，则必将使得经营者对自己的经营活动无法预期，并进而导致合法有序的市场竞争秩序无法形成。如此简单的道理，实在无需过多论证。

实际上，所有经营者均不会对此持否定态度。道理很简单，如果该商业道德不被接受，则必然意味着每个经营者的经营行为可能时刻面临风险，且无法得到保护，这显然是任何经营者均不愿意看到的。虽然在本案中，世界星辉公司基于其诉讼利益的考虑并不认同这一观点，但在二审庭审中，在法院问及如果其他经营者基于用户需求而将其免费浏览器中的导航页这一盈利模式屏蔽，其是否认为该行为具有合理性，其并不对此发表意见。可见，其并不愿意这种行为发生在自己身上。

此外，需要强调的是，这一商业道德与经营行为是否发生在互联网领域，以及其是否符合用户的现阶段需求均并无关系。

虽然互联网环境下的竞争行为确实可能存在传统非互联网环境下所不具有的特殊性，但该特殊性更多地体现在经营行为的具体表现形式上，而非其所应遵循的商业道德上。也就是说，多数情况下，互联网环境下的竞争行为所应遵循的商业道德均可以在传统竞争领域找到答案，对于本案所涉这一最为基本的商业道德更是如此。

至于用户需求这一因素，同样不会影响经营行为的正当性认定。也就是说，对于不具有正当性的行为并不会因为其符合用户需求而具备正当性。否则，用户天然希望一切产品或服务免费这一需求将会使得经营者采取任何措施将其他经营者的收费产品或服务变成免费的行为均被认定具有正当性，而这一结论显然是荒谬的。

此外，要强调的是，经营者当然可以基于用户需求对自己的产品和服务进行改善，但却不能以此为由直接插手其他经营者的正常经营。也就是说，世界星辉公司完全可以为满足用户需求对其提供的全部产品及服务做到真正的免费，例如删除包括导航栏在内的任何可能导致用户不满的附加服务，但其无权以此为由要求腾讯公司对于其提供的视频做到真正的免费，而不附加任何广告。

综上，无论从上述任一角度分析，均可得出被诉行为已违反公认的商业道德这一结论。

二、被诉行为的长期存在是否有利于社会总福利

反不正当竞争法中所考虑的社会公共利益（或社会总福利）既包括消费者利益，亦包括经营者利益。而其中的经营者，则不仅包括本案双方当事人，亦包括其他同业或相关经营者。一审判决虽也提及社会公共利益，但其将消费者利益等同于社会公共利益，这一理解是错误的。

对于消费者利益而言，如果认定浏览器过滤广告功能具有正当性，其可能存在以下两方面不利影响：

其一，因视频网站的主要商业模式可能因此而产生变化，即由免费视频加广告变为收费模式，从而使得用户观看视频所支付的对价由原来的可选择性地支付时间成本或经济成本变为只能支付经济成本，这一变化很难说对用户有利。

这一分析结论与腾讯公司提交的经济学分析报告中的结论相契合。在以十年为期且屏蔽率上限为30%这一设定条件下，该报告得出的结论为：相较与“维持现状”（即屏蔽率13%），“立即放开”广告过滤功能，消费者利益仅仅会在第一年上涨约5%，但自第二年开始一直处于下降趋势，其中第二年比“维持现状”下降约7%。之后呈逐年下降态势，在第七年会降至最低点20%，直至第十年。

其二，就长期来看，这一情形可能导致视频网站丧失生存空间，相应地，其必然会最终影响到消费者利益。

在市场经济中，经营者对于其商业模式的选择不能脱离消费者的接受程度，消费者难以接受的商业模式很难使得经营者的经营活动得以维系。对于视频网站而言，虽然免费视频加广告的商业模式并非视频网站可以采用的唯一方式，但就目前情形看，消费者对于收费模式的接受程度有限，视频网站的收入相当部分仍来源于广告。如果视频网站无法使用免费视频加广告这一模式，而网络用户较难接受收费模式，则在未来一段时间内，将很可能出现整个视频网站行业难以维系的局面。虽然用户在互联网上获得视频的渠道不仅仅来源于视频网站，但这一情形的出现，必然会使得用户在互联网上获得视频内容的机会大大减少，从而客观上导致用户的利益受到损害。

上述分析结论与艾瑞咨询公司报告可相互印证。该报告中记载，在现有视频网站（而非仅涉及腾讯视频）的收入结构中，以2017年为例，其广告收入约占总收入的一半，而用户付费仅占24. 8%，并非如世界星辉公司所称用户付费已超出广告收入。而在广告收入中，贴片广告则占63. 8%，亦并非如世界星辉公司所述仅占广告收入的一小部分。由此可见，至少在相当长的一段时间内，视频广告的过滤对于视频平台的利益会产生重大损害。

腾讯公司提交的经济分析报告亦佐证了广告过滤功能对于视频网站利益的损害。在以 30% 为广告拦截覆盖率上限，并设定 25 元为用户付费价格上限，且综合考虑视频平台的收入结构的情况下，该报告得出的结论为：如果“立即放开”广告过滤，视频平台将一直处于亏损状态。需要指出的是，虽然该分析报告是以十年为期进行的分析，但并不意味着视频行业仅在该十年处于亏损状态。在广告过滤功能与亏损状态具有直接关系的情况下，只要广告屏蔽率维持在 30%，该亏损状态便将一直持续。可以想见，对于并无盈利可能性的行业而言，其如何可能具有生存空间。

值得一提的是，腾讯公司提交的经济分析报告不仅分析了放开广告过滤功能的情况下对社会总福利的影响，同时亦提供了禁止广告过滤功能情况下的相应分析数据，其结论为：相较于“维持现状”，如果“立即禁止”广告过滤行为，则消费者福利仅在第一年会短暂下降约 5%，但在第二年则会相较于“维持现状”上升 5%。在第七年直至第十年基本处于高 15% 的状态。而对于视频平台而言，则其约在第三年达到收支平衡，此后将处于持续盈利状态。由此可知，至少上述分析结果说明禁止广告过滤功能反而有利于消费者福利及视频平台福利。

视频广告过滤功能不仅对于消费者利益及视频平台利益均具有明显损害，其亦不会必然导致广告投放者及浏览器经营者利益的增加。因此，广告过滤功能的放开只可能会损害社会总福利。

综上可知，被诉行为不仅有违公认的商业道德，且此类行为如长期存在亦会对社会总福利具有明显损害，因此，被诉行为属于反不正当竞争法第二条所禁止的行为。

（芮松艳　作者单位：北京知识产权法院）

五、其他类型案件

QI TA LEI XING AN JIAN

35

涉及竞争对手商品或服务比较的电视节目中虚伪信息或误导性信息的判定

——浙安公司诉宇安公司商业诋毁纠纷案

【案号】

一审：(2018) 浙08民初46号

二审：(2018) 浙民终572号

【裁判要旨】

涉及竞争对手商品或服务比较的生活服务类电视节目虽然其目的在于鉴别商品或服务的优劣以便消费者购买或使用，但商品或服务提供者在节目中仍应从公认的商业道德和诚实信用原则出发，履行一定的注意义务。在此类节目中判断商品或服务提供者编造、传播虚假信息或者误导性信息，应从行为特征、对竞争秩序和消费者利益的价值判断、对特定竞争对手的商品声誉和商业信誉的侵害等方面进行综合考量。

【案情介绍】

浙安公司成立于2004年2月23日，注册资本8000万元，企业类型为有限责任公司，经营范围：消防技术研发、防火防毒面具、火灾报警产品、灭火设备产品、消防装备产品等。宇安公司成立于2010年10月28日，注册资本5080万元，企业类型为有限责任公司，经营范围：消防装备产品、灭火设备产品、火灾防护产品、火灾报警产品等。《上海摩天轮》

是上海广播电视台的一档生活服务类电视栏目，2017 年 3 月 26 日，在该栏目的“过滤式消防自救呼吸器的鉴别与使用”节目中，播出了宇安公司技术人员对过滤式消防自救呼吸器的鉴别使用进行相关知识讲解的过程，其中对几款过滤式消防自救呼吸器进行鉴别比较时，将包括标注企业名称为“浙江省江山市浙安消防设备有限公司”（浙安公司前身）的产品在内的三款产品认定为不合格产品，将标注企业名称为“浙江宇安消防装备有限公司”的一款产品认定为合格产品。认定为不合格的三款产品中，对“浙江省江山市浙安消防设备有限公司”的产品进行了清晰拍摄，对其余两款不合格产品均采取了模糊处理。

浙安公司认为宇安公司在上海广播电视台《上海摩天轮》节目 2017 年 3 月 26 日播出的“过滤式消防自救呼吸器的鉴别与使用”节目中，直接将假冒浙安公司的产品认定为不合格，并在自己公司的网站上宣传，构成商业诋毁，请求判令宇安公司停止侵权行为并赔偿其损失 103520 元。

【裁判结果】

浙江省衢州市中级人民法院认为：本案中，宇安公司与浙安公司属于同行业的经营者。在《上海摩天轮》的节目视频中，宇安公司技术人员在讲解过滤式消防自救呼吸器的鉴别知识过程中，面对浙安公司的前身浙江省江山市浙安消防设备有限公司的产品时直接将其认定为假冒产品，擅自作出结论，没有尽到合理的注意义务。另一方面，假定节目中实际使用的标注浙江省江山市浙安消防设备有限公司的产品为他人制作的仿冒产品，宇安公司的技术人员作为该行业的专业人员更应引起高度注意，不能随意损害其他经营者的商业信誉。因此，宇安公司作为与浙安公司同在一个县级市领域内的存在竞争关系的同业经营者，在明知节目中的行为会损害到浙安公司商业信誉的情况下，出于不正当竞争目的而仍然为之，对作为同业经营者的浙安公司的商业信誉和商品声誉均造成了损害，削弱了浙安公司的市场竞争能力，同时为自己谋取了竞争优势地位等不当利益，构成商业诋毁，应当停止侵权并向浙安公司赔礼道歉、赔偿损失。一审法院综合两公司的经营规模及宇安公司在涉案节目中行为的具体情节及上海广播电视台该节目的影响力等情节，酌定赔偿金额为6万元。该院于2018年6月27日判决：一、宇安公司立即停止商业诋毁等侵权行为，删除其公司网站上的涉案节目视频，并于判决生效后一个月内在上海广播电视台的电视节目中就其商业诋毁行为向浙安公司赔礼道歉，消除影响。若未履行，将在全国性媒体上刊登生效判决的主要内容，相关费用由宇安公司承担。二、宇安公司赔偿浙安公司经济损失及合理费用共计6万元，于判决生效后十日内履行完毕。三、驳回浙安公司的其他诉讼请求。

宇安公司不服一审判决，提起上诉。浙江省高级人民法院经审理认为：第一，宇安公司和浙安公司之间存在竞争关系。第二，涉案节目中出现的产品之一可以识别为浙安公司产品。第三，宇安公司在涉案节目中发布了不真实的或误导性的信息。第四，宇安公司在明知浙安公司产品的情况下，为了获取竞争优势发布不真实或误导性信息的行为损害了浙安公司的商业信誉和商品声誉，侵害了消费者的自主选择权，将影响市场竞争秩序。因此，宇安公司熟悉自己的产品和市场，可以预见其在涉案电视节目中的相关商业评论对其竞争对手浙安公司所造成的影响，但其仍在涉案节目中直接将可以识别为浙安公司的产品认定为不合格，进行误导性陈述，损害了浙安公司的商业信誉和商品声誉，有违公认的商业道德和诚实信用原则，应当认定其实施了商业诋毁的不正当竞争行为。综上，宇安公司的上诉理由均不能成立，不予支持。一审判决认定事实清楚，适用法律正确，应予维持。依照《中华人民共和国民事诉讼法》第一百七十条第一款的规定，判决：驳回上诉，维持原判。

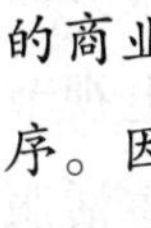

【法官评析】

生活服务类电视节目中往往出现对同类商品或服务的比较，因其目的一般均是评鉴各商品或服务的优劣，从而为消费者提供更好的选择，因此一般不会涉及商业诋毁的问题。但如果商品或服务提供者直接在节目中涉及对竞争对手的商品或服务进行评价时，越过了正常商业评价的界限，对竞争对手的商誉和声誉造成了损害，则应当适用反不正当竞争法进行规制。本案就为一起此类电视节目中商品或服务提供者的行为是否构成商业诋毁的典型案例，对竞争者在该类电视节目中行为的规制具有借鉴意义。

一、涉竞争对手商品或服务比较的电视节目的性质

近年来随着生活服务类电视节目的兴起，越来越多的电视媒体开办了以服务百姓生活为宗旨的节目样态，此类节目以其在地域性上的心理接近性与题材上的贴近性，受到了观众的欢迎，收视市场份额和影响力也不断扩大，目前已有 30 余家省市级有影响力的城市电视台开办了电视生活服务类节目。本案中的《上海摩天轮》节目系上海电视台新闻综合频道品牌节目《上海早晨》于周末推出的特别节目，“生活实验室”是《上海摩天轮》节目的一个子栏目，内容聚焦对商品或服务质量优劣的评价，引导消费者进行正确的选择。从一般意义上讲，该节目系第三方对商品或服务质量优劣的比较，不会涉及不正当竞争的问题。但众所周知，现今的电视节目的盈利模式不仅仅在于硬性广告，存在着商品或服务提供者通过生活服务类电视节目宣传或推销自身商品或服务的现象，此时该类电视节目则带有比较广告的性质。例如，本案中的该期《生活实验室》比较的是过滤式消防自救呼吸器（以下简称防毒面具）质量的优劣，虽然节目中宇安公司表明其系上海电视台邀请进行评测的检测机构，但其作为一家生产防毒面具的厂家，在节目的最后将自己产品作为合格产品进行推销的行为，使该节目的性质从一般的电视节目向比较广告转化。对于此类的实验类商品比较节目，因实验具有科学的外衣和眼见为实的特点，能够在很大程度上获得消费者的信赖而取得较好的宣传效果，但一旦被滥用，后果会很严重。因此可以对其是否符合商业诋毁构成要件进行分析从而适用反不正当竞争法进行规制。

二、涉竞争对手商品或服务比较的电视节目构成商业诋毁的认定规则

《反不正当竞争法》（1993 年修订）第十四条规定：“经营者不得捏

造、散布虚伪事实，损害竞争对手的商业信誉、商品声誉。”《反不正当竞争法》（2017 年修订）第十一条规定：“经营者不得编造、传播虚假信息或者误导性信息，损害竞争对手的商业信誉、商品声誉。”因此经营者针对竞争对手的营业活动、商品或者服务，通过编造、传播（公开）虚假信息和误导性信息，对竞争对手的商业信誉和商品声誉进行贬低和诋毁，以削弱其市场竞争能力，为自己谋取竞争优势地位及不当利益的行为，构成商业诋毁行为。从这一定义出发，对于实验比较类电视节目构成商业诋毁，应当符合以下构成要件：

第一，比较对象与服务或商品提供者存在竞争关系。从不正当竞争法的发展趋势显示，对于竞争关系存在扩大化解释的倾向。尤其是在互联网时代，很多竞争关系是隐性存在的，涉及交易机会、用户关注度的获取问题，因此需要具体问题具体分析。本案中这一点不存在争议，因为宇安公司和浙安公司同为浙江衢州地区生产防毒面具的厂家，两家之间存在竞争关系是不言而喻的。但是对于此类节目判别竞争关系的难点在于提供者和比较对象的可识别性，这种可识别性一方面是需要在电视节目中能识别商品或服务的提供者，如本案视频中的厂家名称、字幕以及最后展示的合格防毒面具均可以识别为宇安公司或其商品；另一方面需要识别比较的对象，即商标、商品的包装装潢，甚至企业型号和产品特性，与商品或特定经营者产生了指向性，就可以成为识别的内容，认定比较对象具有识别性。如本案中，比较的防毒面具有三款，其余两款对生产厂家进行了模糊处理，但对浙安公司的产品却进行了清晰展示，通过该展示可以识别为浙安公司的产品。由此两种商品比较的对象均可识别后才能使这一要件在节目中真正成立。缺失任何一方的可识别性，均可以使这一要件不能成立。因此建议此类节目在涉及比较时，至少要将比较对象的相关可识别来源的显著性特征进行模糊处理，防止构成商业诋毁。

第二，商品或服务提供者实施了商业诋毁行为，来达到提高自身竞争力，抢占市场份额的目的。这一行为要件包括了主客观两方面，关键在于客观行为，即行为人的主观过错需要借助客观行为的外向来表现。对于虚假信息或误导性信息将会在下文进行重点阐述。

第三，损害后果，即经营者的商业诋毁行为损害了竞争者商誉和声誉，削弱竞争对手的市场竞争能力。这一要件中竞争者商誉和声誉的损害系一种损害可能性，即该行为是否导致消费者或交易相对方从客观评价出发而产生严重的不信任感，以致有拒绝交易或减少交易的可能。如本案中，浙安公司没有提交证据证明其销量因宇安公司的行为而呈现下降或出现其他不当评价的表象，即使提交相关证据也不能建立起销量或商誉损失与商业诋毁行为的因果关系，但对于宇安公司将可以识别为浙安公司的产品在节目中明确认定为不合格产品的行为肯定会导致消费者对浙安公司的产品产生不信任感，从而导致不会购买浙安公司产品的可能性出现，因此可以认定损害后果是必然存在的。

三、涉竞争对手商品或服务比较的电视节目中虚假信息或误导性信息的判定

由于生活服务类节目中对于不同商品或服务提供者进行比较的方式较为隐晦，因此此类行为是否构成商业诋毁行为的判定重点和难点在于对虚假信息和误导性信息的判定。从我国反不正当竞争法对于商业诋毁行为的历次修订显示，对于商业诋毁行为的适用范围不断扩大，从事实扩大到信息并增加了误导性信息，这是强化经营者商誉保护的需要，也体现了对消费者利益和竞争效率的重视，最终实现经营者、消费者、社会公众三者利益的平衡。

虚伪信息的客观表现为经营者编造、传播的事实和言论是捏造的，无中生有的，不真实的。虚伪信息的认定较为简单，其基本的前提就是不符合客观实际，如本案中对于防毒面具类商品的质量优劣采取对比实验的方法进行检验一般应当由具有相关检验资质的第三方中立机构实施，并应当采用规范的、具有科学依据的方法进行，实验或检验结果应当客观、公正、全面。但涉案节目中，宇安公司虽有相关检验的设备，但却不具有检验资质，其本身也是生产厂家，故其直接认定浙安公司产品为不合格的结论就难谓客观、公正、全面了。司法实践中，随着虚伪信息规制日趋成熟以及商业评论传播手段更为复杂和广泛，单纯虚伪信息的行为越来越少，取而代之的是较为隐蔽的误导性信息。如本案中宇安公司提出该商品系由上海电视台提供，其依据相应检测标准对该商品检测的结果是真实有效的，浙安公司也提出该商品可能系假冒浙安公司产品，这就涉及该产品确实系不合格产品的情况下，宇安公司行为是否构成商业诋毁行为的问题，即宇安公司传播的信息是否系误导性信息的问题。

误导性信息与虚伪信息相比，系指经营者编造、传播的对消费者产生错误引导的事实和言论，其针对的是真实或真伪不明的信息，这些信息导致消费者产生不正确的评价，并最终损害竞争对手的商业信誉、商品声誉。对于误导性信息纳入商业诋毁行为，最高人民法院在3Q大战一案的判决书[①]中最先进行了明确的判决书中已经指出，“是否构成商业诋毁，其根本要件是相关经营者之行为是否以误导方式对竞争对手的商业信誉和商品声誉造成了损害，即使某一事实是真实的，但由于对其进行了片面的引人误解的宣传，仍会对竞争者的商业信誉或者商品声誉造成损害，因此亦属于反不正当竞争法第十四条予以规范的应有之义”。对于误导性信息，可以分为以偏概全类、声东击西类和真伪不明类。以偏概全类即经营者故意宣传有利信息，回避不利信息，进行片面的引人误解的传播和散步。如在北京百度网讯科技有限公司、百度时代网络技术（北京）有限公司诉360奇智软件（北京）有限公司、北京三际无线网络科技有限公司案[②]中，360公司将百度公司的软件列为“差评软件”，法院认为，“仅仅依据网络用户的投票结果和部分网络用户的负面评价，就将百度工具栏和百度地址栏软件称为“差评软件”损害了百度公司的商业信誉，构成不正当竞争。声东击西类是指经营者发布某些与商业竞争无关的信息，从而达到贬损竞争对手商誉、提高自身商业形象的目的。如加多宝公司与广药集团商业诋

---

① 最高人民法院（2013）民三终字第5号民事判决书，北京奇虎科技有限公司、奇智软件（北京）有限公司与腾讯科技（深圳）有限公司、深圳市腾讯计算机系统有限公司不正当竞争纠纷案。

② 北京市第一中级人民法院（2012）一中民初字第5718号。

毁纠纷案①，广药集团在宣传中声称“解密王老吉之争外资企业加多宝老板行贿潜逃是根源”等信息，法院认为广药集团的行为发布竞争对手老板行贿潜逃的事实，明显具有损害加多宝企业商誉的故意，必然会对公众在认识和评价加多宝公司时造成负面影响，构成商业诋毁。真伪不明类系经营者利用歧义表述等方式对尚未有最终定论的事实或信息进行传播，如3Q 大战案中，“360 隐私保护器”通过“可能导致你的隐私泄露”等语句，引导用户联想到 QQ 软件可能会导致个人隐私泄露的后果，从而对 QQ 软件产生负面评价，而奇虎公司无法证明该可能性存在的事实依据，因而构成商业诋毁。

本案中，即使如宇安公司认为在节目中按照相关标准对可以识别为浙安公司产品认定为不合格的结论是真实的，在该产品是否系浙安公司生产的正品真伪不明的情况下，其直接将该产品认定为不合格的行为仍属对浙安公司的产品作了误导性陈述，因为消费者不具有辨别假冒浙安公司的能力，节目中呈现的效果是浙安公司的相关产品被认定为不合格使消费者对浙安公司的产品产生了不信任，最终将影响公平的市场竞争秩序。因此，在认定是否属于误导性信息时应落脚在竞争秩序和竞争效率的考量上。若误导性信息使得消费者的认识产生偏差，侵害了消费者的自主选择权，最终将影响市场的竞争秩序；若误导性信息导致优质的商品为劣质的商品所取代，造成“劣币驱逐良币”，终将影响市场竞争的效率。②

综上，对于经营者在涉竞争对手商品或服务进行比较的电视节目中传播的信息是否构成商业诋毁的认定时，应结合商业诋毁的构成要件，着重考量该商业言论的行为特征是否构成虚假信息或误导性信息，是否造成竞争对手商誉和声誉的损害进而影响消费者利益、竞争秩序和竞争效率。

（陈为　作者单位：浙江省高级人民法院）

① 湖北省武汉市中级人民法院（2013）鄂武汉中知初字第 02061 号民事判决书。
② 陈健淋：《论商业诋毁诉讼中的误导性信息》，载《电子知识产权》2018 年第 1 期。

36

经营者发布诋毁竞争对手的“误导性信息”构成商业诋毁

——管盈公司诉松江管道设备厂商业诋毁纠纷案

【案号】

（2017）沪 0104 民初 23599 号

【裁判要旨】

构成商业诋毁的信息既包括虚伪信息，也包括误导性信息。真伪不明的信息与真实但片面的信息均属误导性信息。误导性信息是否被传播、造成消费者被误导并最终造成竞争对手的商誉受到损害是判断其是否构成商业诋毁的要素。经营者为获取竞争优势而发布的、涉及竞争对手商品或服务的真实但片面或真伪不明的信息，致使消费者被误导，并最终损害特定竞争对手的商业信誉或商品声誉的，属于编造、传播误导性信息，构成商业诋毁。

【案情介绍】

管盈公司系“管盈图文组合”商标注册人，松江管道设备厂系“松江图文组合”商标注册人，两企业均从事金属软管、橡胶软接头等产品的生产、销售。网站 www. chinasj. cn（以下简称涉案网站）系松江管道设备厂主办。产品外观上有“松江”字样是管盈公司产品的特征。2015 年 9 月至 2017 年 6 月间，松江管道厂在涉案页面曾发布如下信息：将其产品（金属软管、橡胶软接头）与所谓的假冒产品作对比，该“假冒”产品上“松江”二字明显；将其商标注册证与标识为“管盈图文组合”商标两侧加上“松江”二字的商标注册证作对比，称该证系伪造，该商标为假冒商标，造假单位为管盈公司；将其为原告、管盈公司为被告的案件开庭信息置于页面，并在下方配以“松江公司维权案件”字样（该案当时已撤诉）；将标题为“怎样辨认和购买到正宗的松江牌橡胶接头及松江牌系列的产品”的文章置于页面底部，该文章中有“让一些同行以及个体起了贪恋……进行橡胶接头外观……的仿冒……”等内容。2018 年 1 月，涉案页面仅留存有产品对比信息和底部文章，其他信息均已删除。

管盈公司认为松江管道设备厂上述行为构成商业诋毁，故起诉要求其停止侵权、刊登声明、消除影响并赔偿损失。松江管道设备厂则辩称涉案页面发布的均为客观存在的真实信息，且其已删除了与管盈公司有关的信息，故不构成商业诋毁。

【裁判结果】

上海市徐汇区人民法院认为，虽然管盈公司确实使用过在“管盈图文组合”商标两侧加上“松江”二字的标识，松江管道设备厂确实对其进行过诉讼，但并未有任何行政或司法裁决认定管盈公司的产品为假冒产品、其商标为假冒商标或其为侵权单位。而松江管道设备厂发布的上述信息，却实质上给相关公众造成了管盈公司的产品为假冒产品、其商标为假冒商标或其为侵权单位误解与印象，从而不正当地贬损了管盈公司的商业信誉及商品声誉，构成商业诋毁。虽然松江管道设备厂删除了部分信息，但余下的信息属于之前商业诋毁行为的延续，且“假冒”产品外观上的“松江”字样，亦会使相关公众将其与管盈公司之间建立起一定联系，认为其曾经购买到的管盈公司产品为假冒产品，故松江管道设备厂保留的页面依然构成商业诋毁。据此法院判决松江管道设备厂停止侵权、完全删除涉案页面，在涉案页面刊登声明、消除影响并赔偿管盈公司经济损失及合理开支 2.5 万元。

【法官评析】

2018年1月1日起实施的《中华人民共和国反不正当竞争法》（以下简称《反不正当竞争法》）中把“误导性信息”纳入“商业诋毁”的范畴予以规制。那么，何为误导性信息？何种情况下的误导性信息会构成商业诋毁便成为司法实践亟待解决的问题。本案系本院首次对商业诋毁行为适用修订后的《反不正当竞争法》，且侵权人发布的均非传统意义上的虚假信息，而是建立在一定事实基础上的误导性信息，故本文将结合“误导性信息”的立法、内涵以及本案例对上述问题进行初步分析与探索。

一、“误导性信息”的立法演变

作为一种危害公平竞争秩序的不正当竞争行为，自1993年《反不正当竞争法》）颁布之时，商业诋毁即被作为不正当竞争行为的典型予以规制。当时《反不正当竞争法》第十四条规定：“经营者不得捏造、散布虚伪事实，损害竞争对手的商业信誉、商品声誉。”这是我国第一次从立法层面对商业诋毁行为进行禁止性规定。应当说，从二十余年的司法实践来看，该项规定对于规范市场主体的商业评论、营造良好的竞争环境有着巨大作用。然而，随着市场环境的迅速变化与发展，与竞争相关的商业宣传手段层出不穷，《反不正当竞争法》关于商业诋毁最初规定的弊端日益显现，最为明显的就是限制了商业诋毁的范围，将其框定于“捏造、散布虚伪事实”，从而排除了其他不当行为。事实上，无论是从世界知识产权组织在《关于反不正当竞争保护的示范规定》中对商业诋毁类型的划分来看，还是从最高人民法院相关指导案例来看，均未将捏造、散布虚伪事实作为构成商业诋毁的唯一情形，如世界知识产权组织认为商业诋毁还包括不公正、不准确、不全面地陈述客观事实的情形，最高人民法院则在终审判决中明确“虚伪事实”应当包括“片面陈述真实的事实而容易引人误解的情形”，通过对“虚伪事实”的扩张解释来弥补法律规定的不足。然而，即便是出于解决现实问题之需，仍不能忽视在司法实践中扩张解释法律可能引发的正当性问题。随着互联网技术的深度应用，商业评论传播愈发迅速、涉及面更加广泛，对市场竞争的影响也日益加大。为了充分保护经营者的商业信誉和商品声誉，2017 年修订、2018 年 1 月 1 日实施的《反不正当竞争法》第十一条规定："经营者不得编造、传播虚假信息或者误导性信息，损害竞争对手的商业信誉、商品声誉。"对原第十四条进行了修订，扩大了诋毁性信息的范围，在将"虚伪事实"修改为"虚伪信息"的基础上，增加了"误导性信息"的规定，并将商业诋毁的行为方式精确为"编造、传播"，丰富了商业诋毁的内涵，体现了我国立法的现代性和合潮流性。立法为司法提供了有法可依的前提，司法必须有明确的认定标准才能成为立法的保障。随着司法对于不正当竞争行为的规制，经营者直接编造、传播虚伪信息的行为将越来越少，取而代之的是更为隐蔽、也更难判断的误导性信息，因此，对误导性信息的含义、类型以及认定标准有更为明确的认知实乃当前司法情势所需。

二、"误导性信息"的含义与类型

从文义解释来看，误导就是不正确的引导；信息，泛指人类社会传播的一切内容，不仅包括事实，还包括不涉及事实的言论。经营者是误导性信息的传播者，消费者是误导性信息的传播对象，因此，误导性信息就是指经营者编造、传播的，对消费者产生错误引导的事实和言论。从体系解释来看，商业诋毁条文中的表述为"虚伪信息和误导性信息"，可见虚伪信息和误导性信息是并列的，两者的区别在于客观表现不同，虚伪信息顾名思义就是已被证实为"伪"的信息，而误导性信息主要针对的则是真实但片面或真伪不明的信息，这些信息导致消费者产生了错误认识。结合商业诋毁行为的内涵，可知，误导性信息指的就是经营者为获取竞争优势，编造、传播涉及竞争对手商品、服务等方面的事实及评论，这些真实但片面或真伪不明的信息导致消费者产生了不正确的评价，并最终损害竞争对手的商业信誉、商品声誉。

（一）关于真实但片面的信息

信息，往往包含了有利信息和不利信息，全面客观地使用信息一般不会造成商业诋毁。但商业活动中，经营者往往出于获取竞争优势的目的，故意宣传有利信息，回避不利信息，通过以偏概全的做法使消费者发生认知错误。故在商业竞争中，即使某一事实是真实的，但由于对其进行了片面的引人误解的宣传，仍会对竞争者的商业信誉或者商品声誉造成损害，构成商业诋毁。结合本案情况来看，针对“松江图文组合商标”，松江厂确实向管盈公司提起过侵权诉讼，并开过庭，但该案最终以撤诉结案。在此情况下，管盈公司在其网站上发布该案的庭审信息，并在下方配以“松江公司维权案件”文字，虽然该庭审信息属实，但松江厂却有意规避了该案已撤诉的事实，使相关公众误认为其维权已取得胜诉，继而对管盈公司的商誉产生负面影响。故松江厂发布的上述信息，没有全面客观地反映诉讼情况，造成了公众的误解，属于真实但片面的信息。

（二）关于真伪不明的信息

真伪不明的信息可细分为司法待定信息以及歧义表述。对于司法待定信息，如一个产品是否系假冒产品，一个商标是否系伪造或变造商标，应当是司法机关或行政执法部门作出评判后才能予以认定，而在此之前，若经营者对其直接作出假冒、伪造或变造的评述，如不能证明传播该信息的正当性，则应认定为商业诋毁。本案中，松江厂发布的所谓的假冒产品图、伪造或变造的商标注册证，就是典型的当时处于真伪不明状态的误导性信息。歧义表述通常会使用一些模糊词语对竞争对手进行负面评价，引导消费者作出误导性判断，如本案中，松江厂在其发布在涉案网站的文章中，使用了“同行或个体”“被利益引诱”“进行橡胶接头外观、颜色……的仿冒……”等描述，通过上述有歧义的语言，引导消费者联想到所谓的被利益引诱的同行，就是管盈公司，而其生产的产品就系文章中提到的仿冒品等，从而对管盈公司的商誉产生负面评价，上述歧义表达构成了误导性信息。

三、编造、传播“误导性信息”构成商业诋毁的认定

误导性信息本身是抽象的，判断编造、传播误导性信息是否构成商业诋毁首先看行为特征。若商业评论以偏概全、缺乏事实依据，则符合虚伪

信息的初步认定。在此基础上，再进行其他因素的判断。

（一）误导性信息被传播

在商业诋毁纠纷中，误导性信息被信息编造者和被诋毁对象之外的第三者知悉，才有可能产生误解。这里的“第三者”包括群体即复数概念是没有疑问的，但在修订前的法律框架下，是否还包括个体即单数的概念，则非无疑问。1993 年《反不正当竞争法》将实施商业诋毁的行为方式规定为“捏造、散布”，而新修订的《反不正当竞争法》将之修改为“编造、传播”，捏造与编造系近义词，捏造即指凭空编造，故编造的感情色彩应较之捏造轻。散布，其本意为分散到各处，与传播亦为近义词。但传播的外延，除了散布之外，还包括传送，特别是“点对点”即对象唯一的传送，故《反不正当竞争法》修订，立法者将商业诋毁条文中的“散布”修订为“传播”实际表明，仅向一个对象传播信息的情形亦属于传播。

（二）造成消费者被误导

在商业诋毁中，误导性信息只有作用于第三方消费者，才可能产生否定性评价，造成市场资源错配的后果。法律不仅保护专业人士和明智的消费者，而且也要保护“无知的、不假思索的和轻信的”消费者。因此，除非误导性信息是向特定消费者传播，否则，在认定信息是否造成误导时应当以一般消费者的认知为标准，把握好衡量的尺度。认知具有主观性，较难举证和直接评判，需要法院结合信息的内容、表达或发布方式等客观因素进行分析。一般情况下，误导性信息与商品、服务的关联性越紧，表达的方式越直接，越容易达到被误导的程度，故在对竞争者的商品、服务、功能、性质等进行直截了当的负面评述时，只要信息传播者不能证明其信息的真实性，通常可推定足以造成误导，但如果是相对比较隐晦的诋毁信息，则需要结合其发布方式或结合其他直接性诋毁信息综合进行认定。本案中，松江厂在涉案页面发布的信息中，除了直接指明管盈公司系造假单位外，其余信息的表达相对隐晦，法院即是根据上述信息的组合、编排、发布方式，结合直接诋毁的信息内容，对上述信息对消费者造成误导进行了综合认定。

（三）侵害竞争对手商誉

1. 误导性信息要有具体指向。商业诋毁行为并不要求行为人必须直接指明诋毁的具体对象的名称，但指向的对象应当是可辨别的。误导性信息会造成消费者的错误评价，这些评价只有和特定的竞争对手相关联，才能造成侵害商誉的后果。实践中，有些误导性信息虽未指明具体对象，但在特定市场环境中可与具体对象联系在一起，这同样构成商业诋毁。本案中，松江厂在删除了直接指明管盈公司系造假单位等相关信息后，仅留有假冒产品对比图和鉴别产品真伪的文章，虽然上述信息并未直接指向管盈公司，但因其发布的假冒产品上有明显的“松江”字样，属于管盈公司产品的主要特征，故对于购买过管盈公司产品的消费者而言，看到该假冒产品时，很自然地会将其与管盈公司之间产生联想，继而对管盈公司的商誉产生负面影响。

2. 影响竞争对手的商誉。商誉是经营者的立身之本，只有当误导性信息造成竞争对手商誉的损害时，才可能构成商业诋毁。商誉是指某行业或者企业在生产、经营、服务中所形成的品质，是社会各方面特别是消费者对该行业或企业的评价，是社会成员对商誉主体的经营能力、生产水平、资信状态、商品质量、服务态度等整体经营素质的评价。商誉包含两个方面，商业信誉和商品声誉，前者包括对商事主体资金实力、管理水平、企业信誉、社会责任等综合评价，后者则涉及生产产品的质量和提供服务的水平。只有当误导性信息造成人们对经营者的商业信誉或者商品声誉产生负面影响才可能构成商业诋毁行为。反之，与商业信誉和商品声誉没有关联的其他信息，即使对消费者造成错误导向，也非商业诋毁行为。

（刘秋雨　作者单位：上海市徐汇区人民法院）

37

知识产权恶意诉讼的构成要件及赔偿标准

——江苏中讯数码电子有限公司与山东比特智能科技股份有限公司因恶意提起知识产权诉讼损害责任纠纷案

【案号】

一审：（2016）苏02民初71号

二审：（2017）苏民终1874号

【裁判要旨】

知识产权恶意诉讼的构成要件有：1. 行为人提起知识产权诉讼没有知识产权权利基础，或者行为人虽然享有形式上“合法”的知识产权，但因该知识产权系恶意取得等多种原因而不具有实质上的正当性。2. 行为人提起诉讼主观上具有恶意。行为人取得知识产权时的恶意，可以作为认定其提起诉讼时具有恶意的依据。3. 恶意诉讼行为给他人造成了损失，且损失与恶意诉讼之间具有因果关系。

在受害人损失的具体数额难以确定的情况下，可以综合考虑受害人的现实损失、可得利益损失以及侵权行为人的恶意诉讼情节等相关因素，酌情确定恶意诉讼行为人应当承担的赔偿数额。

【案情介绍】

1998 年至 2003 年，山东比特智能科技股份有限公司（以下简称比特公司）是美国赛德公司在中国的代工商。2006 年，赛德公司兼并了 TELEMATRIX. INC.，并使用 TELEMATRIX 作为企业名称。2006 年起，江苏中讯数码电子有限公司（以下简称中讯公司）接受赛德公司的委托，加工TELEMATRIX品牌酒店电话机产品。2007年5月28日比特公司在第9类电话机等商品上申请并获得注册TELEMATRIX商标。2008年1月8日，比特公司向中讯公司发出律师函，指称其涉嫌侵害TELEMATRIX商标权。2008年3月28日，中讯公司向无锡中级人民法院提起确认不侵害比特公司TELEMATRIX商标权的诉讼。比特公司同时也向日照中级人民法院提起商标侵权诉讼，请求判令中讯公司立即停止侵犯其注册商标专用权的行为并赔偿其经济损失612万元。日照中级人民法院将该案移送无锡中级人民法院并案审理。2009年10月30日，经无锡中级人民法院裁定准许，两公司均撤回起诉。

2013年7月22日，国家商评委作出商评〔2013〕第23303号裁定书，认定比特公司在电话机等相同、类似商品上申请注册文字构成完全相同的争议商标难谓善意，争议商标系“以不正当手段抢先注册他人已经使用并有一定影响的商标”，据此裁定撤销争议TELEMATRIX商标。

【裁判结果】

一审法院认为：比特公司向中讯公司提起商标侵权诉讼系恶意诉讼行为。认定恶意应考虑如下因素：一是原告提起知识产权诉讼并没有合法的权利基础；二是主观上具有恶意；三是给他人造成了损害。本案中，首先，比特公司的TELEMATRIX商标权已被撤销，其在提起诉讼时不具备合法的权利基础。其次，比特公司在恶意获得商标注册后，提起侵权诉讼，试图达到控制TELEMATRIX商标商品在国内市场的生产、销售，主观上具有恶意。最后，比特公司提起第57号诉讼对中讯公司造成了经济损失。综上，比特公司构成恶意提起知识产权诉讼。一审法院综合考虑比特公司主观恶意明显、中讯公司损失等因素，判决比特公司在《法制日报》登报消除影响，并赔偿中讯公司经济损失及合理开支100万元。

比特公司不服一审判决，向江苏省高级人民法院提出上诉，认为：1. 比特公司拥有TELEMATRIX商标的有效注册证，其有理由认为第57号诉讼具有合法依据，在主观上没有恶意。2. 一审判决确定的 100 万元赔偿数额缺乏事实和法律依据，数额过高。

二审法院认为：比特公司提起第 57 号诉讼符合恶意提起知识产权诉讼的构成要件，构成恶意提起知识产权诉讼。主要理由：1. 国家商评委第 23303 号争议裁定书，已将 TELEMATRIX 商标予以撤销。因此，比特公司提起第 57 号诉讼时实质上并不享有 TELEMATRIX 商标权。2. 比特公司提起第 57 号诉讼时主观上具有恶意。一方面，比特公司诉讼时的恶意来源于申请注册时的恶意。比特公司申请注册时，就“明知”该商标系他人享有。比特公司申请注册时主观上“明知”的状态，一旦形成，就不会因比特公司抢注成功而消失，且会延续至提起诉讼时。同时，在比特公司提起诉讼前夕，仍宣称“比特作为国际上与德利达、TELEMATRIX 齐名的三大酒店电话机品牌之一”，更印证了其“明知”TELEMATRIX 商标权应当由该商标在先使用的主体享有，其实质上不应当享有 TELEMATRIX 商标权。另一方面，由于中讯公司、比特公司存在竞争关系。比特公司起诉要求中讯公司停止生产、销售、宣传 TELEMATRIX 商标产品，显然具有损害中讯公司合法权益，获取非法利益的目的。3. 比特公司提起第 57 号诉讼已造成了中讯公司的损失，且该损失与其提起第 57 号诉讼具有因果关系。

关于赔偿数额。二审法院认为，比特公司的赔偿数额应当以中讯公司的损失为限。在损失难以确定的情况下，可以综合考量相关因素，酌情确定赔偿数额。二审法院综合考虑了以下因素：1. 中讯公司现实的经济损失。包括：中讯公司因第 57 号诉讼支出了 8.3 万元新模具费用；中讯公司因第 57 号诉讼造成的物料损失及人工费用支出等；中讯公司为应对恶意诉讼而支出的本案 10 万元律师代理费。2. 中讯公司预期利润的损失。中讯公司提交的证据显示，其代工 TELEMATRIX 品牌电话机的毛利润较为可观，其确实会因第 57 号诉讼停止代工 TELEMATRIX 品牌电话机而产生一定的预期利润损失，该部分损失应当作为确定赔偿数额的参考因素。3. 恶意诉讼对社会诚信体系的破坏。比特公司主观恶意十分明显，其恶意诉讼行为不但给中讯公司造成了较大的损失，而且对全社会的诚信价值体系以及诚实信用的诉讼体系造成冲击和负面影响，对此种行为应当给予相应的惩戒。综上，二审法院认为，一审判决比特公司赔偿中讯公司经济损失及合理开支100万元，并无不当，遂判决：驳回上诉，维持原判。

【法官评析】

民事诉讼程序具有“诉累”的负面效应[①]。一些怀有不良动机的行为人会利用这些负面效应，恶意提起诉讼，用于损害他人的合法权益，获取非法利益。近年来，一方面随着国家知识产权战略的推进，知识产权的取得变得更加容易，使得一些投机分子利用知识产权授权制度的漏洞，通过不正当手段，获取了本不该授予的知识产权。另一方面，知识产权司法保护力度不断加大，侵权赔偿数额大幅增加，知识产权维权变得“有利可图”。在此情况下，滋生了一些投机分子，先以不正当手段恶意获取本不应当授予的知识产权，后以行使知识产权为名，恶意提起诉讼，损害竞争他人的合法权益，谋取非法利益。特别是在商标领域，发生了大量恶意抢注、囤积商标权，滥诉、恶意诉讼的行为[②]，以至于出现了“投机取巧的人得利，诚实守法的人吃亏”等个别极不正常的现象。因此，全社会强烈呼吁对恶意诉讼行为进行规制。最高人民法院《民事案件案由规定》（2011年版）为此增加了因恶意提起知识产权诉讼损害责任纠纷的案由。但是，知识产权恶意诉讼的概念、构成要件及赔偿标准，现行法律并无明

---

① “诉累”作为诉讼负面效应的一种统称，主要体现在：1. 诉讼参与人为此支出诉讼费、差旅费、律师费等经济支出；2. 在“厌讼”的特殊国情下，参与诉讼还会在一定程度上造成案件当事人社会评价（企业商业信誉和个人声誉）的降低；3. 企业涉诉会在很大程度上影响企业的融资以及商业机会；个人涉诉也会影响个人融资及发展升迁机会；4. 诉讼强制措施会严重影响企业的生产经营，以及个人的工作和生活；5. 诉讼参与人因参与诉讼，打乱了正常的工作和生活节奏；6. 当事人因应对诉讼，以及由于对诉讼结果“难以预知”，因担心败诉，而造成精神的压力和困扰；7. “冤假错案”虽然很少发生，但也无法完全避免。当事人还要承受可能的“冤假错案”风险，以及为纠正“冤假错案”而支出金钱、精神、时间成本。

② 宋健：《商标权滥用的司法规制》，载《知识产权》2018年第10期。

确的规定。这给司法实践中审理此类案件造成了一定的困难。本判例结合中讯公司诉比特公司因恶意提起商标权诉讼损害责任纠纷一案，对知识产权恶意诉讼的法律依据、概念、构成要件以及赔偿标准做了有益的探索。

一、知识产权恶意诉讼的法律依据

2002 年实施的《中华人民共和国商标法实施条例》第三十六条以及 2013 年施行的《中华人民共和国商标法》第四十七条第二款规定，宣告注册商标无效的决定或者裁定，对宣告无效前人民法院作出并已执行的判决、裁定、调解书和工商行政管理部门作出并已执行的商标侵权案件的处理决定以及已经履行的商标转让或者使用许可合同不具有追溯力。但是，因商标注册人的恶意给他人造成的损失，应当给予赔偿。这一规定过于笼统和模糊，存在理解上的分歧。一种观点认为，恶意给他人造成的损失仅限于利用人民法院的判决、裁定、调解书和工商行政管理部门的处理决定以及商标权转让或者使用许可合同，造成他人损失，才需要赔偿。另一种观点认为，恶意给他人造成的损失，并不限于利用上述方式，只要被宣告无效的商标人，恶意行使商标权给他人造成的损失都需要赔偿。本案的特殊性还在于比特公司恶意提起的第 57 号诉讼，中讯公司、比特公司最终以撤诉结案，并没有反映在判决、裁定或者调解书上的损失。因此，上述第三十六条能否成为本案裁判的依据，存在争论。基于此，二审判决从知识产权恶意诉讼的本质上去寻找答案。知识产权恶意诉讼虽然发生在知识产权领域，但它侵害的往往是对方当事人的普通民事权利，如财产权、名誉权。因此，它本质上是一种普通民事侵权行为，可以适用普通民事侵权的法律规定。如《民法通则》第一百零六条第二款、第一百三十四条，《侵权责任法》第六条、第十五条等均可作为知识产权恶意诉讼裁判的依据。由于第 57 号诉讼发生在 2008 年，而《侵权责任法》2010 年 10 月 1 日才开始施行，因此，从时间效力上《侵权责任法》并不能适用于本案。二审判决最终选取了《民法通则》第一百零六条第二款等相关条文作为裁判依据，从而解决了法律适用上的难题。

二、知识产权恶意诉讼的概念及构成要件

（一）知识产权恶意诉讼的概念

科学界定知识产权恶意诉讼的概念，明确其内涵及构成要件，是准确判断当事人的诉讼行为是否构成知识产权恶意诉讼的前提和基础性条件。《最高人民法院民三庭关于恶意诉讼问题的研究报告》（以下简称《报告》）指出，恶意诉讼一般指故意以他人受到损害为目的，无事实根据和正当理由而提起民事诉讼，致使相对人在诉讼中遭受损失的行为。二审判决在这一概括的基础上，进行了一定的修正和完善，认为恶意提起知识产权诉讼是指行为人明知自己提起知识产权诉讼无事实或者法律依据，仍以损害他人合法权益或者获取非法利益为目的，故意针对他人提起知识产权诉讼，造成他人损害的行为。这一界定具有这样几个特点：1. 与最高人民法院《民事案件案由规定》保持一致，判决使用了恶意提起知识产权诉讼的概念。2. 全面概括了“恶意”的内涵。知识产权恶意诉讼的核心特征不在于诉讼，而在于“恶意”。因此，知识产权恶意诉讼的核心内涵必须包含恶意的内容。二审判决细致概括了“恶意”的内涵，即行为人要“明知自己提起知识产权诉讼无事实或者法律依据”，同时要具有“以损害他人合法权益或者获取非法利益为目的”。与《报告》不同的是，一是增加了“明知”的认识要素。如果没有明知的认识因素，仅因行为人客观上“无事实或者法律依据”，就认定行为人具有恶意，是不准确的。因此，“明知”的认识因素是“恶意”必不可少的因素。二是目的要素方面概括为“以损害他人合法权益或者获取非法利益为目的”，而《报告》概括为“故意以他人受到损害为目的”。《报告》没有指出“以他人受到损害”是合法权益还是非法权益。二审判决特别强调损害的是他人的“合法”权益。二审判决在目的要素中还增加了“或者获取非法利益”的目的。这是从不同的角度，描述行为人的主观心理状态。行为人往往同时具有“损害他人合法权益”和“获取非法利益”的双重目的。当然，“损害他人合法权益”和“获取非法利益”是一种或然的关系，只要具有其中之一即可。3. 将“无事实根据和正当理由”修改为“无事实或者法律依据”。“事实

根据”和“法律准绳”，两者相对应，是人民法院裁判以及当事人诉讼的两个基本逻辑前提。而“正当理由”的涵义并不明确，其和“事实根据”也不是一种相对应的关系。因此，二审判决将“无事实根据和正当理由”修改为“无事实或者法律依据”。

（二）知识产权恶意诉讼的构成要件

二审判决在界定知识产权恶意诉讼概念的基础上，提炼了构成要件，为我们认定恶意诉讼提供了具体的尺度。其构成要件有：

1. 行为人提起知识产权诉讼无事实或者法律依据

人民法院裁判的基本原则是“以事实为根据，以法律为准绳”。这也是指导当事人提起诉讼的基本原则。如果行为人在无事实根据或者无法律依据的情况下，提起诉讼，不但其诉讼请求得不到人民法院的支持，而且涉嫌恶意诉讼。在知识产权侵权诉讼中，行为人提起诉讼，要具有合法的知识产权权利基础。如商标侵权诉讼，行为人要拥有合法的商标权。因此，知识产权恶意诉讼无事实依据常常表现为行为人没有合法的知识产权权利基础。在行为人的知识产权系恶意取得的情况下，行为人虽然享有形式上“合法”的知识产权，但因该知识产权系恶意取得而不具有实质上的正当性，属于依法应当被撤销或无效的情形，也属于无事实依据的情形。关于无法律依据是指行为人提起诉讼，无实体法上的依据。实践中，无实体法依据的案例尚未遇到，故在此不作探讨。

2. 行为人提起诉讼主观上具有恶意

知识产权恶意诉讼之所以要受到否定评价，核心在于行为人提起诉讼主观上具有“恶意”。二审判决认为，恶意体现在两个方面：（1）认识因素。即行为人要明知其提起诉讼无事实或者法律依据。在行为人恶意取得知识产权的情况下，尤其要明知其取得知识产权不具有实质上的正当性。（2）目的因素。即行为人提起知识产权诉讼要以损害他人合法权益或者获取非法利益为目的。

如何判断行为人具有恶意。二审判决认为，在行为人恶意取得知识产权的情况下，其取得知识产权时的恶意，可以作为认定其提起诉讼时具有恶意的依据。这是因为行为人明知其获得知识产权不具有实质上的正当性，而有意提起诉讼，损害他人合法权益或者获取非法利益，其提起诉讼时主观上必然是恶意的。以本案为例，如果认定了比特公司的商标权系恶意取得。其后，比特公司以损害中讯公司合法权益或者获取非法利益为目的，提起商标侵权诉讼，就可以直接判定比特公司在提起诉讼时具有恶意。二审判决的这些观点为我们认定诉讼“恶意”提供了具有操作性的判断方法。

3. 恶意诉讼行为给他人造成了损失，且损失与恶意诉讼行为之间具有因果关系

恶意诉讼之所以要承担责任，在于给他人造成了损失。因此，造成损失及其与恶意诉讼行为之间的因果关系是知识产权恶意诉讼的必然构成要件之一。

（三）知识产权恶意诉讼的赔偿标准

赔偿损失是知识产权恶意诉讼承担责任的主要方式之一。赔偿数额的确定是适用的难点。由于证据灭失或者受害人举证能力有限，受害人经济损失的具体数额往往很难查证。如本案中，中讯公司遭受的物料损失及人工费用支出，仅有中讯公司单方面制作的统计表格，缺乏其他相关证据的印证，从证据采信的角度来讲，很难获得支持。此外，可得利益损失与恶意诉讼之间的因果关系也是证明的难点。如中讯公司代工 TELEMATIX 品牌电话机数量的减少而造成预期利润的损失。一方面，此类证据收集的难度很大，难以收集。或者收集成本很高，当事人放弃收集；另一方面，预期利润的损失往往具有多方面的因素，要证明预期利润损失与恶意诉讼之间的因果关系非常困难。因此，恶意诉讼案件中，受害人损失的具体数额难以查证是客观存在的现实。基于此，二审判决主张参考知识产权侵权诉讼中法定赔偿的制度，综合考虑中讯公司已经发生的现实经济损失（包括维权合理开支）、预期利润损失等相关因素，酌定了赔偿数额。实际上，酌定赔偿数额的做法不但在知识产权侵权赔偿案件中存在，在其他类型的侵权案件中也同样存在。如《侵权责任法》第二十条规定，侵害他人人身权益造成财产损失的，被侵权人的损失以及侵权人因此获得的利益难以确

定，双方就赔偿数额协商不一致，由人民法院根据实际情况确定具体赔偿数额。因此，二审判决主张在受害人损失的具体数额难以查证的情况下，采取酌定赔偿数额的办法，符合此类案件的客观实际情况，是实事求是的体现，解决了赔偿数额确定的难题，也符合侵权责任法的一般规定。

综上，二审判决结合具体案件，从中抽象出知识产权恶意诉讼的概念及构成要件，并提出了判断行为人“恶意”和确定赔偿数额的具体方法，具有很好的理论和实践指导意义。

（何永宏　作者单位：江苏省高级人民法院）

38

在正品转售的营销过程中对权利商标的使用是否构成商标侵权或不正当竞争的司法认定

——YKK 株式会社诉熙攘公司商标侵权及不正当竞争纠纷案

【案号】

一审：（2017）浙 01 民初 409 号

二审：（2018）浙民终 460 号

【裁判要旨】

经营者作为普通的正品转售者，而非授权经销商，其在营销过程中虽然使用了权利商标，但并未使得相关公众对商品来源产生混淆误认，未对商标权利人的利益造成损害，应认定不构成商标侵权。同时，由于经营者对商标的使用方式，易使得相关公众容易误认该经营者系官方授权经销商，进而获取额外的交易机会，取得不正当竞争利益，应认定构成不正当竞争。

【案情介绍】

日本 YKK 株式会社在拉链、纽扣等商品上持有“YKK”“YKK Little Parts. Big Difference.”等注册商标，其中使用在拉链商品上的“YKK”商标多次被认定为驰名商标。熙攘公司系 YKK 正品的普通转售商，其注册并使用“www. ykkcn. com”域名，在对应网页介绍熙攘公司渐已成为国内最大的高档拉链专业销售商之一，专业销售 YKK 等高档拉链产品。同时，熙攘公司自称其为 YKK 浙江总代理。熙攘公司在 1688 网站在线销售 YKK 拉链，并在产品分类的“YKK 拉链”项下的销售页面多处标有“厂家直销”“厂家定制”等字样；同时，其销货清单左上方突出标示“YKK”标识；向客户提供的名片上显著标注“YKK”标识，并以较小字体标注“Little Parts. Big Difference.”“日本吉田 YKK 拉链中国地区指定销售商”等字样。熙攘公司同时注册使用“ykk@ zj139. com”支付宝账号。熙攘公司曾与 YKK 株式会社的官方经销商签订多份销售协议，YKK 株式会社认可熙攘公司销售的 YKK 拉链系正品。

YKK 株式会社认为熙攘公司的上述行为分别构成商标侵权和不正当竞争，要求判令熙攘公司立即注销域名，停止使用相应网站，停止使用并注销支付宝账号；立即停止在 1688 网站上使用“YKK”“YKK Little Parts. Big Difference.”等商标标识的侵权行为；停止宣称其为“YKK 拉链中国地区指定经销商”“YKK 浙江总代理”等不正当竞争行为；刊登声明消除影响，并赔偿经济损失 106. 7 万元。

【裁判结果】

浙江省杭州市中级人民法院认为，熙攘公司使用“www. ykkcn. com”域名、在名片上使用“YKK”“YKK Little Parts. Big Difference.”等标识均构成商标侵权；使用“ykk@ zj139. com”支付宝账号、在网站、名片和电话营销中的虚假宣传均构成不正当竞争。判决熙攘公司停止商标侵权及不正当竞争行为，注销涉案域名及支付宝账号；刊登声明以消除影响，并赔偿经济损失 45 万元及合理维权费用 67000 元。熙攘公司不服一审判决，提起上诉认为其系 YKK 株式会社拉链产品的合法销售商，且与 YKK 株式会社不存在竞争关系，其注册涉案域名不具有恶意，其对外宣传行为合法正当，不存在任何侵权行为，请求改判驳回 YKK 株式会社的全部诉请。

根据查明的事实，浙江省高级人民法院二审认为，熙攘公司在明知 YKK 商标权利归属的情况下，仍将 ykk 注册为支付宝账号的主要识别部分进行使用；在网站中宣传其专业销售 YKK 拉链；宣称自身为浙江总代理等行为，均构成虚假宣传，熙攘公司可以此不正当获取竞争优势，构成不正当竞争。熙攘公司在注册使用涉案“www. ykkcn. com”域名过程中，对于相关商品本身未作容易令人误解的宣传，在商品来源的指向上未使相关公众产生混淆误认；也未通过该域名进行相关商品交易的电子商务；故不构成商标侵权。熙攘公司在名片上突出使用“YKK”标识及印制“YKK Little Parts. Big Difference.”等标识的行为，其目的是向相关公众表明其与 YKK 株式会社之间的特定销售代理关系，从而获取销售领域的竞争优势，同样未使相关公众产生混淆误认，亦不构成商标侵权。但该些行为易使相关公众误认熙攘公司具有官方销售代理商身份，而非仅系转售商，应认定亦构成不正当竞争。但考虑到熙攘公司的涉案行为无侵害涉案注册商标专用权的故意，未损害商标权的核心利益，对权利人的经济利益影响相对较小，在对部分涉案行为的法律定性进行重新界定的情况下，改判赔偿经济损失 25 万元及合理维权费用 67000 元。

【法官评析】

一、虚假宣传的判定是否以诉讼双方存在同业竞争关系为前提

按照反不正当竞争法规定，虚假宣传是指对商品的性能、功能、质量、销售状况、用户评价、曾获荣誉等作虚假或者引人误解的商业宣传，欺骗、误导消费者。对于有权提起虚假诉讼的适格主体的界定，一直存在争议。有观点认为，不正当竞争诉讼应限于同业竞争者，不应泛化诉讼主

体资格的范畴；另有观点认为，反不正当竞争法兼具维护良好竞争秩序和保护消费者正当权益的功能，只要虚假宣传行为可能扰乱市场经济秩序，影响到其他经营者的合法权益，该经营者都有权提起诉讼，制止该不正当竞争行为。由于现时随着经济业态的日趋丰富，经营主体的不断多样化，业务交叉情况也愈加常见，对竞争关系的理解不应限定为某特定细分领域内的同业竞争关系，而应着重从是否存在竞争利益角度出发进行考察①。本案中，YKK 株式会社虽然与熙攘公司并非直接的竞争主体，但熙攘公司的行为对其经销商利益和管理体系存在明显影响，YKK 株式会社自然具有相应的诉讼利益，有权提起本案诉讼。进一步的争议则在于提起虚假诉讼的主体是否都有权主张损害赔偿。对此，笔者认为，侵权损害赔偿的主张应以造成直接的损害为前提，如行为人将竞争对手聘请的形象代言人宣称为自身的代言人，而借此提升自身的品牌形象和定位，这就属于典型的直接损害。否则，只能通过诉讼制止虚假诉讼，而无权主张损害赔偿。这在迪斯奎德公司诉比尔布拉斯公司不正当竞争纠纷案中亦有所体现②。本案中，涉案行为足以使得 YKK 公司的经济利益直接受损，其有权提起本案诉讼并主张损害赔偿。

二、在转售正品的营销过程中使用权利商标是否构成商标侵权或不正当竞争

本案中，双方对熙攘公司系转售正品均无异议。在转售过程中，既要确保转售方合理使用权利商标，有效保障权利人的利益，维护正常的竞争秩序；同时也应保障转售者能有效销售，体现商标权的权利用尽原则。本案中最大的争议即在于，转售者在营销过程中，注册含权利商标“YKK”的域名、在名片上突出使用“YKK”标识及印制“YKK Little Parts. Big Difference.”等标识，对此行为的法律定性在一、二审中产生了分歧。一

---

① 孔祥俊著：《反不正当竞争法的创新性适用》，中国法制出版社 2014 年版，第 131 页。

② 详见浙江省高级人民法院（2013）浙知终字第 407 号案。

审法院就认为熙攘公司的上述使用行为超出了指示性或描述性使用权利商标的必需范围，且属于在相同商品上使用相同商标，应构成商标侵权。二审法院则认为不构成商标侵权，而应认定为不正当竞争。此间实际上存在法律定性的争议。此类问题的有效解决往往仍需围绕基本问题的理解和把握，重点在于发掘看似繁杂的现象背后所蕴藏的有机联系，为裁判寻求正当化和合法化的根据。不仅要使裁判符合法律实用和便利，还要尽可能使裁判具有充分的法理和完美的逻辑①。

首先，应明确商标侵权背后的基本法律关系和包含的利益诉求。商标本质是用于区分商品来源的商业性标识，使得相关公众能通过该标识识别不同的商品或服务提供者。商品与其提供者之间通过商标建立固定联系，商标亦承载了商品的商誉和商品提供者的商业声誉。因为熙攘公司系转售正品，在商品本身及其包装材料上原有的商标标识自然可继续使用。而基于转售所作必要营销过程中，如何评价单独使用权利商标的行为性质值得探讨。商标法第五十七条规定相同商品上使用相同商标，构成商标侵权。但该规定应认为并非否定混淆误认因素的考量，实为一种推定的存在。商标的基本功能考量，若商标标识的使用行为未使相关公众对商品或者服务的来源产生混淆，未割裂商品或服务与其提供者之间基于商标标识所产生的固定联系，则该使用行为不构成商标侵权。本案中，熙攘公司在转售过程中注册域名及在名片上突出使用商标的行为，并未导致相关公众对商品的来源产生混淆、误认，熙攘公司所销售 YKK 产品的来源仍均指向 YKK 株式会社，并未削弱商品与提供者之间的固定联系，也未影响商标用以标示商品来源的根本作用，亦未削弱商标的美誉度和商品声誉以及 YKK 株式会社的商业信誉，故应认定不构成商标侵权。

其次，关于熙攘公司的上述行为是否构成不正当竞争的问题，同样需要探究不正当竞争行为的本质属性。反不正当竞争法第二条规定，经营者在生产经营活动中，应当遵循自愿、平等、公平、诚信的原则，遵守法律

① 孔祥俊著：《商标法适用的基本问题》，中国法制出版社 2014 年版，第 13 页。

和商业道德。该法界定不正当竞争行为是指经营者在生产经营活动中，违反该法规定，扰乱市场竞争秩序，损害其他经营者或者消费者的合法权益的行为。熙攘公司的涉案被诉行为是否有悖于诚实信用原则和公认的商业道德，是否侵害了他人的合法权益，是否获取了不正当的竞争利益，可以从这几个方面对上述涉案行为作出评判。

熙攘公司在涉案转售过程中，在明知 YKK 株式会社对涉案商标享有专属权利的情况下，其注册使用 ykkcn. com 域名，其中采用的“ykk + cn”的组合方式，容易让相关公众误解该网站系 YKK 株式会社的中国区官方网站；在名片上印制“YKK”“YKK Little Parts. Big Difference.”等标识，则容易让相关公众认为其具有官方指定的授权经销商身份，而非仅系转售商。熙攘公司对上述标识的使用形态虽然不构成商标侵权，但显然有悖于诚实信用原则和公认的商业道德，势必对影响其他官方授权经销商的利益，会从其他经销商处不当切分更大的市场份额，获取了不正当的竞争利益。同时，该行为还会影响和破坏 YKK 株式会社的经销商结构和销售布局，影响到其正常销售体系的运行。该行为完全符合不正当竞争行为的构成要件，应给予明确的否定性评价。至于熙攘公司在营销过程中注册含 ykk 的支付宝账号、在网站中所作的不当宣传，擅自宣称自身为 YKK 浙江总代理等行为，同样有违诚信，将自身从普通转售商的身份变为官方授权经销商，更容易获取相关公众的信赖，特别是在当今存在诸多“傍名牌、搭便车”行为的市场环境中，其上述虚假宣传行为足以获取更高的市场关注度，对其转售商品的品质更容易获得市场肯定，可赢得更多的商业交易机会，此类行为可认定系典型的不正当竞争。

此外，需要特别指出的是，若熙攘公司在 www. ykkcn. com 网站中主要销售其他品牌或其自有品牌的商品，容易让人误认为系 YKK 的副牌或与 YKK 株式会社存在业务上的关联，会有商标侵权之嫌，存有不当，但因 YKK 株式会社在本案中并未对此作具体主张，故不再赘述。

（陈宇　作者单位：浙江省高级人民法院）

39

突出使用企业字号构成商标侵权及侵犯知名商品特有包装行为的认定

——宝洁公司诉于某雨侵害商标权及不正当竞争纠纷案

【案号】

（2017）浙02民初1041号

【裁判要旨】

对于商誉攀附者未经许可、未支付对价且未付出实质性正当努力，故意利用权利人通过持续投入和经营所获得的商誉，导致消费者混淆误认的行为，应当结合涉案商标的性质、特点、知名度、显著性等，以及被诉侵权行为全貌，从整体上予以把握。在确定法定赔偿金额时，亦需将特殊行业的商品特点纳入考量因素，确定合理的赔偿数额。

【案情介绍】

原告宝洁公司注册了“幫寶適”商标，核定使用于第16类“纤维素及塑料制婴儿尿布”等；注册了“帮宝适”商标，核定使用于第5类“失禁用尿布；婴儿奶粉；婴儿食品”等；注册了“帮宝适”商标，核定使用于第16类“纸制婴儿尿布，纤维制婴儿尿布，纸制婴儿餐巾，纸围涎，纸垫，纸带和纸尿布”；注册了“帮宝适”商标，核定使用于第16类“纸制婴儿尿布（一次性），纤维制婴儿尿布（一次性），纸制婴儿餐巾，纸围涎（小孩用），吸收式婴儿用纸垫（一次性），纸带”

等；注册了“”商标，核定使用于第5类“婴儿尿裤；婴儿尿布；失禁用尿布；失禁用尿布片”等。

2017年7月，原告发现被告于某雨在淘宝网上开设的名称为“奇奇怪怪8888”的网店，其所公开展示、销售的纸尿裤商品在外包装显著位置突出标注有“香港幫寶適(國際)紙品有限公司”的字样，且其包装物内容、布局、构图、色彩等与原告同类商品的包装特点非常相似。原告委托代理人通过公证购买的形式予以证据保全。

原告认为，被告于某雨将完整包含有原告注册商标的文字作为企业名称［注：经核实，“香港幫寶適（国际）纸品有限公司”未在中国大陆合法登记］在与原告注册商标核定使用商品相同或类似商品的显著位置突出使用，极易造成消费者对产品来源产生混淆，或者误认为该产品与原告商品之间存在特定关联，属于《中华人民共和国商标法》第五十七条第（七）项规定的“给他人的注册商标专用权造成其他损害”的行为，构成商标侵权；被告被控侵权产品的包装物采用了与原告商品非常接近的包装设计，同样足以造成相关公众的混淆或误认，已构成不正当竞争行为。故诉至法院，请求判令：1. 被告于某雨立即停止侵犯原告“幫寶適”（注册号236233）、“帮宝适”（注册号7843400）、“帮宝适”（注册号768755）、“帮宝适”（注册号1416508）、“”（注册号13624165）注册商标专用权的行为，即立即停止销售突出使用“香港幫寶適(國際)紙品有限公司”文字内容的纸尿裤商品；2. 立即停止不正当竞争行为，即立即停止销售使用“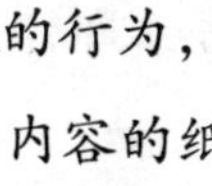”包装物的纸尿裤商品；3. 赔偿经济损失人民币50万元（含合理维权支出）。

【裁判结果】

浙江省宁波市中级人民法院经审理认为，本案的争议焦点是：原告所指控的被告对“帮宝适（Pampers）”系列文字商标及图文商标的商标侵权行为是否存在；被诉侵权商品是否使用与原告知名商品特有包装近似的包装并造成混淆；被告的合法来源抗辩是否成立；以及在合法来源抗辩不成立的情形下，原告所主张的侵权责任是否合理合法。

原告的商品和注册商标经过大力宣传和广泛使用，已经具备较高的知名度和显著性。被诉侵权商品将与他人注册商标相近似的文字“幫寶適”作为企业字号在相同或类似商品上突出使用，并在同类商品上使用与原告知名商品相似的包装，且未提供合理理由，主观上具有搭便车的故意，客观上攀附了原告在市场上业已形成的良好商誉，从而获取非法利益，构成商标侵权及不正当竞争。被告虽提供了被诉侵权商品的真实来源，但其作为同业经营者，理应知晓原告在同类或类似商品上的注册商标及包装使用情况，却未尽到合理的注意避让义务，也未提出任何合理质疑，其主观难谓善意，客观上亦未尽到合理的审查注意义务，其合法来源抗辩理由不能成立。且被告辩称其所销售的纸尿裤未突出使用原告商标，在商品包装上标注了“snow permiers”商标、出品商“香港幫寶適（國際）紙品有限公司”，以及原被告商品包装存在差异、不足以造成消费者混淆的抗辩理由亦不能成立。

被告在其淘宝店铺销售的纸尿裤将与原告注册商标相近似的文字“幫寶適”作为企业字号突出使用，并使用了与原告宝洁公司知名商品特有包装相似的包装，不正当争夺消费者的注意和商业机会，应停止侵害原告注册商标专用权的行为并停止实施不正当竞争行为。遂判决被告立即停止侵权并赔偿损失 15 万元。

【法官评析】

本案例全面论证了突出使用企业字号构成商标侵权，以及侵犯知名商品特有包装的认定条件，对被告的合法来源等抗辩理由，亦从主客观方面进行了精准的回应。同时，从保护婴幼儿健康，需对相关商品实行更严格保护的角度出发，合理确定判赔数额。

一、被告于某雨是否构成商标侵权行为

（一）前置要件商标性使用的判断

在商标侵权判断中，商标性使用担当着“守门人”的角色，是商标侵权判断的前提。依据《商标法》第四十八条规定，商标性使用的定义可细化为若干要素：使用的主观目的是商业贸易；使用的客观方式是将特定的标识与有关商品或服务相联系；使用的客观效果是使消费者将该标识识别为商标。据此，被诉侵权人的行为是否构成商标性使用，主要是判定该使用行为在客观上是否属于标识特定商品或服务来源的行为，消费者是否会将附着于特定商品之上的标识视为商标等。本案被告于某雨将内含原告商标帮宝适的繁体字的“香港幫寶適(國際)紙品有限公司”以醒目字体标注在被诉侵权商品包装物的正面显著位置，并在其淘宝网店“奇奇怪怪8888”上将被诉侵权产品标注为港版帮宝适，并在宝贝详情中品牌栏显示为Pampers/帮宝适。上述行为起到了广告宣传以及识别商品来源的作用，属于商标法意义上的使用行为。

（二）企业字号突出使用构成商标侵权的认定

作为两种经法定程序确认的商业标识类知识产权，企业字号和商标权的冲突须按照保护在先权利、诚实信用、维护正常市场竞争等原则处理。《最高人民法院关于审理商标民事纠纷案件适用法律若干问题的解释》第一条第一项规定，将与他人注册商标相同或者相近似的文字作为企业字号在相同或者类似商品上突出使用，容易使相关公众产生误认的属于商标法第五十二条第（五）项规定的给他人注册商标专用权造成其他损害的行为。

关于何谓突出使用，通常的理解是指企业名称中，与注册商标文字相同或相近似的字号在字体、大小、颜色等方面相比突出醒目，使人在视觉上产生深刻印象的使用行为。特定标识的大小、外观、字体、颜色、特定的使用位置等均属考量因素。例如，被告是否采用加粗、标亮、放大或者特殊颜色、字体等方式，在相关商品的显著位置对特定标识进行使用，具体的排列位置，是否符合通常的使用习惯，是否具备正常的可区分性等。但上述因素并非决定性的，不能仅凭所使用字号在字体、大小、颜色等方面与企业名称中的其他文字相比是否突出醒目来判断是否属于对字号的突出使用。

首先，法律保护商标权的目的，在于保护商标所承载的商业信誉，保障权利人使用商标标示其商品来源，将自身商品与他人商品相互区分，同时引导消费者正确识别商标并据此作出相应的购买决策。故此，对于商誉攀附者在未经许可、未支付对价且未付出实质性正当努力的情况下，故意利用权利人通过持续投入和经营所获得的商誉，导致消费者混淆误认的行为，应当从整体上予以把握。

其次，涉案商标的性质、特点也很关键。例如，文字商标表意明确，易辨认、易呼叫、易记忆，主要特征在于文字的读音及含义，相较而言，其所使用的字体、颜色、大小一般不属于起到主要识别作用的关键特征。再如，对于显著性强、知名度高的在先商标，在后经营者对于企业名称的使用应负有足够的注意义务，避让在先注册的商标及知名企业名称，以免造成市场混淆，损害其他经营者的合法权益。本案被告将“香港幫寶適(國際)紙品有限公司”以醒目字体标注在被诉侵权商品包装物的正面显著位置，不符合通常的使用习惯。被告在企业名称中使用的“幫寶適”虽为繁体，但与原告的“帮宝适”系列文字商标及图文商标在文字构成、外观上极其近似，读音也相同，构成近似文字。其中“幫寶適”三字作为字号，是识别和区分该市场主体企业名称的主要标志，构成突出使用，极易使相关公众误认为被诉侵权商品系原告商品或与原告商品有一定联系。

再者，还需结合被诉侵权行为的全貌综合考量。被告于某雨在其淘宝网店上将被诉侵权产品标注为港版帮宝适，并在宝贝详情中品牌栏显示为Pampers/帮宝适。另外，于某雨在被诉侵权产品上列了自有商标 snowpermiers，而该商标的后一个英文 permiers 与原告的英文商标 Pampers 接近。上述三种行为相互结合，构成对原告“帮宝适（Pampers）”系列文字商标及图文商标的概括性混淆，构成商标侵权行为。

二、不正当竞争行为的认定

（一）涉案商品是否构成知名商品

知名商品的认定，经历了从主观标准到客观标准的演变。《关于禁止仿冒知名商品特有的名称、包装、装潢的不正当竞争行为的若干规定》第四条第一款确定了“仿冒即可反向推定知名”的主观标准。该标准具备一定的合理性，因为一般而言，市场主体的逐利性是趋使其实施仿冒行为的终极动因，但在逻辑上则缺乏周延性，无法排除商品的特有包装装潢虽被仿冒，但该商品的确不属于知名商品的情形。《最高人民法院关于审理不正当竞争民事案件应用法律若干问题的解释》出台后，知名商品的认定开始向客观标准转变，主要考虑商品的销售时间、销售区域、销售额和销售对象，进行任何宣传的持续时间、程度和地域范围，作为知名商品受保护的情况等。本案知名商品的认定参照了时间、地域、销量等诸多客观因素，原告主张的商品经过长期的宣传、推广，具有较高的知名度和美誉度，已为相关公众所知悉，属于反不正当竞争法意义上的“知名商品”。

（二）涉案商品包装是否构成知名商品特有包装

“特有”具体是指“足以使一个商业标识与另一个商业标识区别开来的显著特征”。而显著性包含固有显著性和获得显著性两大类，相较而言，后者代表了商品包装在真实、具体的市场中标识商品来源的能力，通常凝聚了更多的关注度。本案原告“帮宝适（Pampers）”系列纸尿裤商品包装的各个元素及各元素组合形成的色彩、图案、文字、构图、布局等设计，具备较强的显著性和美观性，特别是经过长期、大量的使用和宣传，并依托宝洁公司强大的品牌效应，已具备较高的知名度。该包装与“帮宝适（Pampers）”系列纸尿裤商品的结合，已在相关公众心中产生固定的产源对应关系，在商标之外，起到了识别商品来源的作用。因此，原告“帮宝适（Pampers）”系列纸尿裤的包装属于知名商品特有包装，原告就此享有的相应权利应受法律保护。

（三）被告于某雨是否侵犯宝洁公司的知名商品包装

认定被诉侵权商品包装与原告宝洁公司主张的知名商品的包装是否构成相同或近似，是否会使相关公众对商品来源产生混淆，可从包装本身出发，对其整体和主要部分进行比对，并从相关公众的一般认知能力来判断是否会导致商品来源的混淆。从整体来看，本案被诉侵权商品包装与原告的商品包装相比，其图案、文字、颜色及组合在外包装中所处的位置，各部分结构安排基本相同，上述元素及组合亦是容易引起消费者注意的主要部分。虽然，被诉侵权商品包装中的某些元素与原告商品包装有细微差异，但都属于局部的调整和替换，也并非消费者容易注意的主要部分，将原、被告的商品包装整体及主要部分比较，相关公众施以一般消费者的注意力，仍会产生整体风格雷同及主要部分近似的感觉，易使相关公众产生混淆。

三、被告的合法来源抗辩是否成立

商标侵权诉讼中，合法来源抗辩成立需满足如下要件：提出抗辩的主体，只能是被诉侵权商品的销售者；抗辩人主观上须为善意，即不知道其销售的是商标侵权产品，其中知道包含“明知”和“应知”两种情形；此外，抗辩人需提供充足证据，如正式的购销合同、发票、付款凭证、出入库凭证以及前手的营业执照等，证明其所售产品的合法来源。

由于抗辩人不知道其销售的系商标侵权产品是一项消极事实，难以举证证明，我国法律也并未规定销售者具有主动审查相关商品是否商标侵权的义务。故而司法实践中一般对销售者不知侵权的抗辩审查较为宽松，而是对商标权人提供证据证明销售者不具有主观善意的审查较为严格。例如，权利人可以通过举证供货方同一型号的产品是否已被司法或行政机关认定为侵权产品，抗辩人是否曾因销售被诉侵权产品接受过司法、行政机关处理并形成相应的司法裁判文书或行政处罚决定书，与权利人产品相比被诉侵权产品的价位是否为明显不合理的低价，权利人是否已发函警告抗辩人其享有商标权，以及商标权人持有商标的显著性和知名度等，证明抗辩人是否具有主观善意。尤其当权利人商标系知名品牌时，被告作为专业的经销商，负有更高的注意义务和更严格的举证责任。

本案原告的商品和注册商标经过大力宣传和广泛使用，已经具备较高的知名度和显著性。即便被告提供了被诉侵权商品的真实来源，但其作为同业经营者，理应知晓原告在同类或类似商品上的注册商标及包装使用情况，却未尽到合理的注意避让义务，也未提出任何合理质疑，其主观难谓善意，客观上亦未尽到合理的审查注意义务。综上，被告的合法来源抗辩理由不能成立。

四、具体判赔数额的考量

近年来，随着“优生优育”理念的盛行和市场细分时代的来临，婴幼儿消费品行业的保护力度不断加大，人均消费额持续上升，优质产品消费市场不断扩大。具有科学育儿理念的消费者对于婴幼儿消费品有着较强的需求。另外，鉴于婴幼儿的生理特殊性，相较于普通日用品，婴幼儿消费品不仅关系着婴幼儿健康，且影响到下一代的人身安全，故而对于品质安全性有着严格标准。如纸尿裤商品，对于面料的柔软度、吸水透气性、亲肤性均有着较高要求，以避免病菌感染或过敏等疾病。故此，保护相关市场的消费者识牌购物，真正挑选出品质过硬、功能贴心、创新能力较强的产品，亦成为商标法及反不正当竞争法的价值导向所在。本案原告诉请要求被告赔偿其经济损失人民币 50 万元，因原告未提供证据证明其因商标侵权及不正当竞争行为所遭受的损失或被告因此获得的利益，故法院经综合考量，酌定侵权损害赔偿数额为 15 万元。尤其考虑到纸尿裤系影响婴幼儿健康的特殊商品，需对相关行业的商品实行更严格的保护，判决被告立即停止侵权并赔偿损失 15 万元。

（马洪　洪婧　作者单位：宁波市中级人民法院）

40

其他科技成果权的客体、权利范围和侵权的司法判定

——张某芳等诉上海海洋大学等其他科技成果权纠纷案

【案号】

一审：（2017）浙07民初452号

二审：（2017）浙民终751号

【裁判要旨】

1. 科技成果指通过科学研究和技术开发所产生的具有实用价值的成果。科技成果与现有技术相比应具有一定的创造性和进步性，但不要求作为其他科技成果权的客体必须符合实用新型乃至发明专利的授权条件。

2. 民法通则所规定的其他科技成果权实指公民对科技成果作出创造性贡献而依法享有取得荣誉称号、领取荣誉证书、获得奖金及其他奖励的一种权利，主要体现对科技成果创造者的署名权、荣誉权等精神利益的保护，不具有排他权的属性，权利人无权禁止他人通过后续研发等方式使用该科技成果，在侵权判定上也不宜适用“相似＋接触”的认证规则。

【案情介绍】

张某芳系金华职业技术学院教授，多年从事淡水珍珠蚌的研究和培育，并有较多学术成果。其与他人合作共同申报的“贝壳珍珠层紫色、白色三角帆蚌人工选育”技术成果通过浙江省技术经纪人协会的鉴定，并取得了科技技术成果登记证书。上海海洋大学（以下简称海洋大学）系从事水产及相关专业学科教学科研的事业单位法人。该校李家乐教授也从事珍珠蚌育种工作多年，曾参与起草三角帆蚌的国家标准，就三角帆蚌开展多

种科研工作，取得一定成果。海洋大学曾与多家珍珠养殖机构合作开展淡水珍珠选育工作。张某芳和李家乐还曾作为名称为“一种紫色珍珠质品系三角帆蚌的人工选育方法”发明专利的共同发明人。2012 年，海洋大学向全国水产原种和良种审定委员会（以下简称全国水产良审委）申请新品种“申紫蚌（后正式定名为申紫 1 号）”，并邀请张某芳为作为合作者进行共同申请。张某芳对此提出质疑，认为三角帆蚌贝壳珍珠层的颜色选育和珍珠颜色的定向培养一直是其多年从事的重点工作，未曾与其他单位联合研究，海洋大学侵害了其合法权益。次年，张某芳一方向全国良审委申报了其选育的三角帆蚌新品种“紫皇后”。双方就此申报事项产生诸多争议，全国水产良审委曾发函要求浙江省海洋与渔业局就双方的知识产权争议作进一步调查和核实，该局复函认为，海洋大学与其他珍珠繁育单位也开展了紫色珍珠选育，未发现海洋大学选育并申报的“申紫 1 号”与张某芳一方存在直接关系。

张某芳等认为其就所培育的“紫皇后”珍珠蚌享有其他科技成果权，海洋大学擅自获取该品种后进行申报，构成对其享有的上述权利的侵害。诉请判令上海海洋大学等立即停止侵害其享有的其他科技成果权，包括停止宣传“申紫 1 号”为新品种、停止将“申紫 1 号”向全国水产良审委申报新品种等行为；赔偿经济损失 20 万元。

【裁判结果】

浙江省金华市中级人民法院认为，水产新品种应当由国家权威机构即全国水产良种委进行认定，因张某芳主张的“紫皇后”三角帆蚌并未被认定为水产新品种，其就此并不享有其他科技成果权。张某芳主张海洋大学存在的侵权行为系在双方合作期间未经其同意将其紫色三角帆蚌亲本取走，在该亲本基础上选育出“申紫 1 号”，但未能提供直接有效的证据加以证明；海洋大学培育的品种在申报中明确亲本来源于鄱阳湖等处，并通过了专家现场审查。张某芳的侵权主张依据不足，判决驳回了其全部诉讼请求。张某芳不服一审判决，提起上诉，其认为科技成果的认定并不以被全国水产良审委认定为新品种为前提，“紫皇后”属于其他科技成果权保护的课题；海洋大学不能证明“申紫 1 号”系其独立培育而成，张某芳已证明海洋大学曾接触“紫皇后”亲本，且两者产品存在近似，足以认定侵权成立。请求改判支持其一审诉请。

根据查明的事实，浙江省高级人民法院二审认为，张某芳研究紫色珍珠蚌多年，并经多代选育，与案外人共同完成的“贝壳珍珠层紫色、白色三角帆蚌人工选育”这一科技成果已获浙江省技术经纪人协会认可，并通过了专家鉴定，具有一定的实用价值和经济价值。“紫皇后”虽未被认定为新品种，但其作为前述选育方法自然延伸所取得的成果，亦可视为该科技成果的有机组成部分，张某芳可就此享有其他科技成果权。但其他科技成果权的内容实为对权利人精神利益的保护，并未规定权利人有权禁止他人通过后续研发等方式使用该科技成果。“紫皇后”这一科技成果及其培育方法既未采取任何保密措施，也未提出专利申请，故张某芳对该科技成果不享有禁止他人使用的排他性权利。同时，张某芳未能有效证明海洋大学实际获取了“紫皇后”亲本，更不能证明“申紫 1 号”就是在上述亲本的基础上研发取得，且海洋大学自身具有较强的研发和培育能力。故综上，张某芳有关海洋大学侵害其享有的其他科技成果权的主张不能成立，其无权禁止海洋大学申报其“申紫 1 号”。遂判决驳回上诉，维持原判。

【法官评析】

一、其他科技成果权客体的界定

其他科技成果权系较为“古老”的权利类型，在知识产权专门法中并无规定，仅见于 1987 年开始施行的民法通则。何为“科技成果”，哪些科技成果能成为其他科技成果权所保护的客体，还是存在有一定争议。首先，顾名思义，科技成果应指通过科学研究和技术开发所产生的具有实用价值的成果，是智力劳动的结晶，而难以通过简单的体力劳动或重复劳动所产生。其次，科技成果与现有技术相比应具有一定的创造性和进步性，具有明显的实质性特点。再次，科技成果的范围相对较为宽泛，亦可涵盖发明、实用新型专利的客体，若作为其他科技成果权的客体，并不要求必须符合实用新型乃至发明专利的授权条件，创造性高度相对较低。

张某芳在本案中主张其就“紫皇后”三角帆蚌享有其他科技成果权，并以此为权利基础提起侵权诉讼。“紫皇后”系源自张某芳与案外人所申报的已通过浙江省技术经纪人协会鉴定的“贝壳珍珠层紫色、白色三角帆蚌人工选育”技术。一审法院认为该选育方法所代表的科技成果不应当然涵盖“紫皇后”。“紫皇后”作为一种三角帆蚌的品名，只有被认定为新品种才可能被视为科技成果，而“紫皇后”未被成就该前提条件，故其不应被认定为科技成果，也不能成为其他科技成果权的客体。一审法院的上述解读实失之偏颇，虽然“紫皇后”未被认定为新品种，但受限的仅是该品种尚不能在全国范围内进行广告宣传和推广，并不影响对其作出是否属于科技成果的认定。在前述选育方法已获专家鉴定认证的情况下，“紫皇后”作为该选育方法自然延伸所取得的成果，且已通过浙江省水产原良种审定委员会的初步审核，与该选育方法紧密关联，亦具有相应的创造性和一定的进步意义，应视为该科技成果的有机组成部分，张某芳等可就此依法享有其他科技成果权。

二、其他科技成果权的权利范围

其他科技成果权排他性较弱，权利内容单薄，保护力度也较为有限。民法通则第九十七条第二款规定，公民对自己的发明或者其他科技成果，有权申请领取荣誉证书、奖金或者其他奖励。第一百一十八条规定，公民、法人的著作权（版权）、专利权、商标专用权、发现权、发明权和其他科技成果权受到剽窃、篡改、假冒等侵害的，有权要求停止侵害，消除影响，赔偿损失。可见该法所规定的其他科技成果权实指公民对科技成果作出创造性贡献而依法享有取得荣誉称号、领取荣誉证书、获得奖金及其他奖励的一种权利，主要体现为对科技成果创造者的署名权、荣誉权等精神利益的保护。虽然上述法条规定了停止侵害、消除影响、赔偿损失等侵权责任承担方式，但针对其他科技成果权而言，权利人实仅有权禁止他人实施的对其声誉造成不良影响的剽窃、假冒等行为，并未赋予权利人对技术成果的使用、转让以专属权利，特别是未规定权利人有权禁止他人通过后续研发等方式使用该科技成果。上述规定具有较为明显的计划经济色彩，实际上与民法通则制定当时对知识产权的整体理解、把握略为滞后于国际发展现状及当时的经济体制有一定关联。因为真正具有科技含量和经济价值的发明创造都包含了发明人大量的创造性劳动，能给该科技成果的独占者带来巨大的竞争优势和经济利益，甚至有助于提升一个国家的整体科技实力和国际竞争力。若仅关注于精神层面的保护，就不能给权利人带来技术垄断所蕴含的独占性技术利益。故具有一定高度的发明创造应积极寻求知识产权保护，但并不是所有科技成果都能成为知识产权的保护客体。知识产权具有法定属性，在现行法律框架下，科技成果要想成为知识产权的保护客体，要么对该科技成果以技术秘密加以保护，确保其具备秘密性、商业价值性和保密性等法律属性；要么通过申请取得专利权的方式，取得一定时限内的垄断性利益，并使得经济利益最大化。若未经采取相关知识产权保护措施，而将具有创造性的科技成果径行公开，会导致经济利益的完全丧失，其他行为主体可不劳而获，只要其在使用过程中充分保障了成果做出人的精神利益，即可无偿使用该技术成果，这对创造、创新显然存在消极影响，缺少经济激励，也使得研发投入难以为继。

本案中，张某芳确认，其并未对“紫皇后”这一科技成果及其培育过程和方法采取任何有效的保密措施，未将之视为商业秘密对待；也未提出专利申请，不享有专利权的保护。故在张某芳未将“紫皇后”这一科技成果有效转化为受知识产权保护的某类客体的情况下，虽然其仍可以就此享有其他科技成果权，也可将之作为水产新品种向全国水产良审委进行申报，但应予明确的是，其就该科技成果并不享有禁止他人使用的排他性权利，他人有权在“紫皇后”基础上进行后续的研发。故张某芳所主张的科技成果实际上成了公知技术，他人均有权在保障张某芳精神利益的基础上进行自由使用。

三、其他科技成果权的侵权判定及相应救济

首先，关于针对其他科技成果权的具体侵权形态问题。从前文对权利内容的分析看，张某芳作为其他科技成果权的权利人，其仅享有相应的精神利益，只有在他人恶意剽窃其成果，未有自身的后续研发投入和实际成果，简单包装后即对外宣称为其自有成果，此时才可能涉及对张某芳的其他科技成果权的侵害，才需要根据民法通则第一百一十八条的规定承担停止侵害，消除影响，赔偿损失的侵权责任。其次，侵害其他科技成果权所涉及的侵权判定规则问题。张某芳在本案中主张以“接触＋相似”排除合法来源的规则来判断海洋大学是否构成侵权。该侵权判定规则主要适用于著作权和商业秘密的侵权诉讼领域，是司法实践和经验的总结，并非法律的明确规定，在侵权诉讼中亦不具有普遍适用性。本案中，仍需要张某芳来举证证明海洋大学存在剽窃其“紫皇后”科技成果，并侵害其名誉等精神利益的事实，否则即需承担举证不能的不利后果。这就需要证明海洋大学在获取“紫皇后”后未作后续研发选育而径行改名为“申紫1号”即对外进行宣传，并向全国水产良种委进行申报，举证难度极高，且亦与本案已查明的事实不符。张某芳未能证明海洋大学实际获取其“紫皇后”亲本，同时又认可海洋大学培育的“申紫1号”包含了该校后续独立的研发成果，故即使海洋大学曾获取“紫皇后”亲本，张某芳也无权阻止其进行后续的研究开发；此外，海洋大学自身具有较强的珍珠蚌研究培育的学术能力和专业技术储备，也与其他珍珠养殖场存在合作，从该角度也难以认定“申紫1号”与“紫皇后”存有直接关联。故张某芳的侵权诉请显然难以成立。再次，关于权利的后续救济问题。如前文所言，其他科技成果权的保护力度弱。此类权利人若需要加强其权利保护，应视研发的实际状况，积极纳入现行知识产权保护机制，注重采取切实有效的保护措施，以最大限度维护自身的合法权益。

（陈宇　作者单位：浙江省高级人民法院）

41

以恶意注册商标提起诉讼和向工商部门举报投诉的侵权赔偿责任认定

——科顺公司诉共利公司因恶意提起知识产权诉讼损害责任纠纷与侵权责任纠纷案

【案号】

一审：（2017）浙06民初267号

二审：（2018）浙民终37号

【裁判要旨】

共利公司以非善意取得的商标权为权利基础对科顺公司的正当使用行为提起侵权之诉以及向工商行政部门投诉并出具《承诺书》，通过查封扣押科顺公司的货物，影响科顺公司和他人的交易，具有打击科顺公司的不正当目的，给科顺公司造成了实际损害，构成恶意诉讼等权利滥用行为，其由此给他人造成的损失应当予以赔偿。

【案情介绍】

共利公司于2013年9月21日申请注册了第10858713号C^{PU}商标，核定使用商品为包括第19类，防水卷材；涂层（建筑材料）等；于同年12月7日申请注册了第10881828号“CPU”商标，核定使用商品为第19类，涂层（建筑材料）等。科顺公司于2011年开始将“CPU聚氨酯”使用在产品名称上。共利公司自认，其在申请注册商标时，知晓“CPU”已被本行业内部人士认定为“浇注型聚氨酯”简称的事实。国家工商行政管理总局商标评审委员会于2015年10月16日分别作出商评字（2015）第71947号和商评字（2015）第71948号裁定书，认定第10858713号和第10881828号商标因缺乏商标应有的显著特征，予以无效宣告。

2014年2月17日，共利公司向嵊州市工商局举报科顺公司侵害商标权。同日，嵊州市工商局对科顺公司的相关产品采取查封行政强制措施，查封期限经延期自2014年3月26日至2014年5月24日。嵊州市工商局于同年10月31日作出嵊工商案字（2014）第286号行政处罚决定书，没收科顺公司的上述相关货物。科顺公司就上述行政处罚决定提起行政诉讼，浙江省绍兴市柯桥区人民法院于2015年11月23日作出（2015）绍柯行初字第37号行政判决，撤销嵊州市工商局作出的上述行政处罚决定。嵊州市工商局不服，提起上诉，浙江省绍兴市中级人民法院（以下简称绍兴中院）判决驳回上诉，维持原判。

2015年2月1日，共利公司向绍兴中院起诉科顺公司侵害商标权纠纷一案，该院于2015年4月23日作出（2015）浙绍知初字第119号民事判决驳回共利公司的诉讼请求。共利公司不服，提起上诉。浙江省高级人民法院审理后驳回上诉，维持原判。

科顺公司和案外人原潮公司于2014年3月14日签订了《物资采购合同》一份，科顺公司未按约定交货，原潮公司于2014年5月23日诉至浙江省新昌县人民法院，请求判令解除双方之间签订的《物资采购合同》，科顺公司支付违约金，并承担诉讼费。后原潮公司提出撤诉申请，该院予以准许。

科顺公司认为其与共利公司同为绍兴地区两家生产销售CPU聚氨酯阻燃防水卷材和CPU聚氨酯阻燃防水胶泥的企业，存在激烈的商业竞争关系。共利公司恶意将产品通用名称以及表明产品成分的名称注册“CPU”商标，利用国家行政机关、司法裁判机关的公权力打击竞争者，其行为给科顺公司造成了重大经济损失，遂提起本案诉讼，请求判令共利公司赔偿科顺公司被查封及没收的货物损失821484元；无法履行合同而造成的损失500000元；支付律师代理费、公证费、商标机构代理费用等合理必要开支260500元；承担本案的诉讼费用。

【裁判结果】

浙江省绍兴市中级人民法院认为，共利公司在注册涉案商标，向该院提起商标侵权的民事诉讼，以及向嵊州市工商局进行举报，要求工商局查封被控侵权产品时均存有恶意，其行为侵害了科顺公司的合法权益，应承担侵权赔偿责任。判决共利公司支付科顺公司 981984 元，驳回科顺公司的其他诉讼请求。共利公司不服，提起上诉。

浙江省高级人民法院认为，认定共利公司的被诉行为是否构成恶意诉讼以及对科顺公司合法权益的侵害，应满足以下构成要件：1. 一方当事人以提起知识产权诉讼的方式提出了某项请求，或者以其他方式提出某项请求相掣肘。2. 提出请求的一方当事人具有主观上的恶意。3. 该行为给另一方当事人造成了实际的损害后果。4. 提出请求的一方当事人的行为与损害后果之间具有因果关系。共利公司明知“CPU”是“浇注型聚氨酯”的通用名称，将其注册为商标，其维权的权利基础缺乏正当性。共利公司以非善意取得的商标权为权利基础对科顺公司的正当使用行为提起侵权之诉以及向工商行政部门投诉，通过查封扣押科顺公司的货物，影响科顺公司和他人的交易，具有打击科顺公司的不正当目的，主观上明显具有恶意。共利公司恶意取得并行使权利，损害了他人正当权益，扰乱市场正当竞争秩序，属于权利滥用。科顺公司为应对共利公司提起的商标侵权诉讼所支付的律师费、公证费；因共利公司的举报投诉行为导致被查封的货物损失和由此引发的案外人提起的买卖合同纠纷诉讼，为此支付的律师费；为推翻共利公司的恶意举报投诉，科顺公司向商标评审委对“CPU”商标提出无效宣告申请，以及提出行政诉讼，就此支付的商标代理机构的代理费和律师费，均属于共利公司权利滥用行为所造成的损害后果，应当予以赔偿。判决驳回上诉，维持原判。

【法官评析】

本案涉及恶意诉讼的认定以及商标权人向工商部门的举报投诉是否构成侵权，以及侵权责任的承担问题。在知识产权日益受到重视的今天，权利人滥用权利的问题在近年来也日益凸显。《国家知识产权战略纲要》明确指出：“合理界定知识产权的界限，防止知识产权滥用，维护公平竞争的市场秩序和公众合法权益。”在我国对于恶意诉讼等权利滥用行为没有明确法律规定的情况下，本案对认定恶意诉讼等滥用知识产权行为的界定进行了探索。

对于恶意诉讼，《中华人民共和国专利法》第三次修改稿中，曾试图给出规定，“专利权人或者利害关系人以损害他人利益为目的，无事实根据和正当理由而以他人侵犯其专利权为由向人民法院起诉或者请求管理专利工作的部门处理，给对方造成损失的，应当承担赔偿责任”。但上述条文没有被最终公布的专利法修正案采纳。目前仅在最高院民事案由的规定中对恶意诉讼有相关阐述，是指“当事人以获取非法或不正当利益为目的而故意提起的一个在事实上和法律上无根据之诉的行为①”。恶意诉讼是权利滥用的一种形态，其实质仍是侵权行为，判断该行为人是否应当承担侵权责任，还是应当回归侵权责任的构成要件，并结合知识产权案件的特殊性进行分析。关于一般侵权责任的构成要件，有四要件说和三要件说之争，四要件即损害、因果关系、违法性与过错②，三要件即损害、因果关系与过错③，关键在于行为违法性是一个独立要件，还是过错要件吸收行为违法性要件。从历史的发展过程来看，过错与违法性是由不加区分到予

---

① 《最高人民法院民事案由规定理解与适用》（2011 年修订版），人民法院出版社 2011 年版，第 271 页。

② 张新宝：《侵权责任法原理》，中国人民大学出版社 2005 年版，第 50 页；杨立新：《侵权法论》（第二版），人民法院出版社 2004 年版，第 140 页。

③ 王利明：《侵权行为法研究》（上卷），第 348 页。

以区分的。因此在恶意诉讼等权利滥用的案件中，采用四要件说较为适宜。在构成要件的论断过程中，宜遵循从客观要件到主观要件的过程。客观要件的分析中，可以依次考察：1. 行为违法性。2. 损害。3. 因果关系。在客观要件均满足的情况下，再考察行为人是否存在过错，即行为人主观上有无故意或过失。

一、行为违法性的判断

有观点认为，知识产权违法行为主要包括违反保护他人权利的法律、违反法定义务的法律、违反不得故意对他人利益构成损害的法律、违反保护公序良俗和社会公共利益的法律等违法行为。[①] 就恶意诉讼等权利滥用来说其违法性的判断不似典型知识产权侵权的判断，即未经许可使用他人知识产权，属于违法使用他人知识产权；其加害行为是向法院提起诉讼或请求相关行政管理部门进行处理等行为。由于行为人一般是形式上的权利人，加上知识产权法律制度本身的特点，如商标虽已获得注册，但可能存在无效事由，如实用新型专利、外观设计专利的授权不进行实质审查，权利可能存在缺陷和瑕疵，使得如何认定权利人在提起诉讼、发出侵权警告或向行政管理部门请求处理等行为不是正当维权，而是不正当地损害竞争对手，妨碍公平竞争和扰乱市场秩序等违法行为，存在一定困难，需结合主观过错予以认定。本案中，共利公司的加害行为有二：一是其起诉科顺公司商标侵权纠纷行为，二是其向嵊州市工商局进行举报，要求工商局查封科顺公司涉案货物的行为。上述行为本身难以认定其具有违法性，需结合其在行使权利时有无正当的理由和依据，有无损害他人利益的目的来加以判断。

二、损害的认定

损害事实既包括已经造成实际损失的情形，也包括尚未导致实际损失的侵害事实。就侵权赔偿责任而言，应以实际损害为要件，可以包括为应诉所支出的各项费用、被破坏交易所产生的损失等财产损害和声誉降低、情感受损等非财产损害。一般采用填平原则，也有观点认为可以引入惩罚

① 何敏：《知识产权基本理论》，法律出版社 2011 年版，第 326 页。

性赔偿。但笔者认为，民事诉讼是权利人彰显权利、保护权利的重要途径，由于恶意诉讼等权利滥用行为的认定较为复杂，我们既要防止权利滥用，也不能不当阻吓权利人依法正当维护其知识产权，故对于惩罚性赔偿的适用需慎重。在损害赔偿范围的确定上，需结合因果关系来认定。本案中，针对共利公司的两个行为，科顺公司为应对共利公司提起的商标侵权诉讼所支付的律师费和公证费，属于诉讼的合理支出项。共利公司的举报投诉行为导致科顺公司为履行与案外人原潮公司合同而生产的货物被查封，该批货物后因过保质期无法使用，造成了货物损失。同时，因该批货物被查封而致使科顺公司未能按期向原潮公司交货，引发了原潮公司就此提起了买卖合同纠纷诉讼，科顺公司为应对该诉讼所支付的律师费，也是共利公司的举报投诉行为造成的经济损失。为推翻共利公司的恶意举报投诉，科顺公司向商标评审委对“CPU”商标提出无效宣告申请，以及提出行政诉讼，就此支付的商标代理机构的代理费和律师费，亦属于共利公司的举报投诉行为造成的损害后果。

三、因果关系的认定

行为人的加害行为与损害结果须有因果关系。在恶意诉讼等权利滥用引发的侵权责任纠纷中，重点考量赔偿范围方面的因果关系。一般而言，为应对在先诉讼所支出的相应诉讼费用应该说与行为人提起诉讼之间具有因果关系，毕竟如行为人不提起该诉讼，则无需耗费相应支出。本案中，对商标权人向工商部门的举报投诉导致相关货物被查封，也应认为被查封的货物与行为人的投诉行为具有因果关系。该批货物的查封导致科顺公司无法按约交货，就此引发的原潮公司诉科顺公司买卖合同纠纷，科顺公司为应对该诉讼所支出的律师费与共利公司的投诉行为亦具有因果关系。科顺公司在商标无效宣告、行政诉讼案件及本案中支付的代理费、律师费，系为推翻共利公司在工商部门的举报投诉，维护自身的合法权益所支出的合理费用，与共利公司的投诉行为同样具有因果关系。

四、主观过错

主观恶意，即提出请求的一方当事人明知其请求缺乏正当理由，以有悖于权利设置时的目的的方式，不正当地行使权利，意图使另一方当事人受到财产或信誉上的损害。笔者认为该主观过错应限于故意，而非过失和重大过失。如果行为人在起诉时只是为了保护自己的合法利益，由于主观意志以外的原因导致诉讼错误，或者因为诉讼过程中的举证不能而导致败诉，不应当承担恶意诉讼的侵权责任。因此当事人的主观过错，是否存在恶意，是认定恶意诉讼等权利滥用是否成立的最关键因素。可以从以下因素考量：

1. 行为人是否具有维权的权利基础。需要明确的是，缺乏权利和事实基础不一定构成恶意诉讼等权利滥用。若原本具有商标权、专利权等权利基础，但在无效程序中，该权利发生了变动，被宣告全部无效或部分无效，由于审查的结论往往超过申请人的预期或认识范围，行为人基于原权利基础提起诉讼或采取其他维权行为，一般不认定为恶意①。但如果在上述情况下，权利人明知自己的权利存在问题，仍以不存在的权利为基础提起诉讼，一般可认为恶意。相反，有权利和事实基础也不意味着一定不构成恶意诉讼等权利滥用。若其本着侵犯他人或国家的合法权益之目的恶意行使权利，仍有可能构成权利滥用。

（1）行为人权利基础的取得具有不正当性。如抢注取得的商标权、以欺骗手段或其他不正当手段取得的商标权；又如明知是现有技术或现有设计，将其申请专利获得授权的。本案中，共利公司的商标申请注册之前，多本高等教育基础教材及工具书记载“通过浇注工艺加工而成的聚氨酯称为浇注型聚氨酯弹性体（CPU）或浇注型聚氨酯（CPU）”。中国塑料加工工业协会聚氨酯制品专业委员会及中国聚氨酯工业协会亦均认为，“CPU”在聚氨酯行业内是指浇注型聚氨酯弹性体或浇注型聚氨酯。故“CPU”是“浇注型聚氨酯”的通用名称，其被广泛使用于防水卷材和涂层等商品。共利公司作为防水卷材的生产、销售商亦自认其在申请注册“CPU”商标时明知该事实，故其将行业内公有领域的通用名称申请注册商标主观上存

① 浙江省玉环县人民法院（2016）浙 1021 民初 6977 号民事判决书。

有恶意。

（2）权利取得之后的行使违背了法律目的。以商标为例，商标权的注册和行使都是围绕能够产生商业利益之商标的实际使用开展的。若商标权人在注册商标之后，不以商标的实际使用为目的，而是企图借助诉讼或打击竞争对手等方式谋取利益，就有可能构成恶意诉讼等权利滥用的行为。本案中，共利公司在商标注册之前对“CPU”的使用主要作为产品名称及相关型号的使用，并未作为商标使用；在“CPU”商标获准注册后，亦较少将其作为商标使用，但在不久后就开始了针对科顺公司的维权行为。因此共利公司注册“CPU”商标的主要目的不在于自身的使用，该行为难谓正当。

2. 行为人提起诉讼等行为超出了诉讼本身等权利保护范围和行使方式，即行为人的行为具有其他不正当目的。如利用诉讼手段拖住竞争对手的正当交易；利用诉讼的负面影响来损害竞争对手的声誉和企业形象等。本案中，共利公司在申请商标时已经知道科顺公司在此之前使用了将“CPU”作为产品名称的一部分使用。科顺公司被共利公司起诉和投诉的行为均系对“CPU”的正当使用行为，即其使用系为表明其产品的主要原材料成分和生产工艺，并非作为商标使用。共利公司以非善意取得的商标权为权利基础对科顺公司的正当使用行为提起侵权之诉以及向工商行政部门投诉并出具《承诺书》，通过查封扣押科顺公司的货物，影响科顺公司和他人的交易，具有打击科顺公司的不正当目的，主观上明显具有恶意。

（李臻　作者单位：浙江省高级人民法院）

42

商业秘密侵权行为的民事责任

——浙江新和成股份有限公司诉福建省海欣药业股份有限公司等侵害技术秘密纠纷案

【案号】

一审：（2014）浙绍知初字第500 号

二审：（2017）浙民终123 号

【裁判要旨】

1. 在侵害商业秘密案件中，如果权利人主张的商业秘密或者被诉侵权行为是否成立处于不确定状态，需要法院深入审理才能做出判断的，法院可以在庭审结束后甚至作出一审判决的同时采取行为保全措施，禁止被诉侵权人实施侵害商业秘密的行为。2. 对于步骤较多的生产方法类技术秘密，在确定损害赔偿数额时，应当考虑被诉侵权人泄露或者使用的该部分生产工序在整个生产流程中的重要性比例，以此确定涉案技术秘密对产品利润的贡献率。3. 侵害他人商业秘密恶意明显，侵权情节及后果严重的，可以适用惩罚性赔偿的规定，在充分弥补权利人损失的同时，依法对恶意侵权行为予以制裁。

【案情介绍】

福建省福抗药业股份有限公司（以下简称福抗公司）为开展维生素 E 生产项目，向浙江新和成股份有限公司（以下简称新和成公司）员工俞某购买技术信息，俞某遂将其在工作期间接触到的维生素 E 中间体——橙花叔醇生产技术信息以60万元的价格出售给福抗公司。此后，俞某跳槽至福抗公司担任副总经理，并将其从山东新和成公司私自拷贝的606车间技术资料以及从该公司车间主任梁百安处偷拷的603车间技术资料使用于福抗公司维生素E中间体的研发中。海欣公司成立后，福抗公司的维生素E项目组转移至海欣公司，俞某也跳槽至海欣公司担任副总经理。海欣公司明知俞某和福抗公司的上述违法行为，仍然使用俞某设计的工艺流程图、设备条件图等进行工程设计，并使用涉案技术秘密生产了大量维生素E产品。

新和成公司认为福抗公司、海欣公司、俞某共同侵害其技术秘密，诉请停止侵害，连带赔偿经济损失5000万元和合理开支100万元。

【裁判结果】

浙江省绍兴市人民法院认为，新和成公司对涉案商业秘密的载体、具体内容、商业价值和采取的具体保密措施等商业秘密符合法定条件的事实进行了举证，其所主张的维生素E中间体的生产方法、工艺及根据生产方法和工艺而定制的专用设备属于技术秘密。俞某在新和成公司工作期间，接触到了涉案技术秘密，其将该部分秘密出售给福抗公司，属于违反约定，披露、擅自允许他人使用其所掌握的商业秘密的行为；其从梁百安处偷拷技术秘密的行为，属于以盗窃的不正当手段获取新和成公司商业秘密的行为；其到福抗公司、海欣公司工作以后，又将窃取的涉案技术秘密使用到福抗公司、海欣公司的维生素E中间体的研发和应用之中，属于披露、使用和允许他人使用以盗窃方式所获技术秘密的行为。福抗公司为研制维生素E及其中间体技术，采取让其工作人员擅自接触时为新和成公司员工的俞某，到新和成公司验证俞某技术资料的可行性，并以公司小金库的支出方式购买俞某所掌握的技术，该行为属于以不正当手段获取新和成公司涉案技术秘密的行为。福抗公司将从俞某所购技术应用到公司研发中，在海欣公司成立后，又披露、允许海欣公司使用，属于披露、使用或者允许他人使用以不正当手段获取的权利人的商业秘密之行为。海欣公司明知涉案商业秘密系俞某和福抗公司采取不正当手段获取而来，仍积极使用，并大规模生产，其行为亦属于法律规定的侵权行为。三被告的行为构成侵权，应当承担停止侵害和赔偿损失的民事责任。本案可以按照侵权人因侵权所获得的利益的方法确定补偿性赔偿的数额。根据从海关和税务部门调取的被诉产品销售数额，乘以权利人相应年份的产品毛利率，再乘以涉案技术在整个维生素 E 生产工序中的泄密比重 51%，由此计算出被诉侵权人因侵权所获的营业利润。同时，考虑到三被告侵害他人技术秘密恶意明显，侵权情节及后果严重，故最终适用惩罚性赔偿方式确定损害赔偿数额 3500 万元及合理费用 22 万元。此外，一审法院考虑到从海欣公司自批量生产开始到本案判决前夕，一直在持续大规模销售维生素 E 产品，故在作出一审判决的同时，还采取了行为保全措施，责令海欣公司立即停止使用涉案技术秘密生产维生素 E 产品的行为。

福抗公司、海欣公司、俞某均不服一审判决，提起上诉。浙江省高级人民法院二审判决：驳回上诉，维持原判。

【法官评析】

本案是一起重大的侵害技术秘密纠纷，所涉维生素 E 中间体的工艺流程和专用设备具有极高的商业价值。诉讼标的额达 5100 万元，法院最终判决三被告连带赔偿原告 3500 万元经济损失及 22 万元合理费用，是迄今为止判赔数额最高的商业秘密案件。本案涉及商业秘密纠纷审理中的多个热点难点问题，囿于篇幅，仅择其中的侵权责任承担问题加以评析。

一、商业秘密停止侵害责任的适用

在侵害商业秘密案件中适用停止侵害的民事责任，除应当考虑停止侵害的必要性、销毁生产模具的范围等知识产权侵权案件涉及的共性问题外，还应当注意到此类案件的特殊性，考虑以下几个问题。

（一）停止侵害的范围和期限

《最高人民法院关于审理不正当竞争民事案件应用法律若干问题的解释》第十六条规定："人民法院对于侵犯商业秘密行为判决停止侵害的民事责任时，停止侵害的时间一般持续到该项商业秘密已为公众知悉时为止。依据前款规定判决停止侵害的时间如果明显不合理的，可以在依法保护权利人该项商业秘密竞争优势的情况下，判决侵权人在一定期限或者范围内停止使用该项商业秘密。"据此，商业秘密案件中停止侵害的时间并不是一律持续到该项商业秘密已为公众知悉时为止。为平衡商业秘密权利人和社会公众之间的利益，在特殊情况下，可以判决侵权人在一定期限或者范围内停止使用。比如，一项商业秘密比较简单，本领域的相关人员通过自身努力可以在一定时间内取得的，可以判决侵权人在一定期限内禁止使用；或者此项商业秘密仅在一定范围内具有竞争优势，超出该范围不会损害原告竞争利益的，可以判决侵权人在一定范围内禁止使用。但就本案商业秘密而言，是需要耗费大量人财物力，经过长期研发和生产经验的积累才可能获得的工艺诀窍，不属于上述例外情形，故法院在判项中明确"停止侵害的时间持续到该商业秘密已为公众所知悉时止"。

（二）销毁措施的适用条件

销毁措施是停止侵害民事责任的具体实现方式之一。在商业秘密案件中，原告诉请销毁的对象主要包括文档、光盘等商业秘密载体、使用涉案商业秘密进行生产时所需的专用设备，以及使用涉案商业秘密直接获得的侵权产品。销毁载体和专用设备是制止侵权行为继续发生的必要手段，在侵权成立的前提下应予支持，但对于销毁侵权产品的诉请，法院应持慎重态度。一般而言，在侵害技术秘密案件中，判令被告停止使用以及销毁商业秘密载体和专用设备，已足以制止侵权行为，因此，出于避免造成社会资源浪费的考量，法院可以通过提高损害赔偿数额的方式弥补权利人损失，而不采取销毁侵权产品的民事责任承担方式。

（三）采取行为保全措施的条件和时间

从以往的司法实践来看，侵害商业秘密案件的胜诉率比其他知识产权案件低，尤其是权利人主张的信息是否属于商业秘密往往处于不确定状态，需要法院经过庭审、鉴定、技术咨询等多个环节才能形成倾向性意见。因此，有观点认为，商业秘密案件不具备临时禁令所要求的“存在胜诉可能性”的先决条件，在此类案件中采取临时禁令，可能造成原、被告之间利益的较大失衡。[①] 对此，笔者认为，对于是否采取行为保全措施，应当坚持个案审查原则。虽然总体而言，商业秘密案件的胜诉率较低，但并不排除在某些案件中，法院能够较为容易地得出“胜诉可能性较大”的结论。尤其对于诉中行为保全，当事人在立案后、判决生效前均可申请，因此法院即使在收案之初难以判断胜诉可能性，但随着审查的深入，倾向性意见逐渐形成，对行为保全申请也就更容易进行审查判断。在本案中，一审法院就突破了以往在开庭前即采取行为保全的常规做法，在作出一审判决的同时，依当事人申请作出行为保全裁定。一方面，法院在此时已通过审理得出了确切的判断，保全错误的可能性大大降低；另一方面，由于被告之一海欣公司自批量生产开始到一审判决前夕，一直在持续大规模地销售被诉侵权产品，一审判决送达后其行为很可能依然持续，从而导致原告市场份额不断萎缩的后果，故即使一审判决已经做出，采取行为保全措施仍具有必要性。

二、商业秘密损害赔偿数额的认定

侵害商业秘密行为的损害赔偿数额，可以参照侵害专利权的损害赔偿额的方式进行，即可以按照实际损失、侵权获利或者许可使用费的合理倍数计算赔偿数额，如果这三项数额均无法查明的，则可以适用法定赔偿方式。

（一）评估的许可使用费能否作为认定赔偿数额的依据

本案中，权利人为证明损害赔偿数额提交了资产评估公司出具的评估报告，该报告对涉案技术秘密的研发成本和许可使用费损失进行了评估。首先，对于能否以研发成本计算损害赔偿数额的问题，由于涉案技术秘密

---

① 孔祥俊主编：《商业秘密司法保护实务》，中国法制出版社 2012 年版，第 193 页。

并未因侵权行为而公开，原告在侵权行为发生后仍然可以通过实施该项技术秘密获得竞争优势，因此不应以整体技术的研发成本计算赔偿数额。其次，根据许可使用费计算知识产权侵权赔偿数额是各国普遍采用的方式之一，主要有两种计算方法：如果涉案当事人或者有类似知识产权的其他权利人已经实际许可他人使用其知识产权的，可以按照已经发生的、可类比的许可费计算赔偿数额；如果相关市场上的权利人均没有许可他人使用的，则按“假定的许可使用费”计算，即假设许可人与被许可人合理地、自愿地努力达成协议，双方在未发生侵权时会达成的许可费数额。我国《专利法》第六十五条关于“参照该专利许可使用费的倍数合理确定”的规定，并未明确“许可使用费”是否包括假定的许可使用费。对此，主流观点持否定态度：虽然此处的许可使用费并非必须是原告在诉讼前就涉案专利与他人达成的许可使用费，但当事人至少应该提交相同行业或技术领域中同类相关专利已经实际发生的许可使用费证据。[①] 笔者认为，如果资产评估行业对于许可使用费的评估方法已经形成基本共识，能够论证其评估方法的合理性的，那么根据有资质的机构评估而得的许可使用费确定赔偿数额，未尝不是一种有益的尝试，能够从经济分析的角度反映知识产权的市场价值。但在本案中，鉴于一审法院在审理过程中已经调取到了海欣公司在海关和税务局的确切出口信息和发票信息，因此未采纳评估的许可使用费证据，而是以侵权获利方式计算赔偿数额，事实依据更为充分。

（二）认定赔偿数额时应考虑涉案技术的利润贡献率

在本案中，从海关和税务部门调取的材料能够清楚反映侵权产品的销售数额，并且显示海欣公司所售几乎全部为维生素 E 产品。鉴于海欣公司不愿意提交其营业利润率，故法院将相关鉴定报告显示的权利人（上市公司）相应年份的产品毛利率视为侵权产品的营业利润率。此外，本案技术

---

① 孔祥俊主编：《最高人民法院知识产权司法解释理解与适用》，中国法制出版社 2012 年版，第 37 页。

秘密仅涉及维生素 E 生产流程中的部分环节，使用该技术秘密产出的是维生素 E 中间体，而非维生素 E 成品，因此法院还着重考虑了涉案技术秘密在维生素 E 制备过程中的利润贡献率。但是，由于维生素 E 生产工序是一套完整的生产体系，无法用数字准确衡量各工艺步骤在整套工艺中的重要性，只能通过工艺步骤数的占比大致体现涉案技术秘密在维生素 E 制备过程中的利润贡献率。法院最终按照工艺步骤数占比确定涉案技术秘密的利润贡献率为 51%，由此计算出被告因侵权所获的营业利润，未去掉发票负数部分为 25824410 元，去掉发票负数部分为 15461865 元（被告的发票有部分为负数，但被告无法对该部分予以合理说明）。

（三）惩罚性赔偿在商业秘密案件中的适用

在知识产权领域，《商标法》明确规定了惩罚性赔偿制度，《著作权法（修订草案送审稿）》和《专利法修正案（草案）》也都拟定了惩罚性赔偿条款。在商业秘密案件中适用惩罚性赔偿确实在一定程度上突破了现行法的规定。但是，本案被告系故意侵权、制造销售规模大、销售地域范围广、持续时间长、使用的技术涉及新和成公司的核心技术秘密且与涉案秘点相同，并且存在不诚信诉讼、拖延诉讼的行为。综合上述因素，法院认为，仅将被告获利作为损害赔偿数额远不足以震慑此等恶意侵权行为，故应在本案中类推适用《商标法》关于惩罚性赔偿的规定，最终在侵权获利数额的基础上提高赔偿数额至 3500 万元，在充分弥补权利人损失的同时，依法对恶意侵权行为予以了制裁。

（何琼　作者单位：浙江省高级人民法院）

43

运用证据规则破解知识产权侵权赔偿认定难

——珠海格力电器股份有限公司诉宁波奥克斯空调有限公司、广州市国美电器有限公司侵害实用新型专利权纠纷案

【案号】

一审：（2016）粤73民初2495号

二审：（2018）粤民终1198号

【裁判要旨】

在侵权人无正当理由拒不提供能够证明其制造、销售被诉侵权产品获利情况所涉的相关证据应承担举证妨碍责任的前提下，法院应综合考虑权利人举证的关于侵权人销售被诉侵权产品的时间段、数量、单价、利润率、涉案专利权对于侵权获利的贡献率以及权利人的维权合理开支等方面证据，对权利人索赔数额的合理性进行分析评判，最终确定赔偿金额。

【案情介绍】

珠海格力电器股份有限公司（以下简称格力公司）是专利号为ZL201520297431.9、名称为“空调器室内机”实用新型专利的专利权人，格力公司主张以根据原权利要求1－2、4－5、7－10、12－15修改后新的权利要求1－9来确定本案专利权的保护范围。宁波奥克斯空调有限公司（以下简称奥克斯公司）制造及销售的、广州市国美电器有限公司（以下简称国美公司）销售的型号为KFR－26GW/BpX700（A2）的空调器所采

用的技术方案落入了格力公司上述专利权的保护范围；同时，奥克斯公司提交了申请号为200680049181.0、名称为“空调的室内单元”的发明专利申请公布说明书作为对比文件主张现有技术抗辩不能成立。关于赔偿的经济损失及合理费用，法院依格力公司申请责令奥克斯公司限期提交计算其制造、销售被诉侵权产品获利情况所涉的数据及相关证据，奥克斯公司没有提交相关证据，仅在庭审及回复中作出当事人陈述；格力公司主张根据“奥克斯公司销售被诉侵权产品的数量×被诉侵权产品的单价×利润率”计算奥克斯公司制造、销售被诉侵权产品的侵权获利，再结合涉案专利权在实现侵权获利的贡献率以及权利人维权合理支出计算出奥克斯公司在本案中的赔偿数额。

【裁判结果】

广州知识产权法院作出一审民事判决：判决奥克斯公司、国美公司停止销售侵权产品，奥克斯公司赔偿格力公司经济损失及维权合理支出共300 万元。奥克斯公司不服一审判决提起上诉，广东省高级人民法院作出民事判决：驳回上诉，维持原判。

【法官评析】

鉴于侵权人无正当理由拒不提供能够证明其制造、销售被诉侵权产品获利情况所涉的相关证据，导致法院无法查明其侵权获利，应由其承担举证妨碍责任。在此大前提下，法院综合考虑权利人举证的关于侵权人销售侵权产品的时间段、数量、单价、利润率、涉案专利权对于侵权获利的贡献率以及权利人维权合理开支等方面证据，对权利人索赔数额的合理性进行分析评判，全额支持了权利人的诉讼请求，是破解知识产权侵权赔偿认定难的典型案例。关于索赔数额的合理性分析评判如下：

1. 关于奥克斯公司销售被诉侵权产品的数量。

（1）关于被诉侵权产品的销售时间段，格力公司主张本案确定侵权赔偿的时间段是2016年1月至2017年8月，根据本案查明的事实，被诉侵权产品是2015年11月制造的，格力公司公证购买的时间是2016年11月，且奥克斯公司至今也没有提交证明其已停止销售被诉侵权产品的证据，因此格力公司主张自2016年1月至2017年8月为确定本案侵权赔偿的时间段，法院予以支持。

（2）关于2016年1月至2017年8月奥克斯公司销售被诉侵权产品的数量：第一，奥克斯公司称其仅制造、销售了1000余台被诉侵权产品，既没有提交证据证明、数量也不符合常理，法院对该陈述不予采信；第二，对于《中国家用空调产销月报》，根据产业在线的网站介绍、该月报持续作出的时间跨度、格力公司与北京智信道科技有限公司签订的《信息报告服务协议》以及该月报所包含的“统计数据包括格力、美的、海尔、奥克斯、TCL、志高、长虹等多个品牌的空调，主要通过与空调上游企业（压缩机、电机、铜管、铝箔）进行的公开的交流沟通来获取数据，报告的数据是从制造企业出货的角度来监控”等内容介绍，可以证明《中国家用空调产销月报》所统计的数据具有一定的客观性，若奥克斯公司认为该月报所记载的生产、销售数据远高于其实际情况，完全可以提交相反证据予以反驳；在奥克斯公司拒绝提交证明被诉侵权产品具体销售数量的证据情况下，奥克斯公司每种型号空调产品的平均销售数量可以作为被诉侵权产品具体销售数量的参考。

2. 关于被诉侵权产品的单价，格力公司于2016年11月通过公证购买被诉侵权产品的单价为2999元；此外，广州晶东贸易有限公司发票上载明被诉侵权产品的单价均为3599元。按上述两项价格的平均值则被诉侵权产品的单价为3299元。

3. 关于奥克斯公司销售被诉侵权产品的利润率，格力公司提交了其2016年的年度报告和2017年的半年度报告，证明其2016年和2017年的平均利润率大约为14%；奥克斯公司则辩称其利润率为3%－4%。

4. 关于涉案专利权对于侵权获利的贡献率问题。根据《最高人民法院关于审理侵犯专利权纠纷案件应用法律若干问题的解释》第十六条的规定，人民法院根据专利法第六十五条第一款的规定确定侵权人因侵权所获得的利益，应当限于侵权人因侵犯专利权行为所获得的利益；因其他权利所产生的利益，应当合理扣除。由于本案与其他案存在同一被诉侵权产品侵害不同专利权的情况，因此在根据侵权产品的获利数额确定赔偿数额时，应当考虑涉案专利权在实现侵权获利的贡献率。此外，格力公司的涉案专利权已经过无效宣告审查程序，足以证明格力公司的涉案专利与现有技术相比具有创造性，其实质性的特点和进步会对空调企业实现利润产生重要贡献。因此，法院将在充分考虑各方面因素的基础上，合理确定涉案专利权在实现侵权获利的贡献率。

5. 关于合理支出。律师费法院全部予以支持，公证购买被诉侵权产品的费用及公证费是多起侵权诉讼中共同支出的费用，应当进行相应折算。格力公司自行购买被诉侵权产品两台的费用以及自行委托鉴定的费用，不属于为制止侵权行为发生的必要合理支出，法院不予支持。

结合以上五部分来分析格力公司索赔数额的合理性，当根据《中国家用空调产销月报》所统计的数据以及奥克斯公司自述的在售空调型号数量、被诉侵权产品的单价按照平均值进行计算时，奥克斯公司在 2016 年全年销售被诉侵权产品的销售金额超过 1.2 亿元，奥克斯公司在 2017 年 1－8 月销售被诉侵权产品的销售金额超过 1.45 亿元，合计超过 2.65 亿元。基于此，即使合理的利润率按照奥克斯公司自述的 3%－4% 的中间值 3.5% 计算，2016 年 1 月至 2017 年 8 月奥克斯公司销售被诉侵权产品的获利超过 900 万元；若合理的利润率按照格力公司所主张的 14% 计算，则 2016 年 1 月至 2017 年 8 月奥克斯公司销售被诉侵权产品的获利将超过 3600 万元。况且，上述奥克斯公司销售被诉侵权产品的获利数额是根据奥克斯公司自述的其在售空调型号数量为 200 种计算所得，而格力公司对于该数量的主张则是 80 种，因此假如奥克斯公司在售的空调型号数量少于 200 种，则上述数额仍有上浮空间。当然，若根据上述奥克斯公司销售被诉侵权产品的获利数额来对格力公司索赔数额的合理性进行分析评判，还应当结合涉案的专利权在实现侵权获利的贡献率、格力公司为制止侵权行为的合理支出等因素进行考虑。

综上所述，由于奥克斯公司在法院根据《最高人民法院关于审理侵犯专利权纠纷案件应用法律若干问题的解释（二）》第二十七条的规定责令其提交证明涉案侵权获利相关证据的情况下，无正当理由拒不提供其掌握的上述关键证据，而该部分证据恰恰可以证明奥克斯公司侵权获利的真实情况，据此奥克斯公司应承担举证妨碍责任。基于此，并结合上述针对格力公司索赔数额的合理性分析评判所考虑的因素，法院认为格力公司在本案中向奥克斯公司所主张的赔偿数额300万元，合法有据，并未超出合理范围，予以全部支持。

（朱文彬　作者单位：广州知识产权法院）

44

诚实信用原则在划定专利权边界中的作用

——日本大自达电线股份有限公司与广州方邦电子股份有限公司侵害发明专利权纠纷案

【案号】

一审：(2017) 粤73民初263号

二审：(2017) 粤民终2363号

【裁判要旨】

法院在对权利要求进行解释时，除了应当运用说明书、附图及其他相关权利要求以外，还应当结合专利审查档案进行解释。权利人在侵权诉讼中主张与申请时所同意的审查意见相左的意见，明显有违诚实信用原则的，即使不涉及根据禁止反悔原则限制等同原则适用的特定情形，亦不应得到法院的支持。

【案情介绍】

2010年2月3日，大自达系统电子株式会社（下称大自达株式会社）向国家知识产权局提交了一件名为“印刷布线板用屏蔽膜以及印刷布线板”的发明专利申请。在提交原始申请文件后，大自达株式会社对专利申请权利要求进行了修改。此后，国家知识产权局数次作出审查意见通知书，大自达株式会社相应地对权利要求进行了修改。2012年10月17日，涉案专利申请人由大自达株式会社变更为大自达公司。2012年11月28日，国家知识产权局就涉案专利申请发布授权公告（专利号：ZL200880101719.7），专利权人为大自达公司。成立于2010年12月的方邦公司，是国内知名电磁屏蔽膜制造商，制造、销售了型号为HSF6000－2等8款屏蔽膜产品。2013年至2016年，方邦公司就上述8款产品获得销售毛利润3.05亿余元。然而，这8款产品却引发了一起巨额专利诉讼。2017年1月，大自达公司以上述8款产品落入了涉案专利权利要求8－10，构成专利侵权为由，将方邦公司起诉至广州知识产权法院，请求法院判令方邦公司销毁用于生产上述产品的设备和模具，以及销毁所有库存涉嫌侵权产品，并赔偿经济损失9200万元、合理维权费用72万元。

【裁判结果】

广州知识产权法院认为，本案的争议焦点是：（一）如何解释涉案专利权利要求8中关于第一金属层以波纹结构的方式形成这个技术特征，从而确定大自达公司涉案专利权的保护范围。（二）被诉侵权技术方案是否包含与“第一金属层以沿着所述绝缘层的所述单面表面成为波纹结构的方式形成”的技术特征相同或等同的技术特征，从而确定被诉侵权技术方案是否落入大自达公司涉案专利权的保护范围。法院在对权利要求进行解释时，除了应当运用说明书、附图及其他相关权利要求以外，还应当结合专利审查档案进行解释，并且说明书、附图、其他相关权利要求以及专利审查档案对于权利要求的解释作用，优于工具书、教科书等公知文献以及本领域普通技术人员对权利要求含义的通常理解，后者仅在前者不足以明确权利要求时起补充解释的作用。虽然方邦公司制造、销售、许诺销售了被诉侵权产品，但由于被诉侵权技术方案未包含“第一金属层以沿着所述绝缘层的所述单面表面成为波纹结构的方式形成”的技术特征，未落入涉案专利权的保护范围，因此方邦公司的行为不构成侵权，对于大自达公司在本案中提出的全部诉讼请求，广州知识产权法院均不予支持，并于2017年7月21日作出（2017）粤73民初263号民事判决：驳回大自达公司的全部诉讼请求。宣判后，大自达公司不服，向广东省高级人民法院提起上诉。广东省高级人民法院于2018年3月26日作出（2017）粤民终2363号民事判决：驳回上诉，维持原判。

【法官评析】

党的十九大报告指出，我国经济已经由高速增长阶段转向高质量发展阶段。这个阶段我国企业需要重点攻关之一的就是在高科技的关键领域实现核心技术的自主创新和突破。本案诉讼所涉的情形是，在电磁屏蔽膜行业全球市场规模排名靠前的中国企业制造、销售的产品中使用的核心技术属于我国企业自主创新还是侵害日本企业发明专利权的问题，涉案索赔金额高达9200余万元，案件结果会给全球相关行业格局带来深远影响。法院经过证据保全、传唤鉴定人、开庭审理、咨询技术调查官等合法程序，平等对待国内外当事人，依法保护双方在诉讼中的权利，公正审慎地进行审理。

在审理中对于争议焦点即发明专利权利要求的解释，法院综合运用“（专利文本）内部解释”“外部解释”“历史解释”“诚实信用原则”等多方规则进行审查。严格审查涉案专利审查档案的内容，审查申请人在专利申请过程中对于专利权保护范围所作的真实意思表示和客观行为，确定国家知识产权局与申请人在划定专利权边界上达成了何种一致意见。在申请发明专利的过程中，申请人如不接受相关审查意见，应当详细地做出相应说明回应，或者在进一步修改时清晰、合理地对相关技术特征进行限定或解释；申请人在专利申请过程中接受了相关审查意见并以此为基础获得专利授权，则其在侵权诉讼中提出与申请时所同意的审查意见相左的意见，明显有违诚实信用原则的，不应得到支持。基于此，法院从专利文本对社会公众形成的公示作用角度，认为侵权判定过程中的专利权保护范围必须符合专利权产生时所公示的边界，必须符合国家授予和保护这种专有权利的初衷，从而阻却专利权人在申请环节与维权环节“两头得利”导致的对技术的不当垄断，保障社会公众在专利权保护范围之外的技术运用、以及后续技术创新的合理空间。该案彰显了司法权护航新兴产业、繁荣技术创新市场的信心和能力。

（朱文彬　作者单位：广州知识产权法院）

45

关于国内完成的发明创造在国外申请专利时发明人能否适用中国法获得发明人报酬的问题

——吴某庆与希美克（广州）实业有限公司、BETTELI LIMITED职务发明创造发明人报酬纠纷案

【案号】

一审：（2016）粤 73 民初 1721 号

二审：（2018）粤民终 1824 号

【裁判要旨】

职务发明创造与发明专利权应有所区别，发明人报酬的立足点在于发明人在中国境内完成职务发明创造且用人单位通过实施职务发明创造获利；因此发明人在国内完成的发明创造，即使用人单位授权第三人在国外申请专利，发明人也能适用中国法向用人单位主张发明人报酬，但发明人不应向用人单位以外的第三方主张发明人报酬。

【案情介绍】

吴某庆在希美克（广州）实业有限公司（以下简称希美克公司）工作期间，完成了“防止锁闭的防风门插芯锁”的职务发明创造。2003年12月5日，吴某庆签署了专利申请权转让书，向BETTELI转让涉案职务发明创造在美国、美国领属地以及所有外国的与发明有关的一切权益。但是，BETTELI就专利申请权转让未向吴某庆或希美克公司支付过转让对价。BETTELI于2003年12月9日将涉案职务发明创造在美国申请发明专利，发明人列明为吴某庆。希美克公司和BETTELI未将涉案职务发明创造在美国以外的国家申请过其他专利。其后BETTELI委托希美克公司在中国境内制造使用涉案专利的产品，然后希美克公司再全部出口至美国提供给BETTELI进行销售；BETTELI称由于涉案专利对应技术在中国境内未申请专利权，因此无需就希美克公司的生产行为进行专利授权许可，希美克公司和BETTELI之间是通过订单方式完成委托生产并出口的。吴某庆多次要求希美克公司支付职务发明的发明人报酬，希美克公司以该专利属于国外专利为由拒绝，吴某庆因此起诉至法院要求希美克公司和BETTELI支付发明人报酬。

【裁判结果】

广州知识产权法院作出一审民事判决：希美克公司向吴某庆支付发明人报酬30万元；驳回吴某庆的其他诉讼请求。希美克公司不服一审判决提起上诉，广东省高级人民法院作出民事判决：驳回上诉，维持原判。

【法官评析】

一般而言，职务发明创造发明人报酬是由于发明人与其用人单位之间因雇佣劳动关系而产生的，用人单位在中国申请专利并实施获利后，依照我国专利法及实施细则的规定应当给予发明人报酬。本案情形是在中国境内完成的职务发明创造，在外国申请获得专利权而未在中国申请专利，发明人能否依据中国专利法主张发明人报酬的纠纷。法院在法律适用上既准确把握了发明人报酬相关规定的立法本意，指出发明创造与发明专利权应有所区别，发明人报酬的立足点在于发明人在中国境内完成职务发明创造且用人单位通过实施职务发明创造获利；又在其法律适用的外延上进行了创新，将发明人报酬规定的适用范围涵盖了国内完成职务发明创造后到外国申请专利的情形。因此，案件处理体现公平正义，具有典型及开拓意义，具体如下：

一、发明人在国内完成的发明创造在国外申请专利能否适用中国法获得发明人报酬

专利法第六条第一款规定：执行本单位的任务或者主要是利用本单位的物质技术条件所完成的发明创造为职务发明创造。职务发明创造申请专利的权利属于该单位；申请被批准后，该单位为专利权人。专利法第十六条规定：发明创造专利实施后，被授予专利权的单位根据其推广应用的范围和取得的经济效益，对发明人或者设计人给予合理的报酬。从上述法条的规定可知，职务发明创造是基于用人单位与发明人之间的劳动雇佣关系而产生的；用人单位在职务发明创造专利实施获利后，应当给予发明人报酬。因此职务发明创造的发明人获得报酬的基本要件应当是发明人在中国境内的用人单位完成职务发明创造，并且用人单位通过实施该职务发明创造而获利。本案这种关联公司之间先行转让专利申请权、而后委托制造专利产品的方式，令涉案职务发明创造在美国获得授权并公开，由于新颖性问题已不可能在中国继续申请发明专利；同时希美克公司在中国境内却依

然可以根据 BETTELI 的委托实施发明创造生产专利产品从而获得实际利益，达到其将发明人作出重要贡献的涉案发明创造在中国申请专利后实施获利的相同效果。因此，若以涉案专利属于美国专利为由认定不应适用我国法律关于职务发明创造发明人报酬的规定，对于发明人显失公平，也纵容了用人单位此种实际获利同时规避支付发明人报酬的行为。因此，对于吴某庆提出的职务发明创造发明人报酬之诉讼请求，本案诉讼应当适用中国法。

二、发明人能否向用人单位以外的第三方主张发明人报酬

专利法规定的职务发明创造是基于用人单位与发明人之间的劳动雇佣关系而产生的，发明人基于劳动合同，按照用人单位的要求履行本职工作；而用人单位则依据与发明人的合同约定或者专利法关于职务发明报酬的相关规定，给予发明人报酬。因此，专利法第十六条所规定的“被授予专利权的单位”不应理解为现在的专利权人，而应理解为与发明人有劳动雇佣关系，且在职务发明创造完成时本应依法享有专利申请权的用人单位。至于用人单位将专利申请权转让给第三人或者在获得专利权后转让给第三人的情况，参照《中华人民共和国合同法》第三百二十六条关于“法人或者其他组织应当从使用和转让该项职务技术成果所取得的收益中提取一定比例，对完成该项职务技术成果的个人给予奖励或者报酬”之规定以及《中华人民共和国促进科技成果转化法》第四十五条第一款第（一）项规定，科技成果完成单位未规定、也未与科技人员约定奖励和报酬的方式和数额的，将该项职务科技成果转让、许可给他人实施的，从该项科技成果转让净收入或者许可净收入中提取不低于百分之五十的比例对完成、转化职务科技成果做出重要贡献的人员给予奖励和报酬，在职务发明创造发明人报酬的法律关系中承担支付发明人报酬的责任主体依然是用人单位，而非受让专利申请权或专利权的第三人。假设第三人对于用人单位向发明人履行上述债务存在侵害债权的客观行为及主观过错，发明人可在用人单位确实无法履行支付发明人报酬之债的损害结果已发生的前提下，另向第三人主张侵权之诉。

三、关于发明主张的一次性报酬的诉讼时效问题

《中华人民共和国专利法实施细则》第七十八条规定，被授予专利权的单位未与发明人、设计人约定也未在其依法制定的规章制度中规定专利法第十六条规定的报酬的方式和数额的，在专利权有效期限内，实施发明创造专利后，每年应当从实施该项发明或者实用新型专利的营业利润中提取不低于 2% 或者从实施该项外观设计专利的营业利润中提取不低于 0.2%，作为报酬给予发明人或者设计人，或者参照上述比例，给予发明人或者设计人一次性报酬；被授予专利权的单位许可其他单位或者个人实施其专利的，应当从收取的使用费中提取不低于 10%，作为报酬给予发明人或者设计人。根据以上规定，发明创造专利实施后，发明人的一次性报酬在专利权有效期内没有明确规定履行期限，因此吴某庆作为发明人在专利权的有效期内主张一次性报酬，没有超过诉讼时效。

综上，法院考虑各项因素酌定希美克公司应支付吴某庆职务发明创造的发明人报酬共人民币 30 万元；同时因本案属于发明人报酬请求权纠纷，并非专利侵权纠纷，故对于吴某庆合理费用的主张不予支持。

（朱文彬　作者单位：广州知识产权法院）

46

集成电路布图设计受商业秘密保护的条件

——胡某等被控犯侵害商业秘密罪案

【案号】

一审：(2010) 深宝法刑初字第 354 号

再审申诉：(2011) 深宝法刑申字第 1 号

(2011) 深中法刑申字第52号

(2012) 粤高法审监刑再字第2号

再审一审：(2014) 深宝法审监刑再字第1号

再审二审：(2016) 粤03刑终372号

【裁判要旨】

对于已备案登记且芯片已投入商业利用的集成电路布图设计来说，由于社会公众可以向布图设计的登记机关请求查阅该备案登记的纸质版布图设计的复制件或图样，故该备案登记的布图设计由于不具备商业秘密“非公知性”条件中的“非普遍知悉”和“非容易获得”两个具体条件，其不属于商业秘密保护的范畴。

【案情介绍】

原公诉机关：深圳市宝安区人民检察院

被告人（上诉人）：胡某、许某、吴某

深圳市隆升威科技有限公司（以下简称隆升威公司）于2005年6月注册成立，股东为张某、潘某、任某和被告人许某。隆升威公司在申请注册成立公司之前已组织技术人员，投入大量资金进行USB游戏手柄控制芯片的研发，并成功开发出芯片技术。隆升威公司利用该技术加工芯片进行销售，为公司带来巨大经济效益。

研发成功后，公司将存放相关技术信息的硬盘放在保险柜中，钥匙由被告人许某保管，隆升威公司与员工签订了技术保密协议，约定：被告人许某不得就隆升威公司的技术秘密获取任何利益；两年之内，被告人许某不得独自或与他人合作，或协助他人开发、经营用于个人电脑的USB游戏设备控制芯片等。

2007年5月，被告人许某申请辞职和转让股份，并于同月22日与其他股东签订股东会决议，潘某受让被告人许某10%股权，股权转让费用共计1619496.41元，包括固定资产和流动资产一次性支付719496.41元，无形资产（包括公司的商业秘密和现有产品的产权）共计 90 万元。该股东会决议禁止被告人许某使用上述技术获取任何利益。2007 年 8 月，被告人许某离开隆升威公司。

2005 年 9 月 12 日，被告人胡某的父母叶某和胡某生共出资 10 万元设立深圳市博芯微电子有限公司（以下称博芯微公司），公司经营范围为集成电路设计与开发。2006 年 12 月 22 日，深圳市微芯微科技开发有限公司（以下称微芯微公司）成立，法定代表人胡某青，股东胡某华、胡某青，经营范围为集成电路的设计与技术开发。

2007 年年初，被告人胡某将从被告人许某处非法获取的 USB 游戏手柄控制 IC 技术交给微芯微公司的技术人员进行开发设计，加以整理，用于加工生产与隆升威公司相同的芯片产品，并于 2008 年年初以博芯微公司的名义进行销售。2008 年 6 月左右，被告人胡某又委派被告人吴某在深圳市宝安区宝城 48 区汇宝苑 2 栋 204 室设置销售点。被告人吴某以未经注册的深圳市东成泰电子有限公司（以下称东成泰公司）为名对外销售芯片产品。

隆升威公司发现被告人胡某、吴某销售的 USB 游戏手柄控制芯片与其拥有的 USB 游戏手柄控制芯片技术相同，即向公安机关报案。

隆升威公司主张其 VL807 芯片的非公知技术点包括：1. 电子版图布局的技术信息，包括芯片功能模块的数目、摆放位置以及连接关系和电阻、电容以及 MOS 管的摆放位置以及连接关系。2. 芯片中各功能模块的逻辑电路的技术信息，包括芯片内建 8 位 D 模数转化器、内建 3.3V 稳压器、D+/D－PD 防同时导通（短路）电路、芯片内部集成的 USB 协议编解码电路、内建双打普通手柄控制技术（含 I/O 内建可控制电阻和 ROM CODE 更改技术）、脉宽调制电路等各功能模块与连接关系。3. 功能结构框图记录的技术信息，包括振荡电路、时序电路、稳压器、USB 引擎、脉宽调制电路、功能转换模块、模数转换电路、中心逻辑处理器和功能键及 DPD 方向键控制模块的功能、连接关系以及上述功能模块与各管脚的连接关系。4. 芯片的管脚数目以及管脚定义。5. 芯片的 WINDOWS 驱动程序源程序，包括 VL807 标准震动驱动程序和网络驱动程序两个源程序，其内容包括界面程序、内部力回馈震动程序以及底层过滤态驱动程序的技术信息、架构及连接关系。隆升威公司产品与被告人侵权产品的差别：经过工程师在显微镜下对比，发现侵权产品除了面积小之外（公司产品工艺是 0.6um，侵权产品差不多是 0.5um），有很多一致之处，主要列举部分如下：①I/O PD 的个数、功能和摆放顺序一致；②控制 D+/D-PD 的控制电路一致；③ROM 及 ROM 控制电路、8 位寄存器的在整个电路中的位置、方向和电路一致；④D 电路、稳压电路、振荡电路一致；⑤整体电路架构一致。

公安机关为查明技术事实对隆升威公司的上述主张委托技术秘密司法鉴定，鉴定意见为：①隆升威公司的 VL807 产品包含不为公众知悉的技术信息（包括 VL807 芯片的电子版图布局；VL807 芯片中各逻辑电路之间的连接关系；VL807 芯片的 WINDOWS 驱动程序源程序），而 VL807 芯片各功能模块的逻辑电路、各功能模块的功能结构框图记载的技术信息、管脚数目以及管脚定义属于公知技术信息。②委托方（公安机关）未提供东成泰电子有限公司芯片逻辑电路和芯片 WINDOWS 驱动程序的相关资料，故仅对比分析隆升威公司 VL807 芯片电子版图和东成泰公司芯片版图是否具有同一性。东成泰公司芯片所包含的技术信息中，芯片版图与隆升威公司 VL807 芯片电子版图的多晶层、金属 1 层和金属 2 层对比，走向相同，位置略有偏移，通过简单的拖曳，二者即可以重合，二者在管线形式上的差异无实质区别。虽然东成泰的金属 1 层的 via 相对于 VL807 数量减少，但并未影响芯片的电路功能上的差异。因此，二者无论是金属 1 层还是金属 2 层在布局上均无实质区别。东成泰的版图衬底上的 via 及 CONTCT 比隆升威数量少，但也未构成电路功能差异，因此，二者在多晶层布局上无实质区别。结论：东成泰公司的游戏机手柄控制芯片实物包含的版图与隆升威公司 VL807 的电子版图具有同一性。

公安机关委托评估，被告人的行为造成隆升威公司 843334 元的技术研发损失。

【裁判结果】

深圳市宝安区人民法院于2010年1月15日作出（2010）深宝法刑初字第354号刑事判决，认定被告人许某犯侵犯商业秘密罪，判处有期徒刑十一个月，并处罚金人民币三万元；被告人胡某犯侵犯商业秘密罪，判处有期徒刑九个月，并处罚金人民币三万元；被告人吴某犯侵犯商业秘密罪，判处有期徒刑十一个月，并处罚金人民币一万元。

宣判后，在法定期限内，三被告人未提出上诉，公诉机关未抗诉，该判决发生法律效力。

胡某不服，于2011年2月12日提起申诉，要求改判其无罪，深圳市宝安区人民法院于2011年8月26日以（2011）深宝法刑申字第1号驳回申诉通知书，驳回其申诉。

胡某不服，向深圳市中级人民法院提出申诉，深圳市中级人民法院于2011年10月12日以（2011）深中法刑申字第52号驳回申诉通知书，驳回其申诉。

胡某仍不服，向广东省高级人民法院提出申诉，广东省高级人民法院于2013年9月22日作出（2012）粤高法审监刑再字第2号刑事裁定，裁定：撤销（2010）深宝法刑初字第354号刑事判决，发回深圳市宝安区人民法院重审。

深圳市宝安区人民法院另行组成合议庭审理本案，并于2015年12月28日作出（2014）深宝法审监刑再字第1号刑事判决，认定被告人许某、胡某、吴某侵犯商业秘密，给商业秘密的权利人造成重大损失，其行为已构成侵犯商业秘密罪。理由是，被害单位隆升威研发的USB接口的游戏控制手柄芯片技术（包括VL807芯片的电子版图布局、芯片中各逻辑电路之间的连接关系、VL807芯片的WINDOWS驱动程序源程序），有采取保密措施，与员工签订保密协议，司法鉴定机构认定其不为公众所知悉，故受害单位所主张的技术信息应当认定为商业秘密。被告人许某在被害单位任职期间保管涉案技术秘密资料，离开被害单位后将技术资料交给潘某。依据司法鉴定意见，东成泰公司的芯片版图与隆升威公司 VL807 芯片的电子版图基本一致，只通过简单拖曳即可重合；同时，东成泰公司的芯片版图与隆升威公司 VL807 芯片的电子版图存在错误的地方都是一致的，而被告人不能提供证据证实其芯片产品的合法来源；另外，从东成泰公司缴获的芯片是通过反向工程研发而来证据不足。因此，被告人构成对原告技术秘密的侵犯，由于给技术秘密权利人造成重大损失，故被告人的行为构成侵犯商业秘密罪。根据《中华人民共和国刑法》第二百一十九条第（三）项的规定，经审判委员会讨论决定，判决：一、被告人许某犯侵犯商业秘密罪，判处有期徒刑十一个月，并处罚金人民币三万元；二、被告人胡某犯侵犯商业秘密罪，判处有期徒刑九个月，并处罚金人民币三万元；三、被告人吴某犯侵犯商业秘密罪，判处有期徒刑十一个月，并处罚金人民币三万元。

许某、胡某、吴某均不服向深圳市中级人民法院提出上诉。

深圳市中级人民法院二审审理中，被害人隆升威公司向法院提交了《集成电路布图设计登记证书》（登记证书号第 1740 号），该《集成电路布图设计登记证书》显示，隆升威公司于 2008 年 3 月 9 日向国家知识产权局申请了名称为“VL807”的布图设计，该布图设计于 2008 年 4 月 28 日获得颁证，布图设计登记号为：BS. 08500057. 4，布图设计权利人为隆升威公司。登记证书还显示，权利人声明其布图设计的创作完成时间为 2005 年 8 月 16 日，布图设计首次投入商业利用日为 2006 年 5 月 10 日。

深圳市中级人民法院二审认为，本案中，根据布图设计登记证书记载，被害人隆升威公司 VL807 芯片于 2006 年 5 月已经投入商业利用，而 VL807 芯片仅有三层，且没有证据证明其对芯片采取特殊加密措施，芯片领域技术人员利用专业工具，比较容易获取该芯片的电子版图及各逻辑电路连接关系，故不属于技术秘密。但 VL807 芯片的 WINDOWS 驱动程序源程序，系由被害人隆升威公司自行研发，没有任何证据显示该源程序属于公知信息，或者被害人隆升威公司已将其公开，故 VL807 芯片的 WINDOWS 驱动程序源程序属于非公知信息。被害人隆升威公司将 VL807 芯片相关技术资料交由专人保管，并与上诉人许某约定，许某不得就公司的技术秘密获取任何利益，故应认定被害人隆升威公司就 VL807 芯片相关技术资料采取了保密措施。上诉人许某有接触 VL807 芯片相关技术资料的条件。但本案现有证明仅能证明被控 TP8707（DT）芯片来源于东成泰公司和博芯微公司，没有证据证明上诉人许某将 VL807 芯片所涉技术秘密泄露给上诉人胡某、吴某，上诉人许某、胡某、吴某不存在共同侵犯被害人隆升威公司该技术秘密的行为。一审判决认定部分事实没有证据支持，大量运用推理，并因此导致适用法律错误，本院依法予以纠正。二审判决：撤销一审判决，改判上诉人许某、胡某、吴某无罪。

【法官评析】

微电子技术水平的高低是衡量一个国家工业化先进与否的标志，而集成电路布图设计是微电子技术的集中反映，对集成电路布图设计给予知识产权保护，是促进我国工业化水平提高的重要保障。根据我国法律的规定，对集成电路布图设计可以通过集成电路布图设计专有权和商标秘密的方式给予保护，这两种保护方式分别有各自的成立条件；同时，这两种保护方式各司其职，共同实现对集成电路布图设计的体系化保护。本案例涉及集成电路布图设计商业秘密保护的成立条件问题，颇值得研究。

一、集成电路布图设计专有权的概念、权能

（一）集成电路布图设计的含义

集成电路是指半导体集成电路，即以半导体材料为基片，将至少有一个是有源元件的两个以上元件和部分或者全部互连线路集成在基片之中或者基片之上，以执行某种电子功能的中间产品或者最终产品。集成电路布图设计是指集成电路中至少有一个是有源元件的两个以上元件和部分或者全部互连线路的三维配置，或者为制造集成电路而准备的上述三维配置。

集成电路布图设计的特点决定不适合用《专利法》、《著作权法》对

其提供保护，许多国家通过单独立法来保护集成电路布图设计。在我国，国务院单行制定《集成电路布图设计保护条例》、《集成电路布图设计保护条例实施细则》来赋予和保护民事主体的集成电路布图设计专有权。从布图设计的保护以独创性作为标准，并不延及思想、处理过程、操作方法或数学概念来看，对该类知识产权的保护在一定意义上更接近于对著作权的保护。[①] 我国通过上述单行法律规范，搭建起保护集成电路布图设计的制度体系，从而为人民法院处理集成电路布图设计案件提供法律依据。

（二）集成电路布图设计专有权的内涵及权能

所谓集成电路布图设计专有权是指民事主体对其创作的具有独创性的布图设计享有的排他性专有权利。所谓独创性，是指该布图设计是创作者自己的智力劳动成果，并且在其创作时该布图设计在布图设计创作者和集成电路制造者中不是公认的常规设计。我国对集成电路布图设计专有权遵循登记取得原则。

集成电路布图设计专有权人享有复制权和商业利用权两项权利，即对受保护的布图设计的全部或者其中任何具有独创性的部分进行复制；以商业目的进口、销售或者以其他方式提供受保护的布图设计、含有该布图设计的集成电路或者含有该集成电路的物品。他人未经许可不得实施上述受专有权控制的特定行为，否则就构成对布图设计专有权的侵犯，应依法承担相应的法律责任。

二、集成电路布图设计的备案登记及公示方法

（一）集成电路布图设计备案登记的内容

我国《集成电路布图设计保护条例》对布图设计备案登记做出专门规定。《集成电路布图设计保护条例》第十六条规定，申请布图设计登记，应当提交：（一）布图设计登记申请表；（二）布图设计的复制件或者图

---

① 于晓白、邰中林、夏君丽等：《知识产权民事案由的理解与适用》，载最高人民法院民事审判第三庭编：《知识产权审判指导》（2008年第1辑），人民法院出版社2008年版，第95页。

样；（三）布图设计已投入商业利用的，提交含有该布图设计的集成电路样品；（四）国务院知识产权行政部门规定的其他材料。

为进一步细化《集成电路布图设计保护条例》上述备案登记制度的规定，《集成电路布图设计保护条例实施细则》第十四条规定，复制件或者图样，按照条例第十六条规定提交的布图设计的复制件或者图样应当符合下列要求：（一）复制件或者图样的纸件应当至少放大到用该布图设计生产的集成电路的 20 倍以上；申请人可以同时提供该复制件或者图样的电子版本；提交电子版本的复制件或者图样的，应当包含该布图设计的全部信息，并注明文件的数据格式；（二）复制件或者图样有多张纸件的，应当顺序编号并附具目录；（三）复制件或者图样的纸件应当使用 A4 纸格式；如果大于 A4 纸的，应当折叠成 A4 纸格式；（四）复制件或者图样可以附具简单的文字说明，说明该集成电路布图设计的结构、技术、功能和其他需要说明的事项。

（二）集成电路布图设计备案登记内容的公示方法

《集成电路布图设计保护条例实施细则》对布图设计备案登记内容的查询、公示方法亦做出专门规定。《集成电路布图设计保护条例实施细则》第三十九条规定，公众查阅和复制，布图设计登记公告后，公众可以请求查阅该布图设计登记簿或者请求国家知识产权局提供该登记簿的副本。公众也可以请求查阅该布图设计的复制件或者图样的纸件。本细则第十四条所述的电子版本的复制件或者图样，除侵权诉讼或者行政处理程序需要外，任何人不得查阅或者复制。

《集成电路布图设计保护条例实施细则》对未投入商业利用的布图设计的保密内容和查询、公示做出特别规定。《集成电路布图设计保护条例实施细则》第十五条规定，涉及保密信息的申请，布图设计在申请日之前没有投入商业利用的，该布图设计登记申请可以有保密信息，其比例最多不得超过该集成电路布图设计总面积的 50%。含有保密信息的图层的复制件或者图样页码编号及总页数应当与布图设计登记申请表中所填写的一致。布图设计登记申请有保密信息的，含有该保密信息的图层的复制件或者图样纸件应当置于在另一个保密文档袋中提交。除侵权诉讼或者行政处理程序需要外，任何人不得查阅或者复制该保密信息。

三、集成电路布图设计受商业秘密保护的条件

根据《集成电路布图设计保护条例》及《反不正当竞争法》的规定，布图设计既可以受专有权保护，也可以按照商业秘密来保护。

所谓商业秘密是指，不为公众所知悉、具有商业价值并经权利人采取相应保密措施的技术信息和经营信息。由此可见，商业秘密具有非公知性、保密性和实用性三个构成要件。所谓非公知性是指商业秘密不为该信息领域的人普遍知悉，不是该信息领域的公开或公知的信息，这意味着非公知性应当同时具备“非普遍知悉”和“非容易获得”两个具体条件。根据前述论述，布图设计受商业秘密保护的条件为：

对于已备案登记且芯片已投入商业利用的集成电路布图设计来说，由于社会公众可以向布图设计的登记机关请求查阅该备案登记的纸质版布图设计的复制件或图样，故该备案登记的布图设计由于不具备商业秘密“非公知性”条件中的“非普遍知悉”和“非容易获得”两个具体条件，其不属于商业秘密保护的范畴。

对于已备案登记但芯片未投入商业利用的集成电路布图设计来说，由于该布图设计申请可以有保密层，除侵权诉讼或者行政处理程序需要外，任何人不得查阅或者复制该保密信息，该保密层的布图设计比例可以不超过该集成电路布图设计总面积的50%，所以对该类备案登记的布图设计来说，除非有其他相反证据证明，否则涉及保密层的布图设计属于商业秘密的保护范畴；而非保密层的布图设计由于不具备商业秘密“非公知性”条件中的“非普遍知悉”和“非容易获得”两个具体条件，其不属于商业秘密保护的范畴。

对于未备案登记的集成电路布图设计来说，由于不能按照上述已备案登记布图设计的两类情形来确定其受商业秘密保护的条件，因此，应依据商业秘密成立的一般条件来判断该未备案登记的集成电路布图设计是否是商业秘密。

就本案来说，受害人要求保护的商业秘密分为两类，一类是其已备案登记且芯片已投入商业利用的集成电路布图设计，另一类是计算机软件的源代码。对于受害人要求保护的第一类客体来说，本案查明的事实显示，被害人隆升威公司于 2008 年 3 月 9 日向国家知识产权局申请名称为“VL807”的布图设计，该布图设计于 2008 年 4 月 28 日获得颁证，登记证书显示，权利人声明其布图设计创作完成时间为 2005 年 8 月 16 日，布图设计首次投入商业利用日为 2006 年 5 月 10 日。而本案犯罪嫌疑人实施被控侵权行为的时间为 2008 年年初，该时间与隆升威公司获得涉案布图设计登记证书的时间吻合，这表明，由于该备案登记的布图设计因备案登记可供社会公众查阅，已不具备商业秘密“非公知性”条件中的“非普遍知悉”和“非容易获得”两个具体条件，故其不属于商业秘密保护的范畴，因此，本案的犯罪嫌疑人在该类客体上不可能构成侵犯商业秘密罪。

本案一波三折的裁判过程表明，涉及集成电路布图设计商标秘密的保护是一个非常复杂的问题，弄清楚集成电路布图设计受商标秘密保护的条件，是妥当处理该类案件的前提条件。

（祝建军　作者单位：广东省深圳市中级人民法院）

图书在版编目（CIP）数据

中国知识产权审判年度典型案例评析．2019年卷／北京知识产权司法保护研究会编．—北京：中国法制出版社有限公司，2019．3

ISBN 978－7－5216－0101－5

Ⅰ．①中…　Ⅱ．①北…　Ⅲ．①知识产权－民事诉讼－审判－案例－中国　Ⅳ．①D925．118．5

中国版本图书馆CIP数据核字（2019）第053475号

策划编辑/责任编辑：黄会丽（903980831@qq.com）　　封面设计：杨泽江

中国知识产权审判年度典型案例评析．2019年卷

ZHONGGUO ZHISHI CHANQUAN SHENPAN NIANDU DIANXING ANLI PINGXI．2019NIANJUAN

编者/北京知识产权司法保护研究会

经销/新华书店

印刷/三河市紫恒印装有限公司

开本/710毫米×1000毫米　16开　　印张/21．5　字数/254千

版次/2019年3月第1版　　2019年3月第1次印刷

中国法制出版社出版

书号 ISBN 978－7－5216－0101－5　　定价：58．00元

北京西单横二条2号

邮政编码 100031　　传真：010－66031119

网址：http：//www.zgfzs.com　　**编辑部电话：010－66070084**

市场营销部电话：010－66033393　　**邮购部电话：010－66033288**

（如有印装质量问题，请与本社印务部联系调换。电话：010－66032926）